现代管理

Modern Management

第一辑

上海市现代管理研究中心　主编

上海人民出版社

编　委　会

《现代管理》总序

《现代管理》由上海市科学技术委员会主管、上海市现代管理研究中心主办，旨在按照习近平总书记“不断谱写马克思主义中国化时代化新篇章、继续推进实践基础上的理论创新”的要求，在把握好新时代中国特色社会主义思想的世界观和方法论前提下，以政策研究为主，立足上海，放眼世界，深入调查，发现真问题，推动管理理念、思路和方法的创新，为促进高质量发展和实现中国式现代化贡献绵薄之力。

在汪道涵等老一辈革命家的领导和关爱下，上海市现代管理研究中心于1995年创立。中心秉承应用历史辩证唯物主义方法研究管理科学和实践之宗旨，为各级政府治理建言献策，为企业应用新技术革新管理提供咨询，深入探索中国式现代化发展下管理理论和相关模式。论管理之义，中华文化博大精深，古人早已造管字而明其义。管字者，上为竹，古人削竹为筹，用来计算和谋划；下为官，设专人协调组织；管通关，意为限定领域和地区。管理之道与时俱进。人类文明迭经数变，从农耕、工业到信息乃至信息、生态和太空诸文明复合之新文明形态。管理对象也随之而变，从庄园、手工坊扩展为工厂、城乡、产业和金融，点状扩展为网络平台和绵密棋布之共同体，管理手段则步步提升，从算筹、方块字和科层组织转而为扁平型的区块链和人工智能算法，管理思想由简单的田耕农时演进到工业文明初成体系的多层次视角，包括注重效率的泰罗制度、德鲁克的组织视角等，乃至今日伯特结构洞理论等。

管理学也因地而异。中国在农耕时代建立起远比当时西方国家成熟完善的官僚治理体系。周礼所谓"经国体野,设官分职"开其源,经隋唐设科举扩其流,终成科层官僚体系,为秦汉大一统体制奠定坚固基础。1949年新中国成立以来,在中国共产党的领导下,我国人民在工农业建设战线上摸索出一批具有中国特色的管理模式和方法。在工业管理方面,从鞍钢宪法到由包括汪老在内的老一代革命家主持起草的《关于机械工业企业管理工作七十条(草案)》,创造性地推动了国有企业管理的现代化;在区域合作领域,由大小三线建设形成了独特的地方互助模式;在基层治理层面,"枫桥经验"的产生和发展反映出党领导人民创立了一整套社会治理方案,它们均体现了我国人民在党的领导下管理领域的创造力。在改革开放的年代,中国的管理实践和管理研究突飞猛进。管理的对象空前扩大,从经济领域的生产力、国民经济、供应链、消费链、经济区域、产业与行业、财政金融、物联网平台经济等延伸到社区和社会治理和国际关系,丰富的实践又推动管理学在中国化道路上大步迈进。复旦学者提出了东方管理学的视角,倡导在东西方比较研究中探索中国特色的管理模式和机制。

如今,中国已经成为世界第二大经济体。在以习近平同志为核心的党中央领导下,我国在错综复杂的局面下奋勇前行,完成脱贫攻坚、全面建成小康社会的历史任务,实现第一个百年奋斗目标。未来二十多年,在以习近平同志为核心的党中央领导下,中国要进一步实现高质量发展的中国式现代化,即在人口规模巨大的前提下,实现全体人民共同富裕,物质文明和精神文明相协调,人与自然和谐共生,促进中国乃至全世界的和平发展,构建人类命运共同体,创造人类文明新形态。

如此宏大的建设进程无疑向管理理论和实践提出了更新和更高的要求。一方面,中国的发展遇到了重大挑战与机遇。随着经济高速发展,我国迈入了产业升级和社会转型阶段,小到企业、社区,大到地方和国家都面临前所未有的风险和问题。同时,疫情和区域冲突深刻影响了旧有的国际政治经济秩序,拉开了国际秩序重组序幕,许多传统理论和方法因此失去了理论解释效力和现实规制的能力。另一方面,信息技术革命方兴未艾,人工智能、互联网和区块链等新兴技术为社会治理、科技创新、产业升级、区域发展、国际贸易、国际关系等各个领域的老问题提供了新的解决思路和工具。换言之，新时代的发展固然远远超出经典理论设定的场景，但它也给予一线实践者和理论探索者机会来创新管理观念、方法和理论。

二十多年来，上海市现代管理研究中心的同志们与各级政府干部、奋战一线市场的企业家以及众多从事相关研究的管理学者紧跟时代和党的号召，以“理论联系实际、科研服务地方”为使命，先后组织多项前沿研究课题，出版相关著作，获得过“中国当代学术前沿经典一等奖”“世界重大学术思想成果特等奖”“共和国重大前沿理论成果创新特等奖”等，为国家和社会经济发展出谋献策。在中国迈向第二个百年征程的伟大时刻，为了更好地促进广大从事管理创新的各方人士交流学习，展示具有“中国特色话语体系”的研究和实践成果，管理中心同仁们促成《现代管理》一书的出版。本书旨在立足上海，发扬上海“海纳百川、追求卓越、开明睿智、大气谦和”的城市精神，力图打造一流的学术交流平台，广邀从事管理的实践者、教育者、研究者和宣传者提出一系列的问题和话题，引领读者关注和思考在高质量发展和中国式现代化道路上遭遇的各种管理问题，并对这些问题展开讨论和研究，推动管理学创新与探索，以积极的研究和实践响应习近平总书记“时代呼唤着我们，人民期待着我们，唯有矢志不渝，笃行不怠，方能不负时代，不负人民”的号召。我们希望我们集刊的研究和讨论能鼓励每个读者和作者来支持新时代的现代管理研究，促进相关问题理解的深化、观念转型、制度创新等，从而更好地为各级领导提供科学的咨询与决策服务，为企业家和各类专业人士提供最新的发展动态和政策解读。

《现代管理》坚持正确的政治方向，服务大局，遵循以下原则。

一、研究聚焦国家发展的重大问题。本书侧重科技创新、产业规划、区域发展、国际关系、国家安全等方面研究，主动围绕国家大局、服务中心任务，提出战略性、前沿性、政策性研究议题，为国家发展建言献策。

二、鼓励理论创新，求真务实。身处思想和技术进步日新月异的新时代，本书提倡理论创新、学术创新、实践创新，立足中国经验，以科学理论为指引，深入开展调查研究，提供专业性高和建设性强的政策建议。

三、坚持文字生动简洁，促进百家争鸣。本书欢迎国内外学者打破学术壁垒，使用生动易懂的文字，共同参与重大问题的研究，推动不同学术观点、不同的政策建议的平等讨论。

习近平总书记指出，“实践没有止境，理论创新也没有止境”。《现代管理》虽然是我国社会科学研究中新绽放的一朵小花，但管理中心同仁们立志“站高、看远、想深、务实”，与各位管理界人士共同打造一个政策研究和学术交流平台，支持中青年学者的理论创新和调查研究，努力为探索高质量发展路径、中国式现代化、实现两个百年奋斗目标和中华民族伟大复兴的中国梦作出贡献！真诚期待大家关心、支持和呵护《现代管理》，使这个新的学术园地能够茁壮成长。

目　录

问题与对策

调查研究

海国图志

文史纵横

人物专访

智库动态

新书书评

前沿聚焦：宏观调控

宏观调控与市场运转的新题与答卷

朱正圻*

［摘　要］　本文旨在探讨新时代中国宏观调控的机制和成效。本文认为，自政治经济学大师亚当·斯密提出“无形的手”与“有形的手”观点后，宏观调控政策就一直是促进国民经济和社会发展的重要工具。传统的资本主义由于内在的矛盾，市场与政府宏观调控始终保持内在张力，有时甚至引发危机，但是中国凭借特有的制度优势，在新时代不断推进宏观调控的创新，完善全国统一市场，实现了跨周期与逆周期调控的有机结合，从而奠定了长期稳定的经济增长。本文认为在习近平经济思想的引领下，宏观调控政策会进一步完善，体现了中国制度的优越性和智慧。

［关键词］　宏观调控　逆周期　跨周期　全国统一市场

一、导言：重温“赶考精神”，走好新时代赶考之路

习近平总书记在二十大报告的最后部分特别强调“走好新赶考的

* 朱正圻，上海市现代管理研究中心学术委员会主任兼世界经济研究所长，享受国务院特殊津贴专家，中华全国管理创新研究会副会长。

必经之路”。在过去一百年,中国共产党立志于中华民族千秋伟业,向人民、向历史交出了一份优异的答卷。现在,党团结带领中国人民又踏上了实现第二个百年奋斗目标新的赶考之路。推进中华民族伟大复兴,就是我们面临的一场大考。我们要保持“赶考”的清醒和坚定,奋力实现既定目标,在时代大考中交出满意答卷。

只有时刻保持“赶考”状态,才能始终保持蓬勃朝气、昂扬锐气和浩然正气,敢为人先、埋头苦干,以新担当新作为,开拓新空间,谋划新发展,增创新优势,抒写新篇章;只有时刻保持“赶考”状态,才能提高运用党的创新理论解决实际问题的能力,在实践中提高应对各类风险挑战的能力和水平,创新发展,奋力谱写新时代坚持和发展中国特色社会主义的新篇章。

市场运转和宏观调控是关乎国家发展的重要课题,不论从社会的宏观角度或是个人及单位的微观角度来说,同样存在“赶考”和“答卷”的问题。改革开放以来,对于市场的出现和运转以及宏观调控的必要性,政府、管理机构、社会团体乃至人民大众都在不断增长认知和自觉,并纷纷深入实践、调研和总结。特别是党的十八大以来,在以习近平同志为核心的党中央领导下,各界更加自觉地、有力地、广泛地、深入地以马克思主义思想探索市场运转、宏观调控以及两者关系,把实践体验、总结经验提升为宝贵的一系列理念和理论(林江,2021)。

如今,我们在这方面已经取得了丰富的宝贵经验。与此同时,市场呈现出涉及范围更加广阔、活动更加丰富,也更加错综复杂的特点,因此宏观调控也更为需要,同时难度也在增加。在新时代,市场运转正常与宏观调控的相互关系成了新的“考题”,需要我们认真“答卷”。

二、“无形的手”与“有形的手”
——长期争论难解的大课题与中国的成功实践

从经济运行的发展历史以及经济学科嬗变的过程加以考察,最早提出“无形的手”与“有形的手”的是三个世纪之前的经济学家亚当·斯密。亚当·斯密强调自由市场、自由贸易以及劳动分工,被誉为“古典经济学之父”和“现代经济学之父”。他不仅是经济学的主要创立者,还是被公认为英国的哲学家和其他领域的优秀作家(亚当·斯密,2011)。

亚当·斯密是第一位公开阐述了“无形的手”与“有形的手”及相互关系的见解和理论并有深刻见地的杰出学者。他提出在一个宏大的经济平台上“无形的手”与“有形的手”交织作用,也就是说市场与政府存在紧密关系。这个关系有时候相对温和、协调或流畅,宏观经济的运转也因此显得正常或顺利。有时候却显得纠缠不清,有时还出现了矛盾,从而无法阻止、减弱宏观经济的危机发生乃至变得更加严重。这个“无形的手”和“有形的手”的矛盾表现在哪些方面?程度怎样?应该怎样去应对?亚当·斯密对于当时资本主义经济有着深刻的洞察力,他很早发现市场和政府之间的矛盾与互惠的辩证关系,他虽然主张放开市场,但也认为政府须在必要、适当和有效的条件或限度内有所作为,这些主张在当时是很有新意的,到今天也还是值得重视(朱正圻,2014)。

到了20世纪中叶,市场经济发展到一定的阶段,它的再生产周期表现出阶段混乱、运转乏力、弱化、失常或者矛盾加深的特点,严重损害了经济、民生和社会运转,因此需要很大的财力以及政府的干预和组织能力予以应对。在1929年的大萧条中,资本主义的矛盾异常尖锐,美国罗斯福总统不得不采取符合凯恩斯主义的新政,政府深度介入经济,推动了经济复苏。到了20世纪60—70年代,资本主义国家的政府刺激作用不断降低,出现了传统凯恩斯主义无法解释的失业与通货膨胀并存的“滞胀”现象,于是弗里德曼货币学派借机兴起(李述仁,1987)。

西方国家长期经济发展中政府与市场的复杂关系引发了长达数百年的不休争论,出现了不同的主张和观点。有的学者主张放手让市场之手自行运作。比如亚当·斯密一面批判重商主义政策,一面又主张国家担任“守夜人”角色,让市场自动运行。亚当·斯密其实也主张,在一定环境和条件下,政府可以对市场活动的消极一面进行调节干预。20世纪中后期弗里德曼的观点则代表了新自由主义主张,他们宣扬“国家尽可能少干预经济”的观点(胡佛,1991),新奥地利经济学则成为市场原教旨主义者,认定传统经济模式完全有效,单凭市场自己力量就能自然而然地解决经济运行中的矛盾(沃恩,2008)。但是,更多的学者则承认另外一只手即政府的作用。比较激进的观点主张政府全面干预经济。19 世纪 20 年代的瑞士政治经济学家西斯蒙第是最早提出这类主张的政治经济学家之一(汤铎铎,2008)。但是,西方主流经济学界大都认同凯恩斯的主张,即“市场为主体情况下的政府干预”(斯诺登,1998)。

相比之下,中国经济发展通过经济领域无数的实践,总结出一套相对完整的、系统的关于宏观调控的理念、理论和实施手段,从而让“两只手”各得其所、相互协调、各显其长、相得益彰。从根本上来说,中国在改革开放以后所发展的市场经济是具有中国特色的社会主义市场经济,它确保了我们在发展国民经济以及运用宏观调控方面有许多根本性的长处。

三、理论视角下的宏观调控:本质、内涵、手段及特征

从基本趋势看,1929 年世界经济大萧条之后,中外各国推行宏观调控已历时百年之久,宏观调控在地域、任务和内涵上有明显演进,这从宏观调控相关的词汇中可见一斑。“调控”在国际上常用的词汇是“regulate”或“macro-regulate”,词源本义是指“规则化”“正规化”,用于经济管理则指的是政府采取规制措施,把走错轨道的经济列车重新拉回到正道上。除此之外,还有其他类似意思的词汇,包括“control”“manage”,以及“administrate”等,中文均有“治理”“完善”“健全”“复原”“纠正”等含义,这些五花八门的词汇有的不够精确、过于笼统,虽然未能达到用语的确切性和通用性,却也体现了宏观调控现实的丰富性。

宏观调控指的是一国政府对于国民经济运转偏离宏观目标或正常轨道,或者运行速度过快过慢,经济体现“过热”或“过冷”,或察觉出潜在问题或风险,依循国民经济发展的整体利益,运用各种政策手段,调整和干预经济体态和经济关系,把各类运行失常或不当的经济活动纳入经济宏观发展的正常轨道,及时纠正偏离倾向和行为,以保证宏观经济按照社会确定了的发展方向和目标前进(朱正圻,2014)。

宏观调控是现代社会与经济发展的客观需要,决不是个人凭空臆想产生的主观行为。首先,它是社会化大生产的客观要求。在全社会

范围内合理配置社会劳动是社会化大生产的一般规律。现代经济发展是建立在社会化大生产基础之上的，客观上要求由政府进行宏观调控，以使国民经济协调发展，避免和减少由于生产盲目的无政府状态而带来的损失。其次，市场机制虽然可以有效配置社会资源，但它绝非万灵丹药，其内在的弱点和不足形成了所谓的"市场失灵"问题（林成，2011）。"市场失灵"主要表现在：第一，市场解决不了总量平衡问题，达不到理论上一般均衡状态。第二，仅仅依靠市场机制、微观利益和宏观利益之间无法达到有效协调。第三，市场机制无法自发地消除垄断。第四，市场调节带有一定的盲目性和滞后性，会造成社会资源的浪费。此外，单靠市场经济也无法实现社会公平。市场机制的诸多缺陷产生了周期性经济衰退和其他社会经济矛盾，导致了许多国家逐渐采用宏观调控来解决"市场失灵"问题。

对于实行社会主义市场经济体制的中国来说，宏观调控及其相关政策和法规更是社会主义经济制度的客观要求（刘明国，2017）。首先，它是公有制经济的必然要求。公有制占主体，国有经济起主导是我国经济基本制度的重要内容，公有制经济尤其是国有经济属于广大劳动人民，它要求国家通过宏观调控，在全社会范围内有效地使用人力、物力和财力发展生产，并引导公有制经济的活动在总体上符合广大劳动人民的利益。其次，它是加速我国经济发展的客观要求。我国是发展中的社会主义国家，我们要走出一条较为自觉的快速发展道路，必须要求国家对促进经济发展发挥作用。最后，宏观调控是实现共同富裕的要求。为了加快经济发展，根据我国国情，我们鼓励一部分地区、一部分人先富起来，通过先富帮后富，最终走向共同富裕，这一立足点比一般市场经济国家处理效率与公平关系的要求更高，必须依靠国家的宏观调控来实现。

宏观调控无论从理论上还是实践上，都是一套体系，包括本质、目标、工具与手段、特征和背景等要素，下面依次分析。

（一）宏观调控的本质

宏观调控本质是一种体现社会意愿或国家意志的并能够影响社会经济生活的主观行为。

(二) 宏观调控的目标

宏观调控旨在通过政府干预和调节宏观经济运行达到特定总目标。宏观调控的总目标并非一成不变,它是随着时代进展而变动。比如,在20世纪30年代的大萧条时期,西方政府干预的宏观目标是降低失业率和减少经济周期波动。而在第二次世界大战后,西方国家宏观经济目标则是追求经济增长、充分就业、稳定物价和对外经济平衡的“魔力四边形”。

可持续发展和合理分配收入从20世纪80年代起被不少国家和国际组织逐渐作为宏观调控的目标。近年来,“包容性增长”理念又成了宏观调控的目标任务的重要组成部分。它不仅要求经济高速、有效和可持续增长,而且要确保创造机会平等,让人们公平参与经济发展,并且要让人们得到最低限度的经济福利。

(三) 宏观调控工具与手段

要实现宏观经济调控目标,各国一般借助于不同的宏观调控手段,最为常用的手段包括经济手段、法律手段和道德手段等。

1. 经济手段。它指的是国家采取合理措施,调节经济变量来改变微观经济行为,以期达成宏观经济发展目标。经济手段既包括一般统筹性的经济计划,也有分门别类的财政、金融等专项措施。经济计划是国家通过统一制定国民经济和社会发展计划,从宏观上引导和调控经济运行。经济计划具有指令性和指导性,深远地影响了中长期经济发展。除此之外,针对不同领域,国家采取一系列专项经济政策,主要有财政政策、货币政策、汇率政策、产业政策、价格政策、收入分配政策,等等。

(1) 财政政策。财政政策是指政府运用国家预算和税收等财政手段,通过对国民收入的分配和再分配,来实现社会总供给和社会总需求平衡的一种经济政策。财政政策主要包括财政收入和财政支出两部分,财政收入的基本手段是税收,财政支出政策的基本手段是政府的预算拨款。财政政策可分为扩张性财政政策和紧缩性财政政策。前者以降低财政收入、扩大财政支出为特点,目的在于刺激需求的增加,而后者以增加财政收入、缩减财政支出为特点,目的在于抑制需求的增加。

在经济停滞或衰退时期政府一般拟采取扩张性财政政策。相反，在经济过热时期，政府往往应采取紧缩性的财政政策。

（2）货币政策。货币政策是指政府通过控制和调节货币供应量以保持社会总供给和社会总需求平衡的一种经济政策。货币政策的总目标，主要是保持币值稳定，以此促进经济增长。货币政策也分为扩张性货币政策和紧缩性货币政策两类。扩张性货币政策以放松银根、扩大货币供应量为特点，目的在于刺激需求的增加。紧缩性货币政策以抽紧银根、减少货币供应量为特点，目的在于抑制需求的增加。政府可根据不同的经济发展状况，采取不同的货币政策。货币政策由中央银行通过利率、信贷、汇率、货币发行、外汇管理及金融法规条例等金融工具来实施。

（3）收入分配政策。收入分配政策是指政府根据既定目标而规定的劳动者和其他各种资源合法提供者的收入总量及结构的变动方向，以及政府调节收入分配的基本方针和原则。一般来说，收入分配政策的任务主要是通过收入总量的变化调节总需求，通过收入结构的调节避免社会成员收入差距过大和收入平均主义化，实现公平和效率的统一。收入分配政策的实施需要综合运用各种经济和非经济调节手段，如税收、转移支付等。

（4）产业政策。产业政策指的是国家根据国民经济发展的内在要求，调整产业结构和产业组织形式，从而提高供给总量的增长速度，并使供给结构能够有效地适应需求结构的政策措施。产业政策是国家对经济进行宏观调控的重要机制，可以通过提倡技术创新、淘汰落后，扶助相关企业等政策措施达到影响产业的目的。

2. 法律手段。它是政府运用经济法律规范调整经济的统称（王金艳，2019）。法律手段对经济主体具有普遍的约束性和严格的强制性，对经济运行的调节具有相对的稳定性和明确的规定性。法律手段主要包括：经济立法、经济执法和法律监督。

3. 行政手段指的是国家机关实施的必要、合法和合宜的行政措施，以行政方式调控经济运行的方法。行政手段包括行政命令、行政制度、行政规章和条例。行政手段是以行政权威的强制力，直接调节和控制经济活动，具有强制性、垂直性和权威性等特点。

4. 道德手段是介乎于市场调节与政府调节之间的工具。它借助于风俗、习惯等大众认可的行为规范而产生影响。新近提倡的“企业社会责任”“市场伦理”以及“合作竞争”新理念都是道德手段的表现(厉以宁,2010)。

(四) 宏观调控的特征

宏观调控的目的和手段的运用决定了其具备四个特征。

1. 实践性和操作性:宏观调控总是针对着现实经济生活中发生的具体现象,如某些产品价格人为扭曲或者某个行业产能过剩等,所采取的措施具有较强的操作性。

2. 间接性和诱导性:政府在宏观调控中,通常借助于市场机制诱导企业或其他经济主体来开展经济活动,而不是直接采用行政手段(赵燕菁,2004)。

3. 多样性、协同性、结构性或综合性。由于市场千变万化,作为调控客体的企业也是千差万别,任何单一政策都会产生削足适履的效果,因而必须采取多种手段,从不同角度不同切入点综合作用于调控中介和调控客体。从总体和趋势看,随着调控对象和领域复杂程度的与日俱增,宏观调控手段越来越具有多样性、协同性、结构性或综合性。

4. 宏观调控体系的层次性。为了与复杂的社会经济运行系统相适应,不少国家宏观调控体系分为中央一级,如美国、德国联邦的宏观调控和州一级的地方调控(也被称为中观调控)两个层次,通过上下联动,促进国民经济协调发展。中国幅员广阔、各地方差异明显,有些调控措施采取的是中央与地方多层次调控体系。

总之,宏观调控是一个系统,由不同的主体包括政府、银行、社会团体、有公信力的中介机构,使用多种政策工具手段如财政、金融、物价、信息等等,经历了驱动、传递、渠道、操作、反馈等环节,在时间与空间中不断完成不同阶段的宏观调控任务。

四、创新与完善:中国宏观调控实践与新时代的智慧贡献

新中国的经济发展历程,既是物质生产增长的过程,更是经济管理

思想和理论财富不断过滤和积累的过程。其中，怎样处理市场运转和政府管理的关系是一个大难题，这又涉及商品、商品生产、商品交换以及价值规律的核心理论的理解和现实中相应活动的把握问题。改革开放之后，经济的内外环境有了重大的变化，人们在现实经济生活中逐步认知和践行市场和政府的作用，党和国家领导人与经济学界结合中国实际进行大胆探索，一方面重视市场经济的发展，另一方面要求政府发挥积极作用，宏观调控经历了前所未有的创新和完善。宏观调控紧紧围绕统筹推进"五位一体"总体布局、协调推进"四个全面"战略布局，贯彻落实党中央经济政策框架，使得我国经济在空前多变的国内外环境中，尤其是在疫情暴发以来的错综复杂背景下，以供给侧结构性改革作为宏观调控的根本遵循和工作主线，坚持国内外双循环，从而推动了我国经济持续健康发展（高培勇，2018）。在这一过程中，中国不仅丰富了宏观调控的目标，系统性地建立宏观调控体系，而且在广大的时空范围创造性地运用各种宏观调控工具，构建全国统一大市场，有机地运用跨周期和逆周期调控，为新时代宏观调控贡献实践经验和宝贵智慧。

（一）长时段宏观调控目标体系

如前所述，西方国家的宏观调控目标，大都短期，比如一定程度降低失业率和控制通货膨胀率，多是属于头痛治头、脚痛治脚的做法。但是，中国的宏观调控服务于长期目标，即实现"两个一百年"奋斗目标和中华民族伟大复兴的中国梦，所以形成了一个全国性的分阶段长期实现的目标体系。中国宏观调控目标首先是加强总量性指标和结构性指标的统筹。既要防止经济运行大幅波动，保持经济总量平衡；又要有效推进供给侧结构性改革，高质量发展经济；其次是加强全国指标和地方指标的统筹。中国是个超大规模的国家，幅员广阔，各地差异极大，因此，全国目标要为各地因地制宜留出合理空间；地方指标要加强与国家规划计划、宏观政策的衔接，确保国家战略有效实施。最后是加强约束性指标和预期性指标的统筹，强化民生保障、公共服务、生态环保指标的刚性约束，发挥预期性指标的导向作用，有效引导社会资源配置和市场预期（徐绍史，2015）。

(二) 完整高效的宏观调控体系

为了实现长期而宏大的调控目标,党的十八届三中全会上提出把握我国供求关系的深刻变化,创造性地运用各项宏观调控工具和手段,构建出更为高效有力的宏观调控体系以及协调机制(刘元春,2018)。在财政政策方面,党中央指出要进一步完善现代财政制度,提高资金使用效率和效益,从而更好地发挥财政政策对平衡发展的积极作用。财政制度的建设着眼于健全权责清晰、财力协调、区域均衡的中央和地方财政关系,尤其要完善地方税体系。在优化财政整合力度的同时,党和政府提出要持续推进减税降费,为实体经济企业实实在在地减轻负担,并切实保障民生等领域支出。在货币政策上,旨在提高适应性和灵活性。中国的金融体制改革方向是增强金融服务实体经济能力,提高直接融资比重,促进多层次资本市场健康发展,同时健全金融监管体系,守住不发生系统性金融风险的底线。在收入分配政策方面,持续深化改革,扩大中等收入群体,完善促进消费的体制机制,从而抓住消费转型升级的新趋势,努力增加高品质产品和服务的有效供给。在产业政策方面,提倡精准实施,围绕构建现代产业体系、推动产业迈向中高端水平,统筹存量调整和增量优化,大力实施创新驱动发展战略,在人力资本提升、知识产权保护、科技创新等方面加大投入支持和制度政策保障力度,促进新旧动能接续转换。在区域政策方面,充分利用中国的大国规模效应,深入推进以人为核心的新型城镇化,发挥国家级新区等创新发展龙头的引领示范效应,拓展经济发展新空间。

(三) 多层次宏观调控协调机制

由于中国幅员辽阔,人口众多,各地情况复杂,因此除了完善宏观调控体系,中国还积极探索建立宏观经济政策协调机制,实现宏观调控目标制定和政策手段运用机制化,增强宏观调控的针对性、前瞻性、灵活性和协同性,促进多重目标、多种政策、多项改革平衡协调联动。这样的协调机制不仅是促进传统的“条条块块”之间协调,而且在全球化时代加强了国际层面的协调。首先是部门层面的协调。强化宏观经济政策统筹,加强对政策时序、边界、方向、目标的协调,实现财政、货币、产业、区域、投资等政策的优化组合，形成调控合力。二是中央和地方层面的协调。中央层面要搞好顶层设计，充分考虑地方实际，最大限度调动地方积极性；地方层面要强化对宏观经济政策的理解、执行和传导，引导市场主体积极响应和实现宏观政策意图（刘文娟，2020）。三是国际层面的沟通协调。以更加宽广的全球视野，积极主动参与国际宏观经济政策沟通协调及国际经济规则调整和构建，努力营造良好的外部经济环境。

正是在不断完善宏观调控体系和协调机制的背景之下，中国运用宏观调控手段，在宏观调控的实践过程中，在空间上创造性地构建全国统一大市场，在时际协调上，大胆采用跨周期和逆周期宏观调控方法，取得了显著成效。

（四）建设全国统一大市场

党的十八大以来，党中央从广度和深度上推进市场化改革，不断完善产权保护、市场准入、公平竞争等制度，推进价格改革和土地、资本、劳动力、技术、知识、数据等重要生产要素市场化改革，加强反垄断、反不正当竞争，着力清除市场壁垒，提高资源配置效率和公平性，加快形成企业自主经营、公平竞争，消费者自由选择、自主消费，商品和要素自由流动、平等交换的现代市场体系。同时，我国市场体系仍然存在制度规则不够统一、要素资源流动不畅、地方保护和市场分割等突出问题。为了进一步清理废除妨碍统一市场和公平竞争的各种规定和做法，促进商品要素资源在更大范围内畅通流动，提高要素和资源的使用效率，习近平总书记在 2021 年 12 月 17 日主持召开中央全面深化改革委员会第二十三次会议，审议通过了《关于加快建设全国统一大市场的意见》（以下简称《意见》）。在会议上，习近平总书记强调，发展社会主义市场经济是我们党的一个伟大创造，关键是处理好政府和市场的关系，使市场在资源配置中起决定性作用，更好发挥政府作用。构建新发展格局，迫切需要加快建设高效规范、公平竞争、充分开放的全国统一大市场，建立全国统一的市场制度规则。《意见》从全局和战略高度对加快建设全国统一大市场，旨在通过建设全国统一大市场，推动国内市场由大到强，充分发挥我国超大规模市场优势，筑牢构建新发展格局的基础支撑。它是今后一个时期加快建设全国统一大市场的行动纲领,是建设高标准市场体系、构建高水平社会主义市场经济体制的重要里程碑。通过建设高效规范、公平竞争、充分开放的全国统一大市场,将推动形成供需互促、产销并进、畅通高效的国内大循环,为经济高质量发展奠定坚实基础。

具体来说,建设全国统一市场包含如下若干内容(马文武,2022)。首先是定制度、夯基础,建设高质量市场基础制度与运行规则;其次是强联结、促畅通,建设高标准流通体系、信息交互渠道与交易平台;再次是促统一、优市场,建设高水平要素资源市场和商品服务市场;然后是抓监管、促公平,建设现代化监管体系提升综合监管效能;最后是破壁垒、拆藩篱,着力规范不当市场竞争和市场干预行为。

在建立统一市场后,我国社会主义市场经济将拥有统一的制度规则、统一的流通体系、统一的要素配置、统一的商品和服务市场和统一的市场监管,从而更公平更有效地优化全国一盘棋与优先推进区域协作的关系,更好地利用我国的超大规模经济体的规模优势(干春晖、刘亮,2021)。

(五) 有机结合跨周期和逆周期宏观调控政策

除了在空间领域统一全国市场、深挖潜力之外,我国也大胆探索宏观调控方面的实际协调方法。2020 年 7 月召开的中央政治局会议上首次提出“跨周期调节”,时隔一年后,2021 年 7 月的政治局会议再次提出“要做好宏观政策跨周期调节”,而 2021 年底的中央经济工作会议则从疫情时期复杂多变的宏观经济状况出发,提纲挈领性地提出“跨周期和逆周期宏观调控政策要有机结合”。从宏观调控历史看,各国政府很少在时际协调时候采用“双调控”。它需要面对性质迥异的参与者、在不同的时间段和复杂的场域下进行协调,以保证经济的跨时空稳定发展。显然,“双调控”对象的复杂程度远超以往,因此要求具备相当水平才能驾驭双调控。

“逆周期”是经济学界相对比较熟悉的概念,其主要手段就是在当前经济相对偏弱的时候使用货币政策和财政政策两大类工具来实现整体经济的稳定增长,其着眼点相对中短期,其决策依据主要基于当前经济本身(文忠平,2012)。我国近年来采取多项措施成功地进行逆周期操作。

1. 兜牢基层“三保”底线。近年来,在供给侧结构性改革的背景下,我国积极财政政策的一个突出特点就是注重逆周期调控。2021年12月27日召开的全国财政工作会议明确今年财政工作需要把握几个重要方面,包括实施更大力度减税降费,增强市场主体活力;保持适当支出强度,提高支出精准度;合理安排地方政府专项债券,保障重点项目建设;加大中央对地方转移支付,兜牢基层“三保”底线等。

2. 打造线上节庆消费提质升级版,有效拓展县域乡村消费,乘势而上扩大居民消费,积极发展绿色消费等。2022年1月16日,国家发改委发布《关于做好近期促进消费工作的通知》,要求各地在精准有效做好疫情防控前提下,抓住春节、元宵节等传统佳节消费旺季契机,发展绿色消费等,推动一季度经济平稳开局。

3. 建立逆周期持续调控的预期,鼓励投资和消费。2022年1月17日,央行分别将中期借贷便利(MLF)操作利率和公开市场逆回购中标利率下调了10个基点。这是央行自2020年4月之后首次下调政策利率,并且距离2021年12月降准仅有一个月。MLF利率的下调,带动贷款市场报价利率(LPR)在1月20日跟进下调,1年期LPR和5年期以上LPR分别下调了10个基点和5个基点,明显有助降低实体经济融资成本,释放货币政策靠前发力信号。我们期待后续的逆周期调控政策能相继推出。比如,加快基建投资增速,尤其是大力支持新基建和传统基建相结合;货币政策工具箱开得再大一些,避免信贷塌方;进一步强化政策性金融机构在逆周期调控中的作用;建立逆周期的信贷调控机制,保持总量稳定,守住不发生系统性金融风险的底线等。

相对于逆周期,跨周期是一个新概念,其着眼点比逆周期长,其决策依据不但要考虑到当前经济的强弱本身,还要考虑到政策对未来经济的影响,其操作难度比逆周期要大(汪川、温雨黎,2021)。

据统计,2022年全国国内生产总值比2021年增长3%。分季度来看,一季度同比增长4.8%,二季度同比增长0.4%,三季度同比增长3.9%,四季度同比增长2.9%,呈前高后低走势,显示了我国经济发展面临需求收缩、供给冲击、预期转弱三重压力,外部环境更趋严峻和不确定。在复杂的经济形势面前,单纯采用逆周期或跨周期调控政策,效果可能都不尽如人意,因此果断提出有机结合跨周期和逆周期的调控政策是当前的政策最优选。如果说逆周期调控可以有力熨平经济波动,那么跨周期调控主要目的是有力推动经济的高质量发展。

我国主要采取了两项跨周期调控政策。一个是在外贸领域实行跨周期政策。2022 年 1 月,国务院办公厅为了扶持中小微外贸企业,印发了《关于做好跨周期调节进一步稳外贸的意见》。文件要求进一步扩大开放,做好跨周期调节,挖掘进出口潜力,保障外贸产业链供应链稳定畅通,稳市场主体保订单,促进外贸平稳发展,同时还要充分发挥各类金融机构作用。可见,外贸政策的跨周期调控旨在助企纾困,特别是扶持中小微外贸企业,努力保订单、稳预期,促进外贸平稳发展。

其次是在财政上支持地方经济。2021 年 12 月,财政部向各地提前下达 2022 年新增专项债务限额 1.46 万亿元,敦促各地在一季度投入使用,形成实物工作量。2021 年四季度发行的新增地方政府专项债券和企业等债券主要在 2021 年底和 2022 年初使用,与 2022 年发行的专项债形成“1+1>2”的叠加效应,这是综合实施跨年度政策的典范。不仅如此,在 2022 年,中央对地方转移支付规模 9.69 万亿元,增加 1.4 万亿元,增长 16.9%。此外,中国政府对所有符合条件的小微企业和个体工商户以及制造业等 13 个行业实施退税政策,累计退到纳税人账户的增值税留抵退税款达 2.46 万亿元。同时,还阶段性减征部分乘用车购置税,免征新能源汽车的车船税,支持县域商业建设行动、农产品供应链体系建设,推动农村消费提升和农民收入增加。这些积极财政政策提升效能,进一步优化结构保重点,着力支持经济稳定恢复发展,成功地实现了跨周期调控。总之,通过调控政策多策并举,“跨”“逆”结合,稳住宏观经济基本盘,保持经济运行在合理区间并实现高质量发展。

总之,通过调控政策多策并举,“跨”“逆”结合,稳住宏观经济基本盘,保持经济运行在合理区间并实现高质量发展。

(校对:谢云涛、洪扬)

参考文献

常卉颉:《基于马克思经济理论的宏观调控理论与实践》,厦门大学博士论文,2017 年。

干春晖、刘亮:《超大规模经济体优势研究》,《社会科学文摘》2021 年第 9 期。

高培勇:《理解和把握新时代中国宏观经济调控体系》,《中国社会科学》2018 年第 9 期。

胡佛:《新古典主义宏观经济学》,郭建青译,中国经济出版社 1991 年版。

厉以宁:《超越市场与超越政府:论道德力量在经济中的作用》,经济科学出版社 2010 年版。

李述仁:《八十年代西方宏观经济的调整和趋势》,载自《世界宏观经济管理论文集》,现代国际关系研究所编,时事出版社 1987 年版,第 47—61 页。

林成:《从市场失灵到政府失灵:外部性理论及其政策的演进》,吉林大学出版社 2011 年版。

林江:《马克思主义认识论在中国经济实践中的新飞跃》,《经济日报》2021 年 12 月 19 日。

刘明国:《论中国特色社会主义宏观调控——兼对当代西方主流宏观经济学的批判》,《马克思主义研究》2017 年第 3 期。

刘文娟:《关于创新和完善宏观调控体制机制的思考》,《经济师》2020 年第 9 期。

刘元春:《创新和完善新时代中国特色宏观调控》,《智慧中国》2018 年第 4 期。

马文武:《加快建设全国统一大市场的理论逻辑与现实意义》,《经济学家》2022 年第 9 期。

[英]斯诺登:《现代宏观经济学指南》,商务印书馆 1998 年版。

汤铎铎:《从西斯蒙第到普雷斯科特——经济周期理论 200 年》,《经济理论与经济管理》2008 年第 8 期。

汪川、温雨黎:《跨周期调节的宏观调控政策措施》,《银行家》2021 年第 12 期。

王金艳:《我国宪法宏观调控条款研究——以第 15 条第 2 款为中心》,上海师范大学博士论文,2019 年。

文忠平:《逆周期调控的"时"与"度"》,《西南金融》2012 年第 7 期。

[美]卡伦・沃恩:《奥地利学派经济学在美国》,朱全红等译,浙江大学出版社 2008 年版。

徐绍史:《创新和完善宏观调控方式》,《中国经贸导刊》2015 年第 34 期。

[英]亚当・斯密:《国民财富的性质和原因的研究》上卷,王亚南译,商务印书馆 2011 年版。

赵燕菁:《宏观调控与制度创新》,《城市规划》2004 年第 28 卷第 9 期。

朱正圻:《宏观调控国际演进》,复旦大学出版社 2014 年版。

打造我国中小企业的持续竞争力：新形势下宏观调控视角的机制分析

窦文宇*

［摘　要］　近几年来，受全球新冠疫情、国内消费放缓等因素影响，中国中小企业经营发展的内外环境渐趋严峻。为帮助中小企业积极应对挑战和走出困境，中国政府陆续出台了一系列调控政策来支持中小企业。本文认为中国政府的政策既有普惠的一面，也有重点扶持的一面。中国政府积极采取减税降费、降低交易成本等措施，切实有效地减轻中小企业负担。同时，各级政府致力于打造有利于中小企业运营的氛围，推进法律法规配套，提升中小企业社会地位，平衡疫情防控与经营发展。有些地方政府通过刺激终端消费及政府采购倾斜，直接促进中小企业销售。此外，中国政府大力增强中小企业自生能力和发展活力，推进赋能中小企业，加强其融资能力，推进转型数字化，提升人力资源管理水平。针对一些特色的专精特新企业、外贸企业重点行业，政府出台了针对性扶持政策。因此，大量的中小企业在政府及社会力量的共同支持下维持它们的生机，逐步恢复商业系统的活力，展现出潜在的市场竞争力和持久的成长动力。

［关键词］　中小企业　税费减免　赋能　数字化转型

---

* 窦文宇，法国 SKEMA 商学院讲座教授、中国校区学术校长，南京审计大学-SKEMA 国际联合审计学院法方副院长。

在中国市场大约 4 600 万户企业中,99%为中小企业。它们是中国经济及社会发展的主力,在促进增长、保障民生就业方面起到了重要作用(张德勇、崔向升,2022)。作为国民经济的毛细血管,中小企业在扩大就业、缩小收入差距、促进市场竞争等方面发挥着重要作用。

突出做好稳就业工作,是 2023 年政府工作报告的一个重要着力点。目前,世界上中小企业就业占全球就业量 70%以上,中国的中小微企业贡献了超 85%就业岗位。可见,中小企业是稳就业的主力。此外,工经所课题组(工经所课题组,2022)指出,今日全球经济格局竞争已经是产业生态之间的竞争,不同规模企业发挥着各自独特作用:大企业是整合生产要素,掌控产业链,而中小企业则在原材料、零部件、科技创新、提供丰富产品等方面起重要作用。

不过,虽然中小企业在国民经济及社会发展中举足轻重,贡献良多,但它们是市场主体中的薄弱环节,抵御风险能力差;尤其是近几年,受全球新冠疫情、中美贸易争端、消费放缓等各不利因素叠加影响,中国处于经济下行压力中。中小企业由于抗风险能力低、融资困难等问题,相较大型企业利润率下滑严重(复旦发展研究院,2022)。中国人民大学国家中小企业研究院调查发现,中国中小企业目前主要面临三大问题:一是订单不足,开工不足;二是人力、原材料成本上升;三是经营及发展资金短缺。

为帮助中小企业应对挑战,中国政府陆续出台了一系列措施保障支持中小企业发展。2021 年 11 月 10 日,国务院办公厅发布《关于进一步加大对中小企业纾困帮扶力度的通知》,提出九条措施助企纾困,减轻负担。2021 年 11 月 19 日,工信部发布《提升中小企业竞争力若干措施》,以税务扶持、融资支持、创新支持等方面的措施激发中小企业创新活力,提升中小企业竞争力。2021 年 12 月 17 日,工信部等十九个部门联合发布《"十四五"促进中小企业发展规划》,提出到 2025 年,中小企业在整体发展质量、创新能力、专业化水平、经营管理水平方面得到全面提升的目标。

虽然各政府部门已出台了不少惠及中小企业的政策,但受宏观环境影响,当前中小企业恢复和发展仍面临不少困难。活跃度持续下滑,注册注销比降至历史低点。政府纾困政策可能需要根据企业遇到的新困难、新问题,出台新举措,精准助推中小企业高质量发展(赵萌,2022)。

有鉴于此,本文将系统分析中国中小企业面临的主要挑战,梳理解析相关政策,进而提出促进中小企业健康、可持续发展的宏观调控政策思路与建议。本文依据经典的企业战略理论(Pearce and Robinson, 2012)建构政府宏观调控与中小企业的关系(见图1),阐释宏观调控措施如何能为中小企业创造有利的外部氛围以及赋能中小企业提升内部运营管理水平,继而从战略层面打造中小企业的持续竞争力。

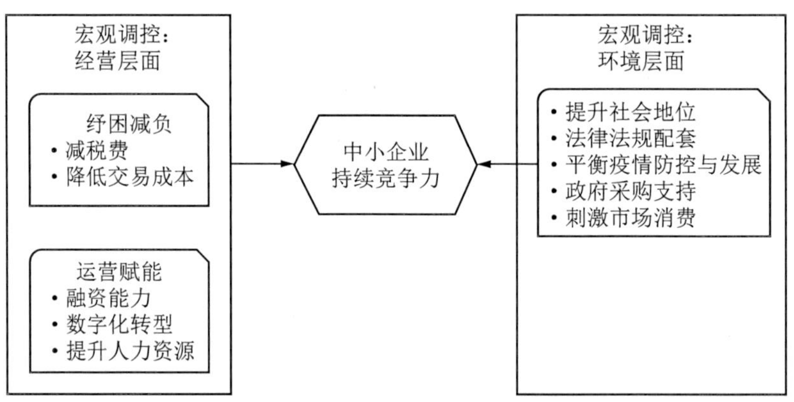

图1 政府宏观调控与中小企业

基于上述分析框架,本文将围绕六个方面展开讨论。首先,分析中小企业经营发展的国内外大环境。其次,考察宏观调控在经营层面如何为企业减负,包括如何纾解中小企业负担,如减税降费和降低交易成本等。再次,研究宏观调控如何改善经济环境,包括创造有利的营运环境氛围、激励消费、政府采购倾斜、法律法规配套、平衡疫情防控与经营发展以及提升社会地位。又次,探讨宏观调控如何经营层面赋能企业,比如如何协助企业提升运营内功、拓展融资渠道、实现数字化转型和提升人力资源水平等。此外,聚焦国家重点关注的行业(如专精企业、外贸企业等)中中小企业所获得的支持。最后研讨社会力量(如大企业、平台)如何帮扶中小企业发展。

一、中小企业与国内外大环境

在目前及可预期的未来,中国中小企业面临的国际环境复杂严峻。

受全球疫情的影响,世界经济复苏动力不足,俄乌冲突导致的地缘政治风险骤增;国际能源、原材料等大宗商品价格反弹。海外疫情反复对原料产地、加工地、航运业等关键环节均造成不同程度影响,国际运输运力趋紧,"缺芯""缺柜"等问题突出,对企业生产和出口造成持续冲击(工经所课题组,2022)。

在国内,疫情影响下的经济复苏呈现两极分化趋势,一部分企业、行业好,而另一部分却较差。上游成本的涨价,叠加环保限产、拉闸限电,加剧了中小企业的成本压力。从市场需求端来看,中国经济面临需求收缩、供给冲击、预期转弱的三重压力。经济下行导致消费恢复偏弱(李璐,2022)。两方面因素的综合,意味着中小企业的盈利能力将面临严峻挑战。

虽然复杂多变的国内外环境对所有企业都是挑战,但在资源、管理水平、市场拓展能力等方面本来就相对较弱的中小企业稳定经营的困难和压力更大。因此,中小企业亟须政策扶植支持,以消化应对需求疲弱、成本压力和要素障碍这三大痛点导致的经营困难(任泽平,2021)。

面对可能是近十年来最严峻的外部环境及复杂经济形势,中国政府为了救中小企业于水火之中,采取了一系列精准、全面的政策组合拳。首先是给企业减负,降低其经营成本,让它们可以轻装前行。

二、减税降费,降低经营成本

面对中小企业的经营困难,中国政府近年来推出诸多政策,一方面实施制度性及结构性减税政策,另一方面则降低各种费用,以期尽力减轻企业负担。

(一) 减税降费

2022年,政府工作报告公布了一揽子减税降费措施,减税与退税并举,包括历史最高的2.5万亿元"大礼包"。对于广大中小企业,扩大留抵退税缓解了企业现金流压力,增强企业扩大再生产信心,也鼓励将更多资金投入研发等生产活动。降低税费可以理解为是以政府收入的减少,来换取企业效益和市场活力增加。具体来说,对小微企业和个体工商户年应纳税所得额不到100万元部分,在现行优惠政策基础上再减半征收;企业研发费用加计扣除比到75%,制造业企业加计扣除比提高到100%。在制度性优惠的基础上,中国税务部门也在持续优化纳税服务。

(二)降低经营成本

2021年5月,国家发展改革委、工业和信息化部、财政部、中国人民银行联合发布《关于做好2021年降成本重点工作的通知》,提出要全社会共同努力降低企业融资、人工、用能、土地等要素成本,推进物流降本增效,同时强调要降低制度性交易成本。推进"放管服"改革。完善市场主体退出机制,实施工业产品准入制度改革,推动电子证照扩大应用领域和全国互通互认。规范降低重点领域涉企收费,清理规范城镇供水供电供气供暖行业收费。其中,降低融资成本可以提升金融配置资源的效率,促进实体经济,尤其是广大中小企业的发展。降低行业用电用地等生产要素的成本,则是可以直接增加企业的经营效益。

在中小企业的经营成本结构中,除了要素成本,交易成本也可能繁杂琐碎,包括市场型交易成本、管理型交易成本、行政型交易成本等。国家发展改革委宏观经济研究院副院长吴晓华表示,像简政放权、放管结合、优化服务、健全现代市场体系等改革,可以降低行政型交易成本。而建立竞争性要素市场,现代流通体系、社会信用体系、完善履约监督机制,有助于降低市场型交易成本。完善竞争政策体系则可以减少市场型和管理型交易成本(徐佩玉,2021)。降成本不仅是在短期内给企业带来更多利润,多增利润可以部分用于研发,从而提升中小企业的长久竞争力。

三、创造有利的中小企业营商氛围

除了直接的减免税费,中国政府在宏观调控上致力于提升中小企业营商环境,为此采取了一系列的措施,从刺激消费、推进法律法规配套到提升中小企业社会地位等。

(一) 刺激终端消费

新冠疫情以来,经济下行压力骤增,如何促进消费已成为中国经济核心议题。国家统计局服务业调查中心的调查,认为"需求不足是最突出困难"的企业超过了被调查企业的37%。2021年12月社会零售总额同比仅增长1.7%、实际跌至负值(陈雯、李滢,2022)。

2021年中央经济工作会议指出,需要释放提振多层次的消费需求。比如,实施工业品下乡行动和新一轮以旧换新,促进基本消费稳步增长。针对随着收入提高、消费观念转变、年轻消费群体兴起带来的消费升级,开发品质化、个性化、智能化新产品,打造"新国货",提振升级型消费。此外,抓住中国进入老龄社会、绿色环保风潮、数字经济兴起等社会技术变革催生的新消费热点,扩大新兴消费。

除了在政策方面给予引导,有学者建议可以参考国外在疫情下采取的特别政府财政支出手段,直接给消费者发放消费券来刺激消费。比如,从2021年香港地区发放消费券(5 000港币)的经验来看,刺激市场消费的效果显著,消费券不仅可以快速起效于需求侧,还能够建立从消费订单、到扩大再生产,稳定用工,提升员工收入,进一步刺激消费的良性循环。这种财政手段往往在经济下行期能发挥更大作用。

参照过去行之有效的中国经验,华创证券首席宏观分析师张瑜提出,大件消费可以成为政府促消费的更好举措。比如,2008年金融危机后,通过"家电下乡"政策的大幅补贴,就有效刺激了消费增长。他建议新的政府消费补贴可以从放开新能源汽车牌照限制、家电节能补贴等方面推进(张瑜,2023)。

一般而言,消费券使用主要是在终端消费,但实际上从整个产业链视角来看,终端消费的兴旺,会带动上下游产业发展,也会促进对工业品(比如原材料等)或者相关服务(比如电商、物流)的需求。此外,升级型消费(比如电动汽车)对于这个行业产业链(比如电池)向中高端升级也带来强大助推。所以,消费券对于整个国民经济在质与量的发展,存在积极重要意义。

(二) 政府采购倾斜

中国人民大学国家中小企业研究院调查发现，中小企业面临第一大问题是订单不足。所以，如果在政府采购中能给予中小企业特别关注，则可以通过提供市场需求，让它们有更大的生存发展空间(刘元春，2022)。考虑到每年政府采购额大约能占到财政支出 10%(2020 年为 36 970 亿元)，这方面的市场机会应该不小。

2021 年 11 月，国务院办公厅印发《关于进一步加大对中小企业纾困帮扶力度的通知》，提出各省市应进一步落实《政府采购促进中小企业发展管理办法》，比如，吉林优化采购程序；河北要求编制专门面向中小企业的预留份额预算；浙江规定小额采购项目适宜由中小企业提供的，采购人应当专门面向中小企业采购。这些定向扶持的政府采购措施，给中小企业提供了确定性的市场需求，为增强生存发展能力提供政策红利。

(三) 法律法规配套

从国际上中小企业发达的国家经验来看，法律制度支持至关重要。比如，美国、德国、韩国都颁布有支持小企业发展的专项法律，并在实施层面提供全方位的咨询辅导(任泽平，2021)。

为给中小企业保驾护航，近年来中国政府陆续出台了一系列在法律制度环境层面让中小企业能够安心放心发展的政策性文件。2020 年 7 月，《保障中小企业款项支付条例》出台，细化了 2002 年发布的中小企业促进法中的相关规定，增强了可操作性，为解决拖欠款项问题提供了制度化工具，有效保障了中小企业自身合法权益。

2020 年 8 月，工业和信息化部联合国家发改委、科技部、财政部等部门印发《关于健全支持中小企业发展制度的若干意见》(以下称《意见》)，强调要进一步健全保护中小企业合法权益的法律法规体系，支持中小企业发展。文件还提出制定促进中小企业发展的地方法规。同时，要探索建立中小企业法律法规评估制度和执行情况检查制度，保障法律法规得到落实。《意见》还指出，需完善中小企业维权救济制度。构建统一政务咨询投诉举报平台，完善投诉举报处理程序和督办考核机制。探索建立中小企业公益诉讼制度、国际维权服务机制。鼓励法律服务机构开展小微企业法律咨询公益服务。

2021 年 12 月,国务院关于印发“十四五”市场监管现代化规划的通知,提出要营造市场化法治化的营商环境,为经济发展内生动力提供可靠载体。通知强调要依法平等保护各类市场主体产权,加强知识产权保护。在招标投标领域,建立优化营商环境的长效机制。

考虑到中小企业资源有限,难以承受高昂的法律维权成本。政府的一系列牵涉市场监管法律的优化,将有助于保障遵纪守法企业的权益,这对于中小企业生存发展而言,可谓弥足珍贵。

(四) 平衡疫情防控与经营发展

2022 年 3 月 17 日,在中央政治局常务委员会会议上,习近平总书记要求统筹好疫情防控和经济社会发展,用最小的代价实现最大防控效果,减少疫情对经济社会发展的影响。根据会议精神,在山东、江苏、广东等多地,都成立了由工信、交通等多部门联动的机制,帮助有需求的企业做好跨省跨市人员流动、物流运输等工作,着眼于畅通产业链供应链,保障复工复产的顺畅。

从全球范围来看,进入 2022 年以来,欧美主要经济体国家已取消全面防疫措施。疫情缓和将使产能恢复、减少对中国产品进口需求。故而,基于对疫情走势与国际防疫政策影响的及时研判,当下需要在维护国内防疫,与确保外循环畅通之间做出精准适用的安排,保持与全球供应链体系高效贯通(工经所课题组,2022)。这样可使中国的中小型外贸及加工企业不至于错过全球经济复苏的增长动能。

(五) 提升中小企业社会地位

当前中国民营中小企业面临的困难与挑战固然和国内外大环境风云变幻有直接关联,但就算抛开短期环境因素,中小企业困境的深层次原因还是离不开经营性和制度性等长期因素。中小企业长期处于弱势地位,对上下游供应链、政府部门、金融机构议价能力不足,规模歧视导致中小企业的生存空间更小、抗风险能力更弱(任泽平,2021)。

一直以来,社会上对民营企业有意无意地身份歧视,不在少数。

2018 年,重庆市委统战部调查走访发现,一些政府项目有意设置隐形壁垒,把民营企业排斥在外,以规避所谓“政治风险”。一些本不需要高门槛和准入前置的政府投资项目,却给中小企业设置无法跨越的门槛,致使仅有少数大型企业才具备投标条件。鉴于公平营商环境是中小企业发展壮大的基础。中小企业强烈呼吁相关部门全面清理、废止阻碍中小企业公平竞争的歧视性规定(韩振等,2019)。

2021 年,由国务院发展研究中心组织的对 1 021 位民营企业家参与的问卷调查显示,民营中小企业最迫切的期望,是能享有在中国特色社会主义市场经济下的主体地位(李兰,2021)。2021 年 8 月,中央历史上首次召开中小企业发展专题会议,明确肯定了中小企业对国民经济的贡献,强调要对国有和民营经济一视同仁,对大中小企业平等对待。

中小企业期待着这一系列肯定民营企业地位的政策,能在各地得到落实,从而能消除对民营中小企业的偏见和误解,让它们能够在资金、土地、人才、市场等要素资源获取方面获得和大企业相当的平等地位(中国生产力学会创新推进委员会课题组,2022)。

四、赋能中小企业,提升运营内功

中国的中小企业可能是世界上最勤奋的商业群体,它们为中国改革开放以来取得的举世瞩目的经济成就做出了卓越贡献。虽然近几年来,受到国内外不利环境因素影响,运营上遇到困难,有点举步维艰。但中国中小企业主具有坚韧的企业家精神,他们并不想只躺靠政府补贴扶持混日子——但中小企业和大企业比,资源人才有限——所以更需要的是能够被在各个经营层面赋能,提升管理水平,释放蓬勃生机的企业家精神。而赋能的第一步,就是需要找到钱(资金)。

(一) 融资

现代经济社会中,企业仅靠内部积累难以满足资金需求。长期以来,中小企业融资难一直阻碍其健康发展。比如,金融机构担心和众多的中小企业信息不对称,故而中小企业往往需支付远高于大企业的资金成本。融资的高成本将不少中小企业排除在直接融资市场之外(林毅夫、李永军,2001)。事实上,中国民营中小企业占信贷资源目前仍以短期贷款为主,融资难、融资贵问题突出。

这个困扰中小企业融资需求的问题,其实在世界范围都存在,各国也在不断摸索解决方法。美国在1971年建立了纳斯达克交易所,放宽小企业上市门槛,为支持成长性中小企业融资上市。此外,美国政府也鼓励小企业以合适利率发行债券。中小企业局以商业担保形式为小企业背书,帮助其从投资公司和风投公司获得贷款(何剑,2005)。

2021年9月,首届中小企业国际合作高峰论坛开幕式上,时任国务院副总理刘鹤指出金融机构在给中小企业提供信贷服务、上市融资、创新金融服务等方面都大有作为。他寄语金融机构在产品创新,科技投入上,改变与大企业相比处于落后的格局,开发出种类齐全、服务到位的金融服务产品,补齐中小企业金融产品创新短板。

中国人民银行在2021年新增投入3 000亿元,引导地方法人银行增加信贷投放,将优惠利率传递至小微企业和个体工商户。同时巩固提升了两项直达实体经济货币政策工具的效果。支持中小微企业延期还本付息11.8万亿元,累计发放普惠小微信用贷款9.1万亿元。

除了靠银行在资金上给予中小企业直接支持,有专家建议,可以通过金融科技缓解中小企业融资难题。他们认为应该优化升级中小企业融资综合信用平台,打破政府部门间、银行企业间的数据壁垒,解决中小企业信用信息的"孤岛"问题,从而让它们更容易从银行成功融资(昝秀丽,2022)。

(二) 创新扶持及数字化转型

管理学相关研究表明,中小企业的研发能力(投入)与其市场表现通常呈现正向关系,故而研发创新对中小企业市场竞争力至关重要(Pett and Wolff, 2011)。然而由于资源限制,中小企业研发投入通常只占其营收7%以下,不及大型公司10%的高投入。在国际上,美国、德国、韩国通过提高资助金额、扩大资助范围等方式鼓励中小企业加大研发力度(任泽平,2021)。

近年来,在全球新冠疫情背景下,企业为了克服疫情屏障,保障运营、提升效率,数字化转型已经成为最重要的创新方向。2020年3月,工业和信息化部就发布了《中小企业数字化赋能专项行动方案》,提出培育推广一批符合中小企业需求的数字化平台、系统解决方案、产品和服务,助推中小企业通过数字化转型提升应对危机能力。比如,浙江永康合达铝业公司,疫情导致用工缺口 50%以上,幸亏企业提前部署数字化生产(机器换人),12 台自动化加工中心全速运转,减轻用工压力,保障了产品可靠性和市场竞争力(韩韬、马兵、于春春,2020)。

尽管大部分中小企业已意识到数字化转型的重要性,但因自身存在的诸多困难,转型程度远低于大企业。据中国电子技术标准化研究院数据显示,2020 年,我国中小企业生产过程信息系统覆盖占比为 40%、仅有 5%采用大数据技术对生产环节提供优化建议。由于人才欠缺,转型成本高企,资源投入不足,中小企业数字化转型见效慢、成果不明显(张利娟,2022)。

为了帮助中小企业应对数字化转型的挑战,一个解决思路是依靠国家力量介入扶持。比如,日本经产省建立相关的中小企业转型办公室,提供财政、税收优惠,低息贷款,专项财政补贴等;而为中小企业提供数字化转型技术设备的企业,也可以享受税收优惠。迄今日本 70%左右中小企业已完成数字化转型(肖隆平,2022)。

2020 年,政府工作报告中强调尽力帮助企业数字化转型;各省市地区政府也相继引发支持企业数字化转型相关政策文件。发改委相关智库也提出一系列建议,通过培育转型服务机构,培养数字化运营人才;加大资金支持,制定税收优惠,鼓励银行加大数字化转型金融扶持力度,从而加快促进中小企业数字化转型(中国生产力学会创新推进委员会课题组,2022)。2022 年,工信部宣布将挖掘推广一批“5G+工业互联网”典型应用场景,加强新型信息基础设施建设应用,促进 5G 应用普及到中小企业。

(三) 人力资源提升

过往研究发现拥有足够的管理人才,是中小企业成功的一个关键因素(De Kok and Uhlaner, 2001),但由于资源有限或投入不足,对高精尖人才吸引力有限,一直以来都是一个困扰中小企业发展的瓶颈(Cardon and Stevens, 2004)。世界各国尝试实施了不同人才政策来帮助解决这个挑战,比如,美国、德国、韩国通过支持人才引进、量身定制职业培训等方式为中小企业的人力资源提升赋能。

在中国,2021年国家发展改革委组织的《"十四五"时期提升中小企业创新能力研究》课题组,指出中小企业迫切需要培养创新人才。建议以科研院所等为载体,建设一批创新型人才培养基地,让中小企业享受与国有企业同等人才政策待遇;完善服务配套,良好环境,加大中小企业对创新人才的吸引力。

此外,考虑到现阶段中国中小企业种类众多,行业多元,发展阶段不同,除了对高层次人才及创新型人才有需求,对普通工人的需求也相当大,解决好这个燃眉之急,也是对中小企业人力资源发展的贡献。

2021年11月,国务院办公厅印发《关于进一步加大对中小企业纾困帮扶力度的通知》,倡议政府、企业及中介组织共同努力,支持中小企业稳岗扩岗。比如,湖南浏阳通过举办乡镇招聘会、送岗进村入户、积极开拓省外劳务协作市场,为普工市场开源。另外,中小企业在招到足够普工的前提下,可能会发愁如何既能以具吸引力的薪酬留住他们,同时又不会导致过高的人力成本,这时候政府的相关政策就可以起到雪中送炭的作用。比如,2021年国务院发布的《关于做好2021年降成本重点工作的通知》中,提出会采取相应措施,比如通过实施阶段性降低失业保险、工伤保险费率等政策,协助中小企业降低人工成本。

五、特色行业的中小企业

现阶段中国的中小企业种类众多,覆盖行业多元。虽然中国政府致力于为所有中小企业发展纾困护航,但如果从巩固优势行业(比如外贸出口企业),以及国家整体经济战略重点(比如创新)的角度来看,可能一些特色行业的中小企业,会得到更多的政策扶持。

(一) 特长型(专精特新)中小企业

在世界经济诸强中,美国以科技型中小企业著称,德国凭制造业隐形冠军称雄。韩国,则经历了从倚重大企业(如三星、大宇)到重视小企业的转型过渡。目前在这三个国家中,中小企业在出口和创新层面的贡献度都比较高(任泽平,2021)。

“十二五”时期,工信部就开始推动一部分中小企业告别粗放经营,向“专精特新”方向发展:即专业化、精细化、特色化、新颖化。这些专精特新型的中小企业,主要集中于信息技术、高端装备制造、新能源、新材料、生物医药等中高端产业领域。由于“专精特新”中小企业是中国制造的重要支撑,中国政府近年来着力培育“专精特新”企业,并在资金、人才、孵化平台等方面给予大力支持。

2021 年 3 月,财政部、工信部联合印发《关于支持“专精特新”中小企业高质量发展的通知》,宣布在 2021—2025 年期间,中央财政将累计安排 100 亿元以上奖补资金,重点支持 1 000 余家国家级专精特新中小企业,带动一万家左右成长为国家级专精特新“小巨人”企业。

2021 年 11 月,国务院促进中小企业发展工作领导小组发布《为“专精特新”中小企业办实事清单》,提出通过财税,信贷,资本市场,人才等方面的精准扶持、推动“专精特新”中小企业实现高质量发展。仅从金融层面而言,2021 年专精特新“小巨人”企业整体获贷率超过七成。同年 12 月,工信部会同发改委、科技部、财政部等十九部门联合发布的《“十四五”促进中小企业发展规划》提出推动形成一百万家创新型中小企业、十万家“专精特新”中小企业、一万家专精特新“小巨人”企业。

对“专精特新”中小企业的培育,中央政府不但全力推动,而且鼓励带动地方政府积极响应。比如,工信部通过开展第二批专精特新“小巨人”培育行动,推动形成“龙头企业+孵化”共生共赢的生态,相关特色载体入驻中小企业有 38 万家,有力促进了各地加大“专精特新”中小企业培育的力度。在重庆,政府搭建大中小企业融通发展平台,鼓励“链主”企业发挥引领作用,促进“专精特新”企业融入产业链和创新链;山东实施产业链协同工程,向“专精特新”企业定向发布重点项目合作目录;安徽开展了“专精特新”中小企业倍增行动(张辛欣,2022)。

(二) 中小企业与对外贸易

中小企业是中国对外贸易的主体力量。一直以来就存在诸如市场开拓渠道不足、资金周转压力大等问题;而在全球疫情冲击下,本来就脆弱的中小外贸企业,生存受到挑战(荣民,2020)。2020 年 6 月,李克强总理主持召开稳外贸工作座谈会,强调要研究出台稳外贸措施,尤其要加大支持力度,保住受疫情冲击最明显的中小企业。

2022年3月,商务部表示将重点为中小外贸企业纾困解难:一是保障外贸产业链供应链稳定畅通。二是将减税降费落实到位,整治乱收费等问题。三是推动进口多元化,构建互利共赢的原材料渠道。多管齐下,以政策的确定性帮助外贸企业应对全球疫情带来的不确定性冲击。

除了政府的扶持政策之外,稳定有利的外部经贸环境对于稳外贸也很重要。2022年全面生效实施的区域全面经济伙伴关系协定(RCEP),有望带来贸易创造和投资增加效应。政府工作报告提出要支持企业用好优惠关税、原产地累积等规则,扩大贸易合作。复旦大学教授丁光宏建议,政府要建立服务RCEP的公共服务平台和专业技术队伍,为企业提供相应的全面解决方案(于佳欣等,2022)。

六、大企业及平台帮扶

在新信息革命的大环境下,大企业和平台由于规模优势,在市场中形成了越来越重要的作用。在中小企业数字化转型过程中,除了国家层面支持之外,大企业及平台也能有所作为。比如,国务院发展研究中心原副主任王一鸣建议,大企业要发挥行业龙头企业的作用。政府要鼓励供应链龙头企业的数字化平台向中小企业开放,进而降低转型成本,增加中小企业数字化转型升级的积极性,提高成功率(新华网,2022)。

(一) 大企业协助

对资源有限的中小企业而言,如果能够进入由实力雄厚大企业主导的商业网络中,就意味着有可能获取更多资源,比如关键知识,品牌背书,市场机会等(Asheim and Isaksen, 2002)。而获取这些独特资源,可能正是中小企业打破眼界限制,创新发展的重要机会(Bøllingtoft and Ulhøi, 2005)。

2021年1月,国家发改委《"十四五"时期提升中小企业创新能力研究》课题组建议,政府要引导大型企业,特别是国有大型企业在土地、资本、品牌等方面优势,开放共享创新资源;促进大中小企业融通发展,发掘中小企业的发展潜力。

大企业可以如何扶帮中小企业?2021年,万事达卡(联合云支付工具商Pollinate)共同赞助一个名为Ingenious的中小企业微电影大赛,聚焦世界各地的中小企业如何在疫情下创新求变,奋发图强。其中赢得4万美元大奖的一部微电影,场景在西班牙西南部一个人口不到50万的小城市Palma。2006年底,主人公Toni Fernández和妻子Cati Marqués开了该市唯一一家儿童书店Baobab,生意蒸蒸日上。但到2020年3月,西班牙在疫情下全国封城,Baobab也坠入经营谷底。经过一段时间沉寂后,Toni Fernández决定转站线上售书,把所有库存图书数字化录入网站。Cati Marqués手工制作个性化的书籍礼盒;由Toni Fernández亲自骑摩托车送到孩子手中(Blumberg, 2021)。Toni的网店收付款服务由万事达卡提供。由一家国际知名大企业提供这项服务,对买家而言是一种强品牌背书,增加了消费者对电商网店购物的信心;同时,万事达的专属中小企业服务系统,也保障了即使是像Toni这样的小微企业,也能享受到和大企业客户同样质素的金融服务,这次微电影比赛,把万事达卡与中小企业共度时艰的信念及成绩充分展示出来。

(二) 平台扶持

过去十余年来,中国平台经济(如阿里、腾讯、美团)崛起,改变了生产方式及消费方式。作为互联网生态中的智能基础设施,平台已经成为推动信息化与工业化深度融合的重要引擎,经济社会影响力与日俱增(王超贤,2018)。研究发现,平台拓展了社会生产的可能性边界,推动了中小企业在市场、产品、渠道、研发和组织方面的创新,为中小企业成长赋能(叶秀敏,2018)。

2020年3月,中国最大的电商淘宝推出淘特App应用,定位为全球首个以C2M(消费者到工厂)的定制商品平台,进驻了120万个产业带商家、50万家工厂、30万家外贸工厂,及1万个农产品基地。它们提供从工厂到消费者的产品直供,通过简化流通环节给生产厂家(尤其是中小企业)赋能:让它们既可以通过降低流通营销成本激励销售,同时还可以通过与消费者更紧密的连接开发更适合市场需求的新品。

2022年3月，淘特上线两周年前夕，总裁汪海宣布上线淘特10元店，瞄准小物件小商品。为了进一步扶持这个行业中占绝大多数的中小企业，淘特还新增了三个频道。升级版的“官方补贴”“限时抢购”以及“好看不贵”，从而在平台上提供更多的曝光点及消费者触达点。对广大中小制造业来说，无疑是一次新的发展机遇。比如，青岛第五元素公司和淘特联手，上线一款紫外线牙刷消毒器。市面上同样质量的品牌产品至少都要卖好几百元。但通过淘特M2C模式，节省大量运营、宣传成本，价格被压到了百元以内。加上平台背书，这款产品上市即卖爆（徐晶卉，2022）。

七、总　结

中国中小企业是国民经济的重要组成部分。但近几年来，受全球新冠疫情，国内消费放缓等不利因素影响，经营发展的内外环境渐趋严峻复杂。为帮助中小企业积极应对挑战，走出困境，中国政府陆续出台了一系列支持调控政策。本文对此进行了全面的梳理分析。

首先，从政策、市场纾困的角度出发，政府采取了减税降费，降低交易成本等切实措施减轻中小企业负担。同时，从环境纾困角度，政府致力于打造有利与中小企业运营的氛围，推进法律法规配套，提升中小企业社会地位，平衡疫情防控与经营发展；并通过刺激终端消费及政府采购倾斜，直接促进中小企业销售。另外，以助其增强自生能力和发展活力为重点，政府也积极推进赋能中小企业，加强其融资能力，推进转型数字化，提升人力资源管理水平。此外，对一些特色重点行业，如专精特新企业，外贸企业，政府也出台了针对性的中小企业支持政策。鉴于中小企业是整个商业生态系统中的重要力量，维持它们的生机，才能维持商业系统的活力，所以大企业或者平台对中小企业开展针对性的帮扶，也弥足珍贵。相信在政府及社会力量的共同支持下，中国的中小企业一定会渡过目前难关，展现出蓬勃的市场竞争力和持久的成长动力。

（校对：洪扬、谢云涛）

参考文献

陈雯、李滢:《12月社零数据跟踪报告:12月社零同比降至+1.7%,稳增长预期下消费复苏值得期》,https://data.eastmoney.com/report/zw_industry.jshtml?infocode=AP202201191541341078,2022年1月19日。

复旦发展研究院:《金融学术前沿:浅析中小企业发展现状与近期相关政策》,https://baijiahao.baidu.com/s?id=1721281300627590772&wfr=spider&for=pc,2022年1月7日。

工经所课题组:《工业稳增长:国际经验、现实挑战与政策导向》,《中国工业经济》2022年第2期。

韩韬、马兵、于春春:《数字化助力中小企业应对疫情挑战》,https://thinktank.cnfin.com/thinktank-xh08/a/20200703/1945131.shtml,2020年7月3日。

韩振、马剑、李劲峰、黄鹏:《中小企业仍遭三大歧视:身份偏见、门槛壁垒、融资困难》,《半月谈》2019年3月1日。

何剑:《美国小企业融资的理论和经验分析》,《特区经济》2005年第10期。

李兰:《当前民营中小企业面临的困难与挑战——2021年·中国企业家问卷追踪调查报告(下)》,《国务院发展研究中心调查研究报告》2021年第359号(总6424号)。

李璐:《2月中国中小企业发展指数略有回落,中小企业运行呈现八大特点》,http://finance.people.com.cn/n1/2022/0310/c1004-32371888.html,2022年3月12日。

林毅夫、李永军:《中小金融机构发展与中小企业融资冶》,《经济研究》2001年第1期。

刘元春:《中小企业是“稳就业”的主体　什么样的方法能更好救助中小企业》,https://j.021east.com/p/164782815803098,2022年3月21日。

任泽平:《中国中小微企业经营现状研究》,http://finance.sina.com.cn/zl/china/2021-12-20/zl-ikyamrmz0029687.shtml,2021年12月20日。

荣民:《给中小微外贸企业更多支持》,《中国贸易报》2020年7月21日。

沈建光:《厘清消费券政策迷思》,http://finance.sina.com.cn/zl/china/2022-02-18/zl-ikyakumy6712607.shtml,2022年2月18日。

王超贤:《全球平台经济加速崛起,中国注入发展新动能》,https://www.sohu.com/a/278157743_735021,2018年11月27日。

肖隆平:《代际竞争下中国数字经济的挑战与优势》,《新京报》2022年3月22日 。

新华网:《中国“发展密码”五问③|2022年如何为中小企业发展“添柴加薪”?》,http://www.xinhuanet.com/sikepro/20220318/4da01ce00f6542ce8b1e90c165295844/c.html,2022年3月18日。

徐晶卉:《线上也有10元店、100元店? 淘特说:这个购物入口做定了!》,http://wenhui.whb.cn/

zhuzhan/cs/20220324/456523.html，2022年3月24日。

徐佩玉:《降成本明确8方面19项重点任务——加劲降成本，助力实体经济》，《人民日报》(海外版)2021年5月11日。

叶秀敏:《平台经济促进中小企业创新的作用和机理研究》，《科学管理研究》2018年第2期。

于佳欣、何欣荣、熊丰、唐弢:《解读2022年稳外贸政策发力点，中小微企业是重中之重》，《人民日报》2022年3月10日。

昝秀丽:《全国人大代表、58同城CEO姚劲波:建议进一步减负增效 精准帮扶小微企业》，https://baijiahao.baidu.com/s?id=1726598425806604176&wfr=spider&for=pc，2022年3月4日。

张德勇、崔向升:《疫情下的中小企业迎来纾困"组合拳"》，http://www.gov.cn/xinwen/2022-01/30/content_5671390.htm，2022年1月30日。

张利娟:《如何破解中小企业发展的堵点痛点难点?》，《人民日报》2022年3月11日。

张辛欣:《稳字当头、"链"上发力——各地各部门稳定产业链供应链观察》，http://www.gov.cn/xinwen/2022-03/25/content_5681547.htm，2022年3月25日。

张瑜:《七个预期差——17句话极简解读中央经济工作会议》，https://finance.sina.com.cn/stock/stockptd/2021-12-11/doc-ikyamrmy8305787.shtml，2021年12月11日。

张瑜:《疫情放开后，有哪些投资机会值得关注?》，http://k.sina.com.cn/article_5115326071_130e5ae7702001u1pl.html，2022年12月22日。

赵萌:《进一步加大中小企业纾困帮扶力度》，https://www.financialnews.com.cn/pl/cj/202202/t20220221_239780.html，2022年2月21日。

中国生产力学会创新推进委员会课题组:《消除人们对中小企业特别是民营中小企业的偏见和误解》，《经济参考报》2022年1月26日。

Asheim, B. and Isaksen, A., 2002, "Regional Innovation Systems: The Integration of Local 'Sticky' and Global 'Ubiquitous' Knowledge," *Journal of Technology Transfer*, 27: 77—86.

Blumberg, Deborah Lynn., 2021, "A Pandemic Fairy Tale," September 2, https://www.mastercard.com/news/perspectives/2021/small-business-digital-transformation-baobab/.

Bøllingtoft, A. and Ulhøi, J. P. 2005, "The Networked Business Incubator: Leveraging Entrepreneurial Agency?" *Journal of Business Venturing*, 20: 265—290.

Cardon, M. S. and Stevens, C. E., 2004, "Managing Human Resources in Small Organizations: What Do We Know?" *Human Resource Management Review*, 14(3): 295—323.

De Kok, J. and Uhlaner, L. M. 2001, "Organization Context and Human Resource Management in the Small Firm," *Small Business Economics*, 17(4): 273—291.

Pearce, John and Richard Robinson., 2012, *Strategic Management: Formulation, Implementation and Control*, Boston: McGraw-Hill Irwin.

Pett, Timothy L. and Wolff, James A., 2011, "Examining SME Performance: the Role of Innovation, R&D and Internationalisation," *International Journal of Entrepreneurial Venturing*, 3(3): 301—314.

宏观经济调控微观化及其相关政策浅议

张旭昆*

［摘　要］ 自第二次世界大战之后，基于凯恩斯主义宏观经济学理论的宏观经济调控在维持经济稳定发展过程中发挥越来越重要。但是随着七八十年代“滞涨”的出现，宏观经济政策主导者意识到了宏观调控的有效性取决于其满足合理的微观行为。因此，宏观调控从传统的货币、财政等微观化为特定的产业和消费政策，通过激励企业家和消费者行为来保持市场的扩张和经济的发展。有基于此，本文认为在走出疫情阴霾、积极发展经济的情况下，中国政府可以采取产业政策、发放消费券和其他社会政策，稳定预期，促进产业的蓬勃发展，扩大就业，增加扩大居民消费能力，从而推动经济持久成长。

［关键词］ 宏观经济调控　微观行为　理性预期　产业政策

一、政府宏观调控有效性的微观行为基础

自凯恩斯在《就业、利息和货币通论》中分析了宏观经济的运行机

* 张旭昆，浙江财经大学经济学讲座教授。

制，对宏观经济进行调控就逐渐成为各国政府的要务。宏观经济调控主要是指政府通过货币和财政政策对经济若干重要总量——国民收入、物价水平和就业水平——进行调节，以达到理想的目标。政府的宏观调控政策可以区分为对付经济衰退的扩张性货币-财政政策、应对经济过热的紧缩性货币-财政政策以及对付滞涨的紧货币和松财政的组合性政策。当然，相比较西方国家，中国的情况有所不同。由于生产活动的重要资源之一的土地是国有的或受到政府严格管控的集体所有的，因此，中国政府除了货币政策和财政政策之外，还可以通过土地政策来调节经济。它既可以在经济下行时适当放松土地管制，激励各级地方政府更多地开发土地，让更多的土地可以用于收益更高的工商业活动；也可以在经济过热时收紧土地管制（赵燕菁，2004）。

自第二次世界大战结束以后，在相当长时间内，西方发达国家政府采取了积极有为的宏观调控政策，虽然也曾出现过经济衰退、通货膨胀，却基本上杜绝了类似于20世纪30年代的大萧条或者20世纪20年代德国的超级通货膨胀，这说明了政府介入经济、实施宏观政策调控比较成功，也间接表明了凯恩斯主义比自由放任经济学在政策实施上更为有效（李路曲，1998）。不过到了20世纪70年代，西方国家出现了严重的经济“滞涨”，挑战了主流的凯恩斯主义宏观经济学派。凯恩斯主义无法解释为何失业率上升和通货膨胀会同时并存。因此，理性预期学派、货币主义学派、后凯恩斯主义学派等学说和理论乘势而起，纷纷阐述各自观点和主张。卢卡斯等宏观经济学家主要从企业家视角来考察宏观经济的运作。他们提出了著名的理性预期学派理论。他们认为每一个经济当事人都会基于风险最小化和利润最大化行事，他们会积极收集各种信息，当他们发现政府的货币政策导致货币贬值和通货膨胀，他们会将其纳入成本核算（王志伟，1990）。弗里德曼等则侧重从消费者角度来修正凯恩斯的观点。凯恩斯消费理论以收入来解释消费，提出了著名的绝对收入假说，也就是总消费是总收入的函数，消费是真实所得的较稳定的函数。但是，弗里德曼认为人们的消费行为主要取决于永久性收入，而不是凯恩斯所定义的短期“暂时性收入”，即消费是持久收入的稳定函数。永久性收入假说解释了“平均消费之谜”，它给出的一个政策暗示就是，只有没有预期到的影响未来收入的政策变化才能影响消费。莫迪利亚尼则进一步细化,提出了生命周期消费理论,指出个人可支配收入和财富的边际消费倾向取决于该消费者的年龄。个人可支配收入和财富的边际消费倾向取决于该消费者的年龄。显然,凯恩斯的消费理论把一定时期的消费与该时期的可支配收入联系起来,是短期分析。而永久收入理论或者生命周期消费理论强调或注重长时期甚至是一生的生活消费,人们对自己一生的消费作出计划,以达到整个生命周期的最大满足。总之,无论是理性预期学派,还是货币主义学派抑或是后凯恩斯主义学派,无论其具体观点上有什么分歧,但都一致赞同宏观经济的运作是无数理性人的微观行为的结果,宏观经济学自然也需要坚实的微观经济学作为基础。特别是预期等因素在经济人的决策中起着越来越重要的作用。自卢卡斯在 1995 年获奖以来,大量学者继续卢卡斯的研究,将理性预期融入宏观经济学中加以考察,比如基德兰德和普雷斯科特研究经济政策的时间连续性(张燕晖,2005),而费尔普斯则修正了传统的菲利普斯曲线,在原有的通货膨胀与失业之间加入预期通货膨胀,从而建立了新的模型(谭旭东,2007)。

相应地,在现实经济中,如果宏观经济调控政策无法适应社会上的预期,得到每一个微观经济主体的积极反应,则宏观调控政策较难取得计划中的目标。比如银行降低贷款利率扩张信贷以刺激投资的政策,却可能由于企业普遍对未来经济形势不看好而失效,用经济学术语来说,就是降低利率的效果被投资边际效率的下降而抵消。图 1 演示了投资规模和利率关系。

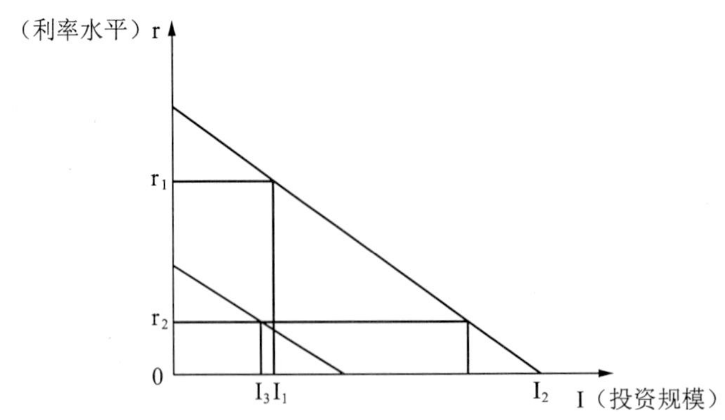

图 1　投资规模和利率关系图

图 1 中横轴表示投资规模，纵轴表示利率水平，较高和较低的两根斜线分别表示较高和较低的投资边际效率曲线，当初始利率为 r_1 的时候，投资规模为 I_1，此时若投资边际效率曲线不变，利率降低到 r_2，则投资规模将扩大到 I_2；但若投资边际效率曲线也下降了，则利率由 r_1 降低到 r_2，投资规模将只有 I_3，不升反降。而投资边际效率曲线的上下移动，与企业家群体的预期高度相关。

再比如政府希望通过增加政府开支乘数来扩张总需求。但如果乘数很小，总需求的扩张就会很有限。而乘数的大小与家庭部门的边际消费倾向高度相关，边际消费倾向越小，乘数就越小。乘数 K 的公式为：

$$K=1/(1-c) \qquad 0<c<1$$

其中，c 就是边际消费倾向。

家庭部门的边际消费倾向与家庭部门对未来收入的预期高度相关。这意味着如果家庭部门普遍降低未来预期收入，那么政府增加开支的扩张性财政政策效果将较为有限。企业和家庭对未来的预期都是理性的。理性预期意味着经济主体不仅会根据有关经济变量的过去状况而推导未来趋势，还将根据一切可以得到的有关信息尤其是政府的政策动向来判断未来形势。

总之，宏观经济调控是对经济总量的调控，但不管它怎样在宏观层面设计和运作，最终都要通过各个微观经济主体的积极反应才能最终收到成效。那么，如何才能实现宏观调控与微观行为良性互动呢？如何避免西方国家出现“滞涨”等背离宏观调控目的的现象？

首先，从制度上来看，要有中国社会主义体制下市场经济体制发挥作用。我们实行的是社会主义市场经济，存在多种经济活动的决策主体。在战略性产业国有企业引领经济整体的发展和为民生保驾护航之外，还有大量的民营企业。这些在健全的市场体制下，经济活动的决策主体——企业和家庭——的预期往往是多元的，决策也往往是分散的，在一定程度上会对冲风险，因此一般不会形成长期“一边倒”的局面，即使产生波动，但是波幅一般不会过大。

其次，要有企业家精神。竞争性市场中追求利润最大化的企业家一般对政府的宏观调控政策比较敏感。当政府实行扩张性宏观经济政策时,他们往往会抓住机会敢冒风险扩大生产和投资;当政府实行紧缩性宏观经济政策时,他们也会为了避免损失而收缩。在稳定的政策预期下,他们会进行熊彼特意义上的破坏性创新,大胆采用新的技术或营销手段,打破旧有的一般均衡,推动经济发展,实现宏观调控政策目标。

最后,宏观调控的整体目标要符合企业家和大多数家庭对未来经济趋势的预期。发达国家的历史经验表明,政府为了抑制通货膨胀而采取的紧缩性货币政策,如果不能有效降低公众的预期通货膨胀率,效果可能低于预期,除非政府不得不人为制造经济衰退来改变公众对通货膨胀的预期。

进一步来说,随着现代信息科技革命的发展,社会经济体系越来越复杂,为了更好地定向激励不同的企业来促进产业升级,宏观经济调控政策也大幅度微观化。自 20 世纪 70 年代以来,西方发达国家常常在产业政策和收入政策上采取有针对性的区别性政策,运用不同的微观化政策。在产业政策领域,鼓励和支持产业基金,促进高科技企业的技术创新和发展。对于高科技企业,特别是信息技术企业和环保企业设定区别对待的税收政策。同时,灵活运用政府财政支出。当政府把经济增长当作首要目标,其支出会投向研究与发展项目,以期快速提高生产率,提升产业水平。而当政府发现失业率偏高时候,就会采购劳动密集型产业产品和劳务,以便增加就业人数。在收入政策领域,政府根据不同干预目标,调整征税范围,制定不同的税率和税收稽征或返还方法,或者通过各级政府发放消费券和补助金,由此来有效影响消费支出。

其实,在党的十八大之后,我国就一直积极探索宏观调控政策的微观化。2014 年的中央经济工作会议明确提出要创新宏观调控思路和方式,有针对性进行预调微调。比如,2014 年初,我国经济增速放缓,政府立即出台投资中西部铁路建设、加快棚户区改造、减少小微企业税负等定向的微刺激政策。微调控的效果立竿见影,在 2014 年中就恢复了高速经济增长,有力防止了经济下滑。不仅如此,在宏观调控中,我国越来越重视预期引导作用。“十三五”规划纲要提出,“改善与市场的沟通,增强可预期性和透明度”。2014 年、2015 年、2016 年连续三年的中央经济工作会议都强调引导社会预期并在房地产调控中取得成功。由于房地产投机造成的房价泡沫，往往会引发“债务-通缩”，造成金融危机和经济萧条，所以在 2016 年 7 月和 10 月的中央政治局会议都明确提出要“抑制资产泡沫”，银监会等相关部门随即采取了加强宏观审慎管理等措施，形成了房价停滞乃至下降的预期，所以政策成效显著，抑制了房价上涨。

当下的中国，正在走出疫情阴霾。在过去的三年，中国政府的防疫措施取得了有目共睹的成就。但是，疫情确实也对我国的社会经济生活造成了负面影响，在一定程度上影响了民营企业家及外资企业的预期，也压抑了家庭部门的消费，削弱了政府扩大开支的乘数效应。那么，如何积极运用宏观调控政策，加速我国高质量发展和经济快速增长呢？从其他国家的经验来看，要使政府的宏观调控政策产生效果，仅仅依靠传统的财政货币政策可能并不充分，还需要进一步推动预期为主的微观化调控。具体来说，在供给侧，需要积极推行产业政策，做强做精我国的现代化产业体系，在需求侧，可以在短期和中长期采取不同激励措施，稳定人民收入预期，更好促进经济循环。

二、推行积极的产业政策

产业政策是国家制定的，引导国家产业发展方向、引导推动产业结构升级、协调国家产业结构、使国民经济健康可持续发展的政策。它首先要服从国家发展的整体目标。党的二十大明确指出今后发展要探索遵循中国式现代化道路，推动高质量发展。换言之，我国经济发展已进入新发展阶段，由高速增长阶段转向高质量发展阶段，即从传统的资源和劳动力密集型产业转向资本密集型的高科技产业，要求我国企业要不断创新，加快新旧动能转换，从而促进产业优化升级，培育具有国际竞争力的战略性新兴产业，建立起优质高效的现代化产业体系，这就需要政府在宏观调控中采取区别性的产业政策来进一步完善和提升我国的产业体系。在建设现代产业体系的过程中，我们尤其要注重补足短板和增强原有的优势。

自 1949 年以来，我国工业从一穷二白起家，经过七十多年艰苦奋斗,取得了举世瞩目的成就。我国拥有了世界少有的完整工业体系,在全球分工体系和产业链供应链体系中具有举足轻重的地位,一些产业在国际上已经处于领先地位,构成了其他国家难以企及的规模效应。但是,总体上看,我国产业链整体上尚处于中低端,附加值较少,大而不强、宽而不深,虽然规模庞大、门类众多,在许多关键核心技术上却依然受制于发达国家,出现不少产业"断点"和"堵点",随时面临外部打压遏制。以航空产业为例。众所周知,航空产业利润丰厚,世界两家最大的航空企业——美国波音公司和欧洲空客公司基本上瓜分了绝大多数的利润。在过去,我国长期出口大批航空零部件,处于产业链下游,利润较少。自我国再次启动大飞机项目以来,航空产业在十多年里面突飞猛进,88 人座 ARJ 支线飞机成功取得适航证,已经翱翔在祖国蓝天,大飞机 C919 则拥有完全自主知识产权,完成了试飞。在 C919 项目中,我国科研人员在气动布局、结构材料和机载系统方面共攻克了 102 项关键技术,包括飞机发动机一体化设计、电传飞控系统控制律设计、主动控制技术等。同时,C919 大飞机大量采用先进复合材料和第三代铝锂合金材料等,有效地减轻了重量。除了大型国企之外,数以百计的中小型企业也参与提供零部件,C919 国产化率越来越高。尽管成绩喜人,但是在航电系统、先进复合材料、航空发动机等关键系统方面依然需要进口。这些系统涉及成百上千的零部件,每一个零部件的生产都需要投入特定的技术、工艺和设备。不仅如此,在我国大飞机制造形成量产之前,零部件的需求极少,也就是说,研发和生产此类短板型设备和零部件技术含量高、投入周期长,风险高而整体收益低。类似情况不仅航空产业独有,我国的芯片、高铁、邮轮等产业也面临类似情况,因此我们要进一步完善产业政策,激励国内各类企业积极参与,补充技术短板和打造完全产业链。

首先,我们要遵循新型举国体制。2019 年,党的十九届四中全会首次提出"构建社会主义市场经济条件下关键核心技术攻关新型举国体制"。所谓新型举国体制,就是集中全国各方面人力、物力、财力,以攻克或完成重大项目为目标,实现突破性发展和跨越式进步为外在表现的独特体制。新型举国体制把政府、市场、社会有机结合起来,科学统筹、集中力量、优化机制、协同攻关。在这个过程中,大型国企担当重任。他们是产业集群的带头人，不仅承担主要的技术攻关和整体设计，同时也要合理分解任务，设立标准，向各大中小型企业开放，指导后者参与部分零部件的研发和生产。

此外，我们要扶持“专精特新”企业。所谓“专精特新”指的是专业化、精细化、特色化和新颖化。在 2018 年 11 月，党中央开始大力提倡“专精特新”小巨人企业的扶持。这些企业一般都是中小型，侧重某个关键工艺技术，研发某个特定产品，虽然他们规模较小，产量不高，但却是产业链中不可或缺的关键环节。从产业政策角度来看，政府在科技补贴、研发资金贷款、人才不足等方面给予长期支持，使得大批企业家有稳定的预期，发扬匠人精神，安心研发某一技术和产品，从而借助市场竞争发现隐形冠军。

除了高端制造业和基础材料等工业，我国也要加强数字经济及相关的互联网产业（张莉，2020）。数字经济是新一代科技和产业变革的核心。数字经济的基础是互联网。广泛应用互联网新技术，对传统产业进行全方位、全角度、全链条的改造，加速推动制造业、农业、服务业数字化、网络化、智能化转型。如此，数字经济和实体经济深度融合，不仅能促进传统产业转型升级，催生新产业新业态新模式，而且也会在包括生活性服务业和生产性服务业的第三产业爆发一场革命。比如沿着电子商务发展轨迹，已经出现电子工务、电子农务、电子运务、电子政务、电子媒体、电子教务、电子医务等新型概念和新兴行业。

电子工务就是工业企业利用互联网技术，了解其产品的市场需求及其变化，了解其竞争对手的行动动向，了解其各种生产要素的市场相关情况，了解技术变化情况和有关的创新动态，了解整个行业的投资动向，等等，以便在更加全面掌握各种信息的基础上作出更优的研发、生产和销售决策。企业可以模仿各种消费品的网上市场，为工业生产中所需的各种资本品尤其是非标准化的资本品建立网上市场。企业可以运用互联网，广泛调动内外研发资源，集思广益攻克难关。企业可以在其各个管理部门之间建立内部互联网，加强各个部门之间的管理协调。而电子农务则是在农业中，作为个体的农户，通过互联网摆脱信息孤岛状态，了解各种农产品从种植、养殖到销售的全国乃至全球的大量市场信息和技术信息，从而制定更加正确的生产和销售决策。电子运务就是利用互联网技术,开放出各种无人驾驶服务,实现各种交通运输工具的无缝对接。电子政务就是各级政府可以运用互联网技术了解与决策相关的各种情况,通过视频会议进行决策和传达上级政府的工作精神,实行弹性工时以减少交通拥堵,运用互联网对于需要记载、储存的档案信息进行分散留存。电子教务则是教育机构运用互联网技术开展"慕课",改进教学方式;各种各样的咨询、培训服务也都可以运用互联网大显身手,提高服务质量,降低服务成本。

面对蓬勃兴起的数字经济和互联网产业,一方面要加以鼓励,促进经济增长,一方面也要不断规范,尽力消除互联网发展可能带来的负面影响(汪阳洁等,2020)。首先,在产业政策上,要加大各地的智能型基础设施投资。信息基础设施与水、电、路一样是战略性公共基础设施。通信光缆、管道、基站、机房等信息基础设施与地下综合管网等市政基础设施和住宅及商业建筑需同步规划、同步设计、同步建设、同步验收。新建住宅小区和住宅建筑内光纤到户通信设施规划建设和验收备案等工作机制,严格执行光纤到户国家标准规范,落实小区红线内通信管道等配套设施建设。市政设施、公路、铁路、机场、城市轨道等公共设施以及政府机关、企业事业单位、公共机构、公共服务场所等所属建筑物及附属设施可以在允许情况下向公众开放,提供通行便利。除了基础设施之外,工业互联网的专用设备也是投资重点。它们包括工业互联网标识解析节点、国家工业互联网大数据中心及其行业二级节点等。

其次,政府可以通过分级分类提供补贴和基金引导各类企业加入云端,形成各种产业的互联网,帮助提升企业的信息管理水平,节省大量管理费用,达到信息畅通和完备,促进产业升级。比如广东省政府就推动超过 5 万家规模以上工业企业运用新一代信息技术实施数字化转型,带动 100 万家企业上云用云降本提质增效。

最后,政府需在法律制度上促进数字经济发展,一方面要完善反垄断法,禁止巧立名目设立歧视性价格和收取各类不合理费用,另一方面要保护企业家的创业创新。互联网技术为基础的大型平台网站常常形成垄断,获得丰厚的垄断利润,从而引发反垄断诉讼和行政处罚。但是,大型平台网站的垄断地位与传统的垄断有所不同,它们是规模递增型、资本密集型的投入的结果,况且平台网站也参与市场竞争,垄断地位并非牢不可破。因此,在积极实施反垄断法同时,也要保护互联网企业家,鼓励他们创新。

三、发行消费券稳定消费

由于贸易战和疫情期间供应链的变动,我国的出口面临巨大压力。展望 2023 年,全球经济增速将会明显放缓,更加不利中国外贸出口,在此情况下,国内消费在经济发展中的作用日益重要。在疫情期间,最终消费对经济增长的贡献率明显减弱。2022 年,我国最终消费支出拉动 GDP 增长 1.0 个百分点,对经济增长的贡献率仅为 32.8%,较上年下降 32.6 个百分点,也大幅低于疫情暴发前的 2017—2019 年平均 59.5%的水平。因此,政府可以结合长短期的政策组合,稳定和提升我国以家庭部门为主的消费的预期,以此刺激国内消费,加速经济增长。短期来看,"消费券"可以作为一个有效的工具,长期来看,进一步改善医疗和教育等社会政策将会鼓励更多家庭敢于和愿意消费。

消费券+政府发放给民众的一种支付凭证(熊伟,2020)。宏观经济学基本原理告诉我们,政府发放消费券的扩张效应大于政府等额直接购买,更大于政府向贫困失业家庭的等额现金转移支付(武芳、戎丽英, 2010)。消费券可以只发放给特定人群如低收入群体,称之为特惠型消费券;它的发放需要有关部门支付一定的甄别成本,即甄别出某人是否属于特定人群。消费券在经济不景气时会增加民众消费支出,以此带动生产与投资活动,缓和经济衰退,推动经济复苏(薛菁、毛程连,2010)。消费券既给老百姓保留了一定的选择权,又能使财政资金落到最终消费上,不会像发放现金那样可能被用来储蓄。同时,消费券虽以促进消费为目的,但亦可兼作社会救济工具。当年不少地方为特定弱势群体发放的消费券,就具有促进消费和社会救济的双重功能。因此它既是一种刺激消费的手段,又是政府的一种惠民手段。从提振消费的角度出发,特惠型消费券作用更大,在增加等额收入的前提下,低收入群体会更多用于直接消费。若此,消费券将发挥一箭双雕之功效:既刺激消费,实现宏观层面的目标;又缓解社会贫富差距,实现社会公平的目标。

目前,我国各地政府都在尝试推行各类消费券,鼓励居民消费。有的发放竞争式消费券,设置了消费门槛,有的以保障民生为目的的消费券遵从公平原则,有的则采用网上抢券的形式。但是,尽管各地消费券形式不同,它一般都要求在指定期限内消费,不能兑换现金,不能找零,按照与现金货币按一定比例搭配使用来购买商品,而且都受到空间限制,不允许跨区使用,往往只能在政府指定的商家使用。消费券的使用确实有效地刺激了消费(王容,2020)。比如,天津在2023年新年发放的文旅消费券使得旅游订单周环比增长超200%,直接推动超过6 000家本地旅游商户营收增长。

但是,消费券只是短期有效的工具。消费水平不仅取决于消费者的当期收入,更受到未来预期收入的制约。因此消费券作为一种"意外横财",不会从根本上改变人们的收入预期,从而也不可能改变人们的消费习惯,达到长期刺激消费的作用,如果要实现持续提振消费,则需要采取更多的社会政策来稳定家庭部门预期。

1. 改善住房政策:房子是用来住的,不是用来炒作的。在保证粮食安全和十八亿亩红线的前提下,可以适当调整供地政策。此外,也可以参照德国等发达国家住房政策的经验,采取更多产权形式的住房,如此就会稳定房价。

2. 进一步完善医疗制度:一方面要扩大医疗保险的受惠范围,让越来越多的公民成为医保受益者,另一方面要深化医疗保险,把越来越多的病种尤其是大病纳入医保项目,扭转城乡居民普遍存在的"储蓄养老""储蓄防病"的思想倾向。

3. 延伸义务教育体系:近年来,各类有关教育培训和补课的投入在家庭开支中占据的比例越来越高。政府除了严厉禁止不合法的教培之外,也可以进一步补助幼儿园乃至大专教育。这一举措不仅有助于家庭部门增加日常消费,还有助于提升生育率,稳定人口增长率。

通过发行消费券和落实上述措施,可以标本兼治,长短期统筹,持续提升整个社会的消费能力。政府如果从健全社保体系上下工夫,推进医疗、教育等与民众生活密切相关的公共消费品改革,进一步改善社会保障体系,为公众解除扩大消费的后顾之忧,就能使我国经济增长的动能转变为内需拉动。

当前中国的防疫工作进入了一个新阶段，国家的宏观经济政策也明显在进行调整，积极促进经济增长，只要持续改善企业家群体和社会公众的预期，为宏观经济调控政策奠定微观基础，中国经济的快速增长将是指日可待的。

（校对：谢云涛、洪扬）

参考文献

晨卿:《拥抱新消费》,《风流一代》2020 年第 12 期。

崔德文、金昕:《试论宏观调控微观化》,《财经科学》1996 年第 S1 期。

冯越珺、周梦晗、朱文秀、王欣茹:《新冠疫情下数字经济的发展研究》,《消费导刊》2021 年第 16 期。

何宣、袁钦:《宏观调控必须有一个良好和微观基础》,《经济问题探索》1995 年第 12 期。

李路曲:《发达国家宏观调控政策发展新趋势》,《中国行政管理》1998 年第 5 期。

谭旭东:《费尔普斯对宏观经济学的贡献》,《南开经济研究》2007 年第 1 期。

王容:《新冠肺炎疫情冲击下电子消费券的效应分析》,《现代商贸工业》2020 年第 24 期。

汪阳洁、唐湘博、陈晓红:《新冠肺炎疫情下我国数字经济产业发展机遇及应对策略》,《科研管理》2020 年第 6 期。

王艳萍:《从诺贝尔经济学奖看现代宏观经济学的发展》,《经济纵横》2013 年第 3 期。

王志伟:《从凯恩斯到理性预期学派——对现代西方主流派经济学发展趋势的思考》,《经济学家》1990 年第 4 期。

翁华建:《市场机制的有效运行与宏观调控方式的选择》,《学术月刊》1998 年第 5 期。

武芳、戎丽英:《对消费券扩大内需效应的思考》,《中国市场》2010 年第 26 期。

熊伟:《新冠肺炎疫情背景下政府消费券发放规则的法律检视》,《武汉大学学报》(哲学社会科学版)2020 年第 5 期。

管理经纬：领导力

在不确定时代的管理和领导

Chris Rowley*

［摘　要］ 鉴于我们生活在一个不确定的时代，例如新冠全球大流行危机及其对工作世界以及管理和领导的影响，我们来考察两个研究问题。首先，为什么危机的不确定性会既有利于变化，又变得非常难以管理？其次，为什么管理层对同一不确定性的反应在全球范围内会有所不同？回答这些问题需要关注领导力和不确定性水平。危机会产生系统性的冲击，阻挡和妨碍现有的实践，同时鼓励新的实践，而不仅仅是临时的、孤立的“先行者”和实验者。管理者和员工对这种变化的舒适度在国际上各不相同，这需要考察不确定性回避问题。此外，切实实践需要一定的思维方式和技能。

［关键词］ 不确定性　领导力　风险

一、引　言

我们——以及管理者和决策者——太容易忘记不确定性是生活和

* Chris Rowley，牛津大学凯洛格学院、伦敦大学城市学院贝叶斯商学院和日本东北大学教育研究生院教授。本文译者马湘临。

商业中的一个常量。其中不仅仅是一个水平的问题,还包括变化和不确定性有多大的问题。善于处理固有的业务不确定性是良好管理和有效领导的显著标志。俄乌冲突是一个例子。还有无数有关杰出管理行为的例子和故事,甚至出现"意外领袖",在医疗急救事件发生时尤其如此。当然,也有很多与之相反的例子,糟糕而粗鲁的管理和领导表现出了完全缺乏同理心。

我们感兴趣的是,为什么面对共同的事件会有如此多样性的领导。这可以用两个因素来解释。首先,人们对不确定性的舒适性(与否)与文化解释变量相关,比如著名的霍夫斯泰德式的"不确定性回避"(Hofstede and Minkov,2010)。其次,在考察和操作层面存在不同的思维方式,比如批判性思维和必要的概念技能,可能更适合处理危机和不确定性。因此,切实实践需要一定的思维方式和技能。所以,我们将讨论对决策者和实践者的实际影响。

因此,我们来考察两个研究问题。第一,为什么不确定性和这些事件本身会既让它们产生益处,但又非常难以管理。第二,为什么管理层对同样的"不确定性"的反应在全球范围内各不相同。我们将通过考察工作场所的设计模型和全球竞争力的几个例子,来探讨这一领域和相关主题。首先是金融服务领域和现在的金融科技领域,鉴于该领域的就业、出口和税收对从业者和决策者具有重要意义,对许多制造业不断下滑的经济体而言尤为重要。其次,是电动车的制造和需求的出现及其快速扩张问题。

我们从考察领导力本身开始。领导力文献和理论有着丰富多样的历史。对这些问题进行快捷综述,有助于更好地了解当前的形势和我们研究的问题。

二、领导力的"漫长而曲折的道路"

关于领导力的研究有着广泛而深入的历史。这包括领导人在多大程度上是"天生的"或"后天的"的问题。这可以追溯到 20 世纪 20 年代,比如特质理论(伟人理论)。这项研究的重点是试图提炼出伟大领导力的共同要素,即领导者个人所具有的共同特质。当然,这些理论中存在的许多问题是显而易见的。其中包括思考以下六个难题的答案。第一，究竟选择了哪些领导人进行分析——为什么？第二，选择了哪些特质——例如，身体的、心理的、个性的、行为的——以及它们是如何被稳健地和比较性地加以衡量的？第三，每种特质多大程度上是需要的？第四，所有选定的特质在某一时刻或所有时间都同等重要吗？第五，在不同的行业、部门、国家和文化中，所需的特质具有多大的普遍性？第六，为什么某些领导者不具备所有这些特质，而某些非领导者却具备这些特质？简言之，什么是"必要的和充分的"？在多大程度上存在因果谬误？一个事件的必要条件足以使该事件发生。必要条件是一个事件发生时所必须具备的条件。充分条件是产生该事件的一个或一组条件。必须有一个必要的条件，但它本身并不能为该事件的发生提供充分的原因。只有充分的原因才能发生。换言之，所有必要的元素都必须存在。

20 世纪 40 年代出现了行为主义理论。与特质风格研究相反，这项研究将注意力重新聚焦在可定义、可学习的领导者技能上。在该流派下，就领导力风格而言，早期的著名作品着眼于"单维度卷入"(one-dimension-involvement)——产生了著名的领导风格(Lewin et al., 1939)。处在这一极的领导被贴上了"专制"的标签。它非常注重领导的指挥，与团队成员有明确的分离，工作结构高度严谨。而另一极的领导则被贴上了"民主"的标签。在这里，创造力得到了鼓励，虽然领导者拥有最终发言权，但鼓励团队成员提出想法，并且具有很高的生产力，团队作出了巨大贡献，士气也得到了提升。在这两个极端之间的领导被称为"自由放任"(Laissez Faire)，即"授权"。它给予追随者作出决定的自由，而团队成员则被要求自行解决问题。

接下来是领导者工作，使用两个维度——人和工作——同样是在不同的层面上。这些研究来自俄亥俄州的大学，使用了"考量"和"启动结构"的术语，以及密歇根州的大学使用"以员工为中心"和"以工作为中心"的术语。例如，布莱克和莫尔顿(Blake and Moulton, 1964)在他们著名的"管理网格"(Managerial Grid)中，以关注"人"和"生产"为轴心，推广并实践了这种思想。该网格将两个变量(a)组织对生产和利润的需求，以及(b)人类对成熟和健康关系的需求——放在一组坐标上。

作者使用1到9的值,确定了管理者的5种基本态度和控制方式。他们将这些管理分为:“乡村俱乐部管理”“贫困管理”“非生即死管理”“团队管理”和“任务管理”。一般来说,人们普遍认为,当生产关注和人员需求被整合到团队的方向上时,可以实现并维持最佳的长期绩效。

虽然这种领导力流派很重要,能有效地向我们展示领导人的不同风格,但问题之一是他们没有分析或回答“为什么”领导人实际上是这样的问题。为了回答这个问题,我们需要更多地关注形成的情境因素。这些因素在权变理论(Contingency Theory)中得到了解释。它解释了恰当的领导风格基于以下因素:(1)领导者(即个人特质、行为、经验);(2)追随者(即能力、动机);(3)情境(即任务、结构、环境)。

这种权变研究的经典例子如下。坦嫩鲍姆和施密特(Tannenbaum and Schmidt, 1958)认为领导力是一个连续体,其恰当性取决于“三种因素”:领导者、下属、情境。对于费德勒(Fiedler, 1964)来说,领导力是一个混合体,取决于“三种因素”:领导与成员的关系、任务结构、职位权力。赫西和布兰查德(Hersey and Blanchard, 1969)等人的研究有效地扩展了这一点,因为他们认为领导力处在一个“生命周期”里,具有“成熟度”,且依赖于关系和任务。重要的是,“领导-成员交换”(LMX)的概念着眼于:领导者(即特质、技能、风格、行为)、跟随者和内容(即情境、权变、路径-目标)。LMX专注于领导者与其追随者之间的互动以及他们的二元关系的质量。

为了让我们更加了解最新情况,我们注意到,我们当代对带有各种前因标签的领导力更感兴趣。它们不仅是著名的交易型与变革型领导,还有情境型、服务型、价值观型、道德型、真实型等等。不过,回顾这些“塑造巨人肩膀”的领导力研究是很有用的。

三、什么是领导力?

关于领导力以及“它是什么”的定义,存在众多的观点。在这里,有必要回顾一些重要的定义。与我们的主题有直接联系的是那些认为领导力不仅是收集适当的信息、对信息全面评估以及作出选择,而是在切实这样实践的同时,认识到商业不确定性的基本性质(Rosenzweig,

2007b)。

福斯特·华莱士(Foster Wallace, 2005)提出了一个有用的定义直指核心,他认为真正的领导者“帮助我们克服个人懒惰、自私、软弱和恐惧的局限性,能让我们比仅靠单枪匹马作出更好、更难的事情”。这巧妙地解决了反事实领导者的致命问题,即如果没有特别的领导干预,有可能会发生什么以及人们会怎么做?

其他人则认为,高效的、鼓舞人心的领导者具备四种意想不到的品质(Goffe and Jones, 2000; Goffe and Jones, 2006),具体如下:

1.“暴露弱点”——通过暴露一些弱点,彰显了他们的平易近人和人性。

2.“成为传感器”——他们收集和解释软数据的能力帮助他们知道何时以及如何采取行动。

3.“展现强烈的同理心”——他们热情地、现实地与他人产生同理心,并且他们非常关心员工所做的工作。

4.“敢于与众不同”——他们能充分利用自己的独特之处。

借鉴戈夫和琼斯(Goffe and Jones, 2000; 2006)的观点,有人认为有效的领导者不会因为渴望拥有一系列普遍的性格特质而变得伟大。相反,它们在两方面具有“真实性”(Hill, 2021)。首先,他们运用个人优势吸引追随者的心灵、思想和灵魂。其次,他们善于“做自己”,即使他们改变行为以应对不断变化的环境。这表明,伟大的领导者需要能够敏捷而灵活地对领导力核心的三重紧张关系加以成功的管理(同上)。第一,要表达情感,同时能控制得住。第二,亲近追随者,同时保持距离。第三,保持个性,同时维持足够的一致性。这凸显了领导力的社会性质,以及伟大的领导者如何与追随者的需求和期望保持一致。因此,伟大领袖的特质是:弱点和人性;能够感知并理解任何情境;同理心和善良;适应性(同上)。在此,如果我们停下来思考和反思,然后询问我们能想到的领导者,他们是否展示了以上所有特质,这将是一个很好的说明。

事实上,虽然“情商”(EI)术语的普及相对较晚,但是领导者对其理念和实践却由来已久。例如,“情商”一词似乎最早出现在20世纪60年代(Beldoch, 1964; Leuner, 1966)。在20世纪80年代,加德纳

(Gardner, 1983)提出了该思想,即传统类型的智力,例如智商,无法充分解释认知能力。他提出了"多元智力"的思想,其中包括人际智力(理解他人的意图、动机和愿望的能力)和个人智力(了解自己、欣赏自我感受、恐惧和动机的能力)。

"情商"可以被视为理解和管理自己和周围人情绪的能力。具有高水平"情商"的领导者知道自己的感受、他们的情绪意味着什么,以及这些情绪可以如何影响他人。"情商"的关键组成部分包括对"自我"(我们如何管理自己)和"社会"(我们如何处理人际关系)的认识(你是谁)和监管(你做什么)。这两个维度产生四个属性。第一是"自我意识",即识别和理解我们的情绪、情感和驱动力的能力,以及它们对他人的影响。第二是"社会意识",理解他人的情感构成的能力,处理他人情感反应(共情)的能力。第三是"自我管理",控制和改变破坏性冲动和情绪的能力,悬置评价的习性——在行动之前先思考。第四是"社交技能",管理人际关系和建立人际网络的能力,找到共同点和建立融洽关系的能力。当然,领导力并不是在"黑匣子"或无背景的真空中运作,而是在真实的、混乱的、复杂的和不确定的世界中运作。它涉及那些服从领导的人,也就是所谓的"追随者"。

因此,我们也应该从望远镜的另一端向外看——例如,为什么人们会在某些地方工作?有趣的是,戈夫和琼斯(Goffe and Jones, 2015)提出了六个值得考虑的方面,它们形成了便于记忆的DREAMS(差异、激进的诚实、额外的价值、真实性、意义和简单的规则)模型,有助于创建一种人们愿为之倾心工作的组织:

1. 多样性之外的差异;
2. 实践彻底的诚实;
3. 额外的价值:利用他们的优势;
4. 真实性:代表真实的东西;
5. 让组织有意义;
6. 简化规则。

我们已经考察了广泛的领导力领域中某些相关的部分。然而,"硬币的另一面"关系到领导力的运作环境,尤其是其中的确定性、或不确定性。

四、关于不确定的不确定性

因新冠全球大流行危机而产生的不确定性、及其对工作世界以及对其管理和领导的影响表明，为什么围绕这些事件的不确定性使它们自相矛盾。因此，它们在某些方面是有益的——例如，允许并鼓励快速的系统性变革——但同时也非常难以管理。与此同时，管理层对同一不确定性的反应在全球范围内各不相同。深入研究这一领域，需要在看待危机的概念时，从对当前实践产生系统性冲击、阻挡和妨碍的同时鼓励新的实践的角度来看，而不仅仅把它看成是孤立的“先行者”和实验者。此外，管理者和员工对这种变化的舒适度在国际上各不相同，这还需要考虑不确定性回避。支撑这一点的是两个基本主题。第一，人们对不确定性的舒适性（与否）和著名的霍夫斯泰德式“不确定性回避”（Hofstede and Minkov, 2010）。第二，不同的观察方式和实践思维方式，例如通过批判性思维和必要的概念技能可能更适合处理危机和不确定性。因此，切实实践需要一定的思维方式和技能。

在这当中，我们还涉及“最佳实践”领域，以其普遍主义的基调和假设来进行管理和领导。这是因为我们没有采用这样一种“最佳方式”的途径，尽管对这一特定“圣杯”的寻求仍然存在。尽管如罗利（Rowley, 2020）所述，大量研究和文献与这种天真的处方相矛盾，但这一点仍然存在。例如，罗森茨韦格（Rosenzweig, 2007a; 2007b）为怀疑论提供了全面而充分的理由。一个更具权变的视角仍旧具有吸引力。

五、为什么我们会期待变化？

危机——例如源于新冠肺炎病毒大流行的危机——以及所有可怕的和可悲的个人代价和损失，至少还有“一线希望”，因为它们在证明系统性“震荡”方面“有用”。我们的意思是既停止了现有的实践，又让每个人平等地进行实验（Hartford, 2021）。它反映了列文（Lewin, 1947）早期著名的关于变化的概念，即用“冰块”做类比来看待变化。一旦

“解冻”,可以在“再冻结”之前对其进行重塑。这个概念和思想仍然很受欢迎,尽管有人批评它过于简单,但它在近期研究中仍得到引用(例如 Gratton, 2022)。

当然,任何“再冻结”的结构和实践的确切形状都是开放的。这就是管理选择发挥作用的地方。由于新冠肺炎疫情引发的现有实践被“融化”,得以重塑的一个重要领域是“在家工作”。尽管如此灵活的工作制度为员工、企业和社会带来了成功和好处,但是一些管理者和决策者迫不及待地希望“未来回归”。他们希望人们回到工作场所和办公室,回到就像新冠肺炎疫情之前的情况一样。这种对“在场主义”的渴望所经常引用的观点更加是“不得要领”。其中包括关于提高生产力的主张,以及人们在“员工聊天处”迸发的灵感。事实上,这种回到过去的愿望反映了一些事情,比如对不确定性的恐惧、远程管理人员所需技能的缺乏,以及对他们管理的人员缺乏信任。话说回来,这种回到“美好过去”的“掉头冲刺”可以被视为就业关系中较为广泛的一种观点。

六、如何重塑——就业关系的视角

我们可以大胆猜测,相当多的管理者可能继续固守雇佣关系的单一视角(Fox, 1966; 1974)。它包括“男子气概管理”流派和工作生活观。从这个角度来看,它将得到强有力的观点支持,即企业中有一个权威、忠诚和目标的中心,这是毋庸置疑要遵守的。英国最近发生的事件清楚地表明了这一点,比如在令人遗憾的 P&O 员工解雇事件中,甚至通过 Zoom 重设密码来进行,这种处置方式公然无视监管、要求甚至法律,遑论良好的实践和道德行为。

当然,工作的现实远比天真的一元论者断言得更加复杂和混乱。此外,围绕利益相关者理论、公司治理和道德管理的理念也与僵化的单一立场背道而驰。在企业中,从多元化的视角来看,员工们有一系列相互竞争的原因和忠守。管理层对这种复杂形势认识越深刻,就越可能在新冠肺炎疫情危机之后“更好地重建”一个有益的起点。

七、如何理解易变性——对不确定性的舒适度

人们对变化的看法和接受程度各不相同。这与人们对不确定性、风险和已知事物的舒适度水平有关。为什么会这样？一种解释是文化。在这里，我们可以援引著名的、伟大的吉尔特・霍夫斯泰德(Geert Hofstede)的观点。他区分了文化的六个维度，每一个维度的范围从低到高，并在上面标出了不同的国家(Hofstede and Minkov, 2010)“不确定性回避”就是这样一个维度。该维度意味着有些人对模棱两可感到更自在，中国、美国和英国等是这类典型国家，而有的国家则对模棱两可感到焦虑，比如日本和法国。鉴于金融科技作为一项业务和未来存在巨大的不确定性，这种对不确定性的不同接受度可能对金融科技在亚洲尤其是中国的崛起具有一定的解释力。当然，对它的解释中也有制度因素，但它们超出了本文的重点和篇幅。

关于对不确定性的不同水平的舒适度思想，有一些相关文献。它涵盖了丰富的主题。例如，哈辛和霍夫斯泰德(Harzing and Hofstede, 1996)将国家文化与组织变化联系起来。对我们来说至关重要的是，这篇文章特别涵盖了人们抵制变化的原因和克服变化的策略在文化上的影响。它发现各国在这两方面都有所不同。

维什瓦纳特(Vishwanath, 2003)调查了在一个标准化网站中不同信息对参与者的影响，该网站跨越了三种文化：德国、日本和美国。它揭示了文化、信息和不确定性回避之间的重要互动关系。与德国和美国的类似参与者相比，日本高不确定性回避文化中的在线互动者在模糊决策环境中，面对有限的信息表现出剧烈的行为变化。总体研究结果与文化和不确定性回避的传统观点一致。

塔万蒂(Tavanti, 2012)考察了与意大利领导力相关的不确定性回避(以及权力距离和男性气质)的文化维度。它对全球公认的意大利文化维度进行了文化分析，解释了更有效的领导力实践和跨国、跨文化交流。穆克吉等人(Mukherjee et al., 2012)研究了文化维度的作用，包括不确定性回避。这是在他们的虚拟团队员工的组织识别模型中进行的。卡利哈纳等人(Karahanna et al., 2012)认为，在线购买是一个涉

及内在不确定性的决策过程。消费者对不确定性的容忍度因文化而异,这要求电子供应商在全球运营时决策是否让网站适应不同的文化。因此,他们研究了不确定性回避的文化维度对来自38个国家的消费者的电子忠诚感知的影响。在控制了其他文化维度的影响后,他们的研究结果表明,不确定性回避调节了信息质量对感知有用性的影响,以及信任对电子忠诚的影响,但不会调节系统质量关系。贝克汉姆萨和沃伐(Belkhamzal and Wafa, 2014)研究了两个不同国家(马来西亚和阿尔及利亚)的电子商务采用情况,探讨了不确定性回避的文化维度对电子商务采用的影响。他们的研究结果表明,不确定性回避在跨文化的电子商务采用中仍然发挥着重要作用。

特兰(Tran, 2020)指出,之前的研究表明,不确定性回避的文化对公司现金储备有正向影响,但这些研究仅在静态环境中检验了这种效应。该文研究了全球金融危机——一种外生性冲击——影响下的这种效应。它调查了2003—2016年间全球金融危机如何影响44个国家的不确定性回避和企业现金持有之间的关系。研究发现,在2008—2016年的后危机时期,不确定性回避对公司现金持有的影响更强。研究表明,在后危机时期,在现金流敏感性方面,不确定性回避更为有效。

另一个最近的例子是斯通斯玛等人(Steensma et al., 2020)的研究成果。他们研究了民族文化(在一项五国研究中)对小型独立制造企业以下倾向的影响:(1)与其他公司合作进行技术创新,以及(2)在形成这些联盟时使用股权关系。对我们而言至关重要的是,他们的研究结果表明,民族文化特质直接影响技术联盟的形成,并调节感知的技术不确定性与形成联盟之间的关系。他们尤其发现:(1)对于那些保持合作价值观和避免不确定性的社会而言,形成技术联盟的资源依赖性解释力最强;(2)对于重视个人主义的社会来说,使用股权关系的交易成本解释最为有力。

虽然还有更多的研究,但是鉴于本文的焦点(本文不是一篇独立的文献综述)和篇幅限制,恕不一一枚举。然而,这一系列研究确实表明了不确定性回避概念和理念的广泛运用。

八、不确定性本身的不确定性——易变性

虽然该领域的文献表明，国家在避免不确定性方面的易变性在许多方面都很重要，但由于不确定性本身是一个弹性概念，因此仍然存在一些局限性。它不仅在词汇上有所不同，而且在命名上也有所不同。这促使我们要进行更精细的分析，反过来又要求我们在某种程度上“深入挖掘”，因为不确定性在多个方面有所不同。

第一，讨论我们所知的不确定性问题。从唐纳德·拉姆斯菲尔德（美国前国务卿）在1992年的著名演讲中可见，他指出，不仅有“已知的已知”（即我们知道我们知道的事情）和“已知的未知”（即我们知道我们不知道的事情），还有“未知的未知”（即我们不知道我们不知道的事情）。鉴于此，决策环境可能处于不同程度的模糊水平，而且存在三种不同条件下作出“糟糕”决策的选择。一个极端是存在一种决策确定性的涅槃，知道每一个选择的后果。而另一个极端是不确定性，各种结果的概率未知。处在中间的则是风险，其中各种结果的概率是已知的。这就是我们所希望的职业赌徒的决策。

第二，不确定性本身在几个维度都有所不同。首先，按“规模”，从小到大。其次，按“速度”，从低到高。最后，按“波动”，具有不明晰的进化模式。

此外，这些观点在跨文化环境和国际团队中更为重要，因为不确定性对他们而言是理所当然的。这对领导者、管理者、员工和决策者都具有重要意义。特别是，其中需要有效的领导者。我的意思是，他们的想法和行动可以通过“3Cs”框架加以考察（Rowley and Ulrich，2018）。第一是“语境”，即塑造国家规范和模式的哲学观点；第二是“文化”，公司独特的文化和实践；第三是“能力”，他们的个人风格、特质和倾向。

后面的“C”的一个组成部分是“技能”。这不仅仅是指技术能力，技术能力的重要性随着管理者等级的上升而降低，还包括人文能力，尤其是概念能力，人文能力随着管理职位在组织中越高，就会变得越重要（Katz，1955）。这种概念能力是分析和诊断复杂情景的心智能力，而这反过来又需要批判性思维。它具有解释性，因为领导者需要这种技

能,不仅能够认识到不确定性水平差异的重要性,还要能认识到人们在其中的舒适度。

九、应用变化和易变性的理念——金融服务和电动汽车

现在,我们可以通过几个例子来运用关于接受变化和不确定性的易变性思想。首先,来看金融服务和金融科技的增长。这个行业充满了不确定性。在纽约和伦敦这两个传统的金融中心重镇,尤其如此。这在一定程度上是因为它们处在约 80%的国内生产总值(GDP)来自服务业的经济体。然而,该领域对目前服务业占主导地位较低的其他经济体也很重要。中国就是一个例子,据估计,中国国内生产总值超过一半(52%)来自服务业。

在此引用的是《全球金融中心指数》的系列报告。根据该报告,中国表现良好。排名前十位的中心包括伦敦(排名第二)、亚洲城市香港(排名第三)、新加坡(排名第四)、上海(排名第六)、北京(排名第八)。其他中国的中心包括深圳(排名第十六)、广州(排名第三十二)、成都(排名第三十七)和青岛(排名第三十八)。

有趣的是,中国的金融科技中心在金融科技的排名中更频繁、甚至更强势,反映出中国对科技发展的关注。大多数中国金融中心在金融科技上的排名高于主指数。因此,在前十名中,上海排名第二,高于排名第三的伦敦,北京排名第五,深圳排名第七,香港排名第八。此外,中国城市里广州排名第十三,青岛排名第二十六。虽然我们可以讨论所使用的方法、排名准确性和所选择的因素,但更有趣的是,这一切方法背后所隐藏的信息,因为掌握这一点不仅有助于领导者和管理者,也有助于决策者向前迈进。

易变性是对变化和不确定性的接受度和舒适度,对它进行检验的第二个例子是全球电动汽车热潮。同样,中国又提供了一个有趣的例子,随着本土生产的小型电动汽车在国内的腾飞,他们似乎准备用宏光 MINI EV 的相关版本来占领其他国际市场。这种快速增长的部分原因不仅在于政府的支持与传统制造能力的吻合,而且还在于技术相关的决策。也就是说,使用 20%的廉价替代电池(尽管付出了回收方面令

人不悦的“成本”），即磷酸锂铁，而不是含有昂贵的镍和钴的锂离子电池。其他推动电动汽车发展的国家还包括美国。有趣的是，德国和日本作为汽车实力的传统家园和堡垒在这方面却一直比较落后，而且“入圈较晚”。

什么可以帮助我们理解和阐释金融科技和电动汽车在中国的增长？当然，还有更多的制度性因素，从较广泛的相关企业和技术人员的支持性生态系统，到基础设施和政府支持，等等。然而，金融科技和电动汽车等创新业务存在明显的风险和不确定性，这是围绕这种发展模式的一个重要组成部分。正如前文所述，不确定性本身不仅存在不同的程度和类型，人们对不确定性的接受程度和舒适度也存在很大差异。有一种常见的说法是，一个人或多或少是“规避风险”的。这是一个文化因素，但较难量化和衡量。

在此，我们可以回忆一下前文阐释过的霍夫斯泰德框架（Hofstede and Minkov，2010）。它区分了民族文化的六个维度，每个维度都从低到高。然后，基于这些维度就可以绘制出不同国家的文化图景。有趣的是，其中一个维度是“不确定性回避”。这意味着在中国、美国和英国，人们对模棱两可的感觉更为舒适，而在日本和法国，模棱两可则会产生焦虑。这种对模糊性和不确定性的不同接受度，可能对金融科技和电动汽车在中国的崛起具有一定的解释力和牵引力，因为不确定性围绕着这两个产业。

它具有解释性，因为金融科技和电动汽车企业领导人需要这种技能，不仅用来认识和管理不确定性水平差异的重要性，并且认识和管理他们的员工在其中的舒适度。当然，这也将影响国际合作和伙伴关系。如果能够实现这一点，它将帮助中国面对一个更确定、更光明的未来，不仅是金融科技和电动汽车领域，还有其他被视为“有风险”因而不确定的创新行业。

十、结　语

不确定性是一个弹性概念，在全球范围内，人们和企业对它的反应具有很大差异。我们不应天真地将领导者视为“天生的而非后天的”，因为特质理论存在太多漏洞。相反,领导者是“养成的而非天生的”,他们具备可定义的、可学习的技能。把不确定性和领导力这两个因素放在一起,有助于解释为什么一些国家(包括英国、美国和中国),在某些领域的发展中处于领先地位,比如金融服务业,尤其是金融科技和电动汽车。

最后,放在更宏大的图景里来看,这种视角对于政府“全球化英国”的雄心有着根本性的意义,因为它将重点放在更广阔的亚洲世界和创新的高科技领域,这些领域从定义上来说包含着巨大的不确定性。领导者和企业需要认识到这个议题,当他们在处理国际事务时尤其如此。

随着我们逐渐地摆脱新冠肺炎大流行,并被告知要“与它及其风险共存”——我想管理者也要“管理它”——这是一个适时的机会,让我们反思可以从中汲取的任何与工作相关的积极教训。至少,它揭示了曾经被忽视的过多形式的工作和接触——往往是具有剥削性质的。作为一场危机,它系统性地阻止了现有的做事方式,迫使人们对工作安排和一系列灵活性进行快速而普遍的试验,其中一些是可行的,并且已经在使用中——甚至导致许多员工重新考虑工作与生活的平衡。现在,随着工作世界的“冰块”开始重新冻结,我们最好不要忘记它融化时曾经尝试过的东西,由此所形成的冻结形状是被塑造和转变了的,它反映了更美好的工作世界的样子。也就是说,它更公平、更平等、更值得尊重和信任。然后,我们真的可以像他们所描述的那样“重建得更好”。

(校对:洪扬、谢云涛)

参考文献

Beldoch, M., 1964, "Sensitivity to Expression of Emotional Meaning in Three Modes of Communication," in Davitz J. R., et al. (eds.), *The Communication of Emotional Meaning*, McGraw-Hill, pp. 31—42.

Belkhamzal, Z. and Wafa, S. A., 2014, "The Role of Uncertainty Avoidance on E-Commerce Acceptance across Cultures," *International Business Research*, 7(5): 166—173.

Blake, R. R. and Mouton, J. S., 1964, *The Managerial Grid: The Key to Leadership Excellence*, Houston, TX: Gulf Publishing Company.

Cai, Y. and Rowley, C., 2021, "Pandemic Lessons for Management," *Perspectives on Work*, 25, Nov.

Fiedler, F. E., 1964, "A Contingency Model of Leadership Effectiveness," *Advances in Experimental Psychology*, 1: 149—190.

Fox, A., 1966, *Industrial Sociology and Industrial Relations: An Assessment of the Contribution Which Industrial Sociology Can Make towards Understanding and Resolving Some of the Problems Now Being Considered by the Royal Commission*, London: H. M. S. O.

Fox, A., 1974, *Beyond Contract: Work, Power and Trust Relationships*, London: Faber and Faber.

Gardner, H., 1983, *Frames of Mind*, New York: Basic Books.

Global Financial Centres Index, 2021, 30, September, https://www.longfinance.net/programmes/financial-centre-futures/global-financial-centres-index/.

Goffe, R. and Jones, G., 2000, "Why Should Anyone be Led by You?", *Harvard Business Review*, Sept-Nov.

Goffe, R. and Jones, G., 2006, *Why Should Anyone Be Led By You?. What It Takes To Be An Authentic Leader*, Harvard Business School Press.

Goffe, R. and Jones, G., 2015, *Why Should Anyone Work Here?: What It Takes To Create An Authentic Organization*, Harvard Business School Press.

Gratton, L., 2022, *Redesigning Work: How to Transform Your Organisation & Make Hybrid Work for Everyone*, MIT Press.

Hartford, T., 2021, "When Obstacles Become Opportunities to Work Better: Or Why Going Back to 2019 is Not Progress," *Financial Times*, 24 Sept.

Harzing, A. and Hofstede, G., 1996, "Planned Change in Organizations: The Influence of National Culture," *Research in the Sociology of Organizations*, 14, pp.297—340.

Hersey, P., Blanchard, K., 1969, "Life Cycle Theory of Leadership," *Training and Development Journal*, 23(5): 26—34.

Hill. A., 2021, "Authentic Leaders Who Lack Skill are Doomed to Fail," *Financial Times*, 15 February.

Hofstede, G. and Minkov, M., 2010, "Long-/short Term Orientation: New Perspectives," *Asia Pacific Business Review*, 16(4).

Karahanna, E., Williams, C. K., Polites, G. L., Liu, B. and Seligman, L., 2013, "Uncertainty Avoidance and Consumer Perceptions of Global e-Commerce Sites: A Multi-Level Model," *Drake Management Review*, 3(1): October.

Katz, R., 1955, "Skills of An Effective Administrator," *Harvard Business Review*, 33.

Leuner, B., 1966, "Emotional Intelligence and Emancipation," *Praxis der Kinderpsychologie und Kinderpsychiatrie*, 15: 193—203.

Lewin, K., 1947, "Frontiers in Group Dynamic: Concept, Method and Reality in Social Science," *Human Relations*, 1: 1.

Lewin, K., Lippit, R. and White, R. K., 1939, "Patterns of Aggressive Behavior in Experimentally Created Social Climates," *Journal of Social Psychology*, 10: 271—301.

Mukherjee, D., Hanlon, S. C., Kedia, B. L. and Srivastava, P., 2012, "Organizational Identification among Global Virtual Team Members: the Role of Individualism—Collectivism and Uncertainty Avoidance," *Cross Cultural Management: An International Journal*, 19(4): 526—545.

Pfeffer, J. and Sutton, R. I., 2006, *Hard Facts. Dangerous Half-Truths and Total Nonsense: Profiteering From Evidence Based Management*, Harvard Business School Press.

Rosenzweig, P., 2007a, "The Halo Effect and Other Managerial Delusions," *McKinsey Quarterly*, 1 Feb.

Rosenzweig, P., 2007b, "Misunderstanding the Nature of Company Performance: The Halo Effect and Other Business Delusions," *California Management Review*, 49(4): 6—20.

Rowley, C., 2020, "Perspectives on Work, Employment & Management: Asia, Comparisons & Convergence," *International Studies of Management & Organisation*, 50(4): 303—316.

Rowley, C. and Ulrich, D., 2018, *Leadership in the Asia Pacific*, Routledge.

Steensma, H. K., Marino, L., Weaver, R. M. and Dickson, P. H., 2020, "The Influence of National Culture on the Formation of Technology Alliances by Entrepreneurial Forms," *The Academy of Management Journal*, 43(5): 951—973.

Tannenbaum, R. and Schmidt, W., 1958, "How to Chose A Leadership Pattern," *Harvard Business Review*, 36(2): 95—101.

Tavanti, M., 2012, "The Cultural Dimensions of Italian Leadership: Power Distance, Uncertainty Avoidance and Masculinity from An American Perspective," *Leadership*, 8(3):

287—301.

Tran, Q. T., 2020, "Uncertainty Avoidance Culture, Cash Holdings and Financial Crisis," *Multinational Business Review*, 28(4): 549—566.

Vishwanath, A., 2003, "Comparing Online Information Effects: A Cross-Cultural Comparison of Online Information and Uncertainty Avoidance," *Communication Research*, 30 (6): 579—598.

Wallace, D., 2005, *Consider the Lobster and Other Essays*, Little, Brown Book Club.

教化、心性与领导力

孔佳南　郭　毅*

［摘　要］“教化”作为中国传统文化中的核心理念，在现当代已经创造性地转化为一种具有东方文化特色的社会和组织治理方式，成为组织领导力的一种体现，但事实上，人们通常对“教化”持有一种消极和负面的印象。鉴于此，首先本文对“教化”这一名词之所以在当代社会被“污名化”及其具体指向进行了澄清。其次本文讨论了“教化”的对象、目的和作用，即心性、心性培养和组织心性塑造。最后本文从“具身性”的视野出发，讨论了“教化”作为一种领导力何以体现。

［关键词］教化　心性　领导力　具身性

导言：本土领导力研究与教化

在作为当代组织象征的工作场所，组织成员通常被认为是，以自己的知识结构、行业认知、职业经验及其操作技巧，来体现其具有职业精神的工作能力与效率的群体。然而，进入 21 世纪之后，不仅在率先实

* 孔佳南，华东理工大学商学院博士生；郭毅，华东理工大学商学院教授。

现现代化的资本主义国家，而且在后来居上的发展中国家，“乌卡现象”（VUCA，volatility、uncertainty、complexity、ambiguity，指易变性、不确定性、复杂性和模糊性）被提及的次数越来越多，成为国家安全、政党建设、政府管理以及各类组织领导常用的词汇。在管理学的国际文献中，尤其是关于领导力理论中，如何感知、识别和应对“乌卡现象”，亦成了管理学者们所关注的重大话题，由此引起关注的主题是，如何看待当代组织及其组织行为。

作为现代社会的基本构成，组织作为人为事物在现代社会中的经典标识，职场构成了组织内外各式人等交汇相聚的网状结构。组织成员置身其中，必然会遇到众多的社会性因素挑战和困扰。故除具备以上所述的工具性技能之外，组织成员还需具备相应的社会性技能。对于组织一般成员来说，这不仅涉及组织成员各自在组织中的分工与职责关联，还表现为彼此间的协作和沟通的重要性。

进一步地，在组织的中高层管理群体中，其社会性技能及其认知，来自他们对组织运作更深的了解和把握，即在组织内部以及组织与外部环境中，总是存在着复杂的、多向性的人际间、群体间、部门间或组织间的各种关联。对此，富有实践历练和管理经验的组织中高层管理群体，尤其会关切到在组织的现实运作中，类似社会性因素的影响和干扰，是否会形成双向或多向间的揣摩、猜忌、联想、误解或歪曲，等等，由此引发的各种冲突和矛盾，将会怎样影响到组织运行的效率。于是，众多中外组织管理者将有关社会性和管理关系认知及其独到的社会性技能，上升为具有领导力意义的、可以一般化并可推广的经验知识系统。

近百年以来，对组织运作中的社会性与管理活动的关系，西方管理大师们予以充分的关注和论证，在巴纳德、德鲁克、马奇和沙因等人的著作中，可以看到，他们对现代组织和管理活动的来源、性质、特征及其缺陷，蕴含了关于社会性因素和组织间交互影响的智慧和洞见。同样，在西方管理学术界有关领导力的研究中，则将领导的不同价值观及其行为导向同组织成员的认知、行为与组织运行的情境（或场景）联系起来，加以考察和论证，建构出种类繁多的领导力理论。

近年来，本土领导力研究有所加强，这主要来自本土管理学者对组织管理实践的观察与感悟，而相应的领导力研究，则将领导力的价值观及其行为导向，置于中国传统文化与领导个体习性联结在一起，比如，家长式领导、中庸式领导等具有强烈的本土传统特征及其导向的领导力理论。

就本土领导力研究成果来看，一个较为明显的缺陷是，除了领导的价值观、行为导向以及组织成员相应认知与行为外，对相关的组织情境(或场景)的知识开发及其知识逻辑化进程，缺少必要的现象开发和理论建构，尤其是缺乏从纵向的历史维度来加以刻画与把握。本文之所以提出这一质疑，是因为本土领导力研究不仅是一种"嵌入式探究"，由于被研究的主体、客体及其情境(或场景)之间的交互关系，具有本土典型的历史、文化和制度演化的印记和烙印。其中，被研究的主体、客体及其情境(或场景)三者之间"影响与被影响""作用和被作用""型塑与被型塑"，勾勒出本土组织管理过程的复杂性与模糊性关联，是本土领导力研究与西方领导力研究的本质区别所在。这里既有本土文化传统所浸润的痕迹，也有西方管理理念所带来的逻辑，更有中国革命、建设与改革开放所打造的韧性。

中国自1840年以来，发生了巨大的社会政治经济变革，中国从一个对外部世界"茫然无知"的国度，到如今深深融入到全球化体系中，成为一个具有高度国际竞争力、对全球具有重大影响并承担相应国际责任的国家。相应地，中国本土组织管理及其领导力研究的成果，就不再只是一种简单的"使然性的地方性知识"，它有可能成为一种具有跨国性价值意义的组织管理知识。

由此，本文通过对本土领导力进行研究，将进一步强调以下两个方面的阐释。

1. 实践性。在导入有关本土传统理念于本土领导力研究时，须特别注意，从历史演化的纵向维度，伴随着如上所述的"巨大的社会政治经济变革"，在本土组织管理实践中，如何体现其"古为中用、洋为中用、推陈出新"之作用功效?

2. 理论性。在一个拥有数千年历史的国度中，经历了"巨大的社会政治经济变革"，对本土传统理念自身的理解、阐释和形式，也会发生变化。可以认为，它是全体中国国民对传统文化的传承与创新，因此理论工作者也要作出相应的传承和创新。

本文试图对一个古老的传统理念"教化"及其在历史演变以及在现当代中国社会与组织中的作用予以论述。本文认为,即便是在高度融入全球化体系的中国,在古代与现代之间,"教化"依旧具有组织管理意义上的"传承性和适用性"。随着时代的巨变,"教化"融入了西方管理的"工具性和实操性"。而在中国革命、建设和改革的过程中,"教化"被赋予了"启蒙性和灵活性"。进一步地,在本土组织管理的实践活动和理论开发中,它被视为一种本土领导力,即"教化型领导"。

一、教化:一个有待澄清的理念

对于"教化",在社会认知、组织管理和学术研究中,存在一种具有代表性的看法或刻板印象,那就是认为"教化"是"说教"或者"洗脑"。它往往被解读为是"蒙昧主义"的一种方式,是愚民政治大行其道和封建糟粕得以流行的温床,是束缚个体生命和自由意志的枷锁,与"理性"之精神格格不入,因而需要彻底的批判和扬弃(景海峰,2011)。"教化"理念在当代中国社会,之所以会以这样一种负面的形象示人,主要有以下两方面的原因。

一方面,"教化"通常与"封建政治"紧密联系在一起,即"政治教化",而"封建政治"恰恰是中国近代以来一大批民主和革新人士所致力于打倒和推翻的。在中国古代社会尤其是自汉朝以来,"教化"一直被视为封建君主维护其王朝统治的重要手段。常言道:"教化兴,天下平。"也就是说,君王施以教化,天下才能太平。也正是在这个意义上,"教化"变得日益程序化、工具化和技术化,最终成为一种制度化的"规训"方式。然而,到了近代鸦片战争爆发以后,由于无法抵御西方列强的入侵,封建王朝的根基一步步被动摇,最后被推翻,"教化"作为维护政权稳定性与合法性的手段同样也受到批判,取而代之的是近代中国社会出现的"启蒙"思想(李泽厚,2008)。

另一方面,"教化"通常与涵盖"三纲五常"在内的封建伦理道德及其价值规范体系紧密联系在一起,即"道德教化",而封建伦理道德及其价值规范体系恰恰是中国近现代社会尤其是新文化运动以来中国知识分子所极力排斥和打破的。自汉朝"独尊儒术"以来,先秦儒学作为民间学术被逐渐上升为官方意识形态,成为古代君王"教化"民众的主要内容。然而,作为意识形态的儒学,也逐渐趋于形式化、固定化和教条化(李景林,2013)。到了近代,随着封建政治体制的解体,以及20世纪初"新文化运动"的兴起,已经被"意识形态化"了的封建伦理道德及其价值规范体系被叱责为是"吃人的礼教",取而代之的则是"自由""民主"与"科学"(邓晓芒,2008;艾恺,2013)。

换言之,"教化"理念就是在中国近现代社会集体反对"封建政治"体制和"意识形态化"了的伦理道德及其价值规范体系。这对当时的中国来说,确实具有重要的、积极的现实意义,尤其是在"救亡与图存"的意义上。

然而,就像马克思用来形容费尔巴哈批判黑格尔的方式所比喻的那样,给婴儿洗澡后,把婴儿连同脏水一起给倒掉了。也就是说,"教化"理念在人们推翻封建政治体制以及批判其赖以生存的封建伦理道德及其价值规范体系过程中,一起被遗弃和彻底否定了。这也就意味着,过去人们对"教化"理念的感知和理解,更多的是建立在"政治教化"和"道德教化"基础之上。而且,长期以来,由于整个中国社会的文化意识是以"激进主义和反传统主义"为主流,使得"教化"理念一直被视为是"启蒙"精神的对立物而存在(李景林,2009)。这也是为什么到现在为止人们一直与"教化"理念保持一定的心理距离甚至下意识抵触的根本原因之所在。

但事实上,"教化"并不像人们通常所理解的那样天然带有一种"消极"或"负面"的气质。在中国民间延续和传承的"先秦儒学"(区别于已经"意识形态化"的官方儒学)历来重视"教化","教化"被视为儒学之本(邓晓芒,2008),并且被当作儒学圣贤的首要任务来加以对待。如张载在《正蒙·中正篇》中所说的:"'蒙以养正',使蒙者不失其正,教人者之功也。尽其道,其惟圣人乎!"(《正蒙·中正篇》)也就是说,"教人者"的职责近乎圣人,圣人化成天下,使万物各尽其性、各率其道。正所谓"凡以道业诲人谓之教,躬行于上,风动于下,谓之化"(《增韵》)。"天命之谓性,率性之谓道,修道之谓教。"(《中庸》)换言之,"教化"的目的和作用在于调适人的"心性"。

二、教化:心性与心性调适

(一) 教化的对象:心性

在一般意义上,中国古代社会“教化”的对象主要是人的“心性”。“心性”历来是“儒释道”各家学说关注的焦点。“儒释道”作为中国文化三大思想传统,都用“心”来把握一以贯之的“道”,即人、社会和宇宙自然的整体统一性。只不过,各家学说所侧重的“道”有所不同,儒家学说的根本和重心是“义理之道”,佛家学说的根基和中心是“菩提之道”,道家学说的根源和核心是“自然之道”,但三者合流于“心”(葛鲁嘉,2008)。在先秦儒家思想中,有“尽其心者,知其性也。知其性,则知天矣”(《孟子·尽心上》)的命题;在佛家思想中,有“三界唯心”和“万法一心”(《华严经》卷二十五)的说法;在道家思想中,则有“心既未萌,道亦假之”(《文始真经》)的命题。各家学说用“心”释“道”的具体表现,如表1所示。

表1 “儒释道”用“心”释“道”示例

儒家	“恻隐之心,人皆有之;羞恶之心,人皆有之;恭敬之心,人皆有之;是非之心,人皆有之。恻隐之心,仁也;羞恶之心,义也;恭敬之心,礼也;是非之心,智也。”“君子所性,仁义礼智根于心。”	《孟子·告子》
道家	“道也者,口之所不能言之,目之所不能视也,耳之所不能听也;所以修心而正形也。”“心处其道,九窍循理。”	《管子·心术下》
佛家	“心如工画师,画种种五阴,一切世界中,无法而不造。”“一切法,心为善导,若能知心,悉知众法,种种世法皆由心。”	《华严经·十》、《般若经·五百六十八》

就儒家而言,古文《尚书·大禹谟》中记载的相传于尧舜禹时期的十六字心传:“人心惟危,道心惟微;惟精惟一,允执厥中。”(《尚书·大禹谟》)一直被儒家视为圣贤的传心之言(申荷永,2001)。孟子更是用心性来注解儒学之真谛:“恻隐之心,人皆有之;羞恶之心,人皆有之;恭敬之心,人皆有之;是非之心,人皆有之。恻隐之心,仁也;羞恶之心,义也;恭敬之心,礼也;是非之心,智也。”(《孟子·告子》)而且,孟子提出“君子所性,仁义礼智根于心”(《孟子·告子》)。正因如此,儒学在中国

历史上也被称作“心性之学”(杜维明,2011)。孟子以后,心性之学又在多方面地展开于儒家思想的演进过程当中。宋明时期,更是形成了程颐、程颢和朱熹一脉的心性论“理学”,以及陆九渊和王阳明一脉的心性论“心学”。其中,理学主张“性即理也,在心唤作性,在事唤作理”(《朱子语录》卷五),心学主张“心之体,性也;性即理也”(《传习录》)。到明末和清朝年间,又陆续涌现出像李二曲、王夫之、顾炎武等心学大儒。

近代以来,王韬、康有为、梁启超、谭嗣同等维新和民主革命人士,着力推崇“阳明心学”。受到近代心学思潮的影响,青年毛泽东在湖南一师问学黎锦熙的过程中,也曾提到,“欲动天下者,当动天下之心,而不徒在显见之迹。动其心者,当具有大本大源”(中共中央党史部,2001:16)。后来毛泽东在领导中国革命过程中更是强调心性的作用,只不过这时他已经是从马克思主义的立场和观点出发。“心性”一直受到中国共产党人的重视。习近平总书记2015年在全国党校工作会议的讲话中明确指出:“党性教育是共产党人修身养性的必修课,也是共产党人的心学。”(习近平,2016)。这种“由虚向实”的转化,在百多年来的中国共产党组织实践中,可以说是屡见不鲜、屡试不爽:执政党一直面向社会大众鼓励和宣传弘扬各种精神,比如井冈山精神、长征精神、延安精神、改革开放精神、女排精神和抗疫精神,等等。

由此可见,“心性”作为一个普遍的社会文化心理现象,从古代到近现代一直存在,贯穿于整个中国社会。

(二) 教化的目的:成己达人

前述对社会、组织和学术界有关“教化”是“洗脑”或“说教”的认知,其实是对“教化”目的的一种误解。如果说中国传统文化在当代社会,仍旧有积极的引导作用,那么就有必要对教化的目的加以讨论,由此也可以将之视为在传统和当代之间,传承和创新才是本土领导力研究所需加强的思想方法论。

中国古代社会的士人,历来将成为“圣贤”视作毕生的理想和道德追求,追求“内圣外王”的人格。尤其是到了宋明时期,朱熹要求做“圣学功夫”,王阳明把成为圣人作为“第一等事”,将人生的终极期望指向圣人之境。《礼记·大学》的八条目“格物、致知、诚意、正心、修身、齐家、治国、平天下”，更是为士人如何实现“内圣外王”指明了方向和路径（金观涛、刘青峰，2015）。其中，心性的培养也成为士人走向圣人之境必不可少的环节，即“心正而后身修，身修而后家齐，家齐而后国治，国治而后天下平”（《礼记·大学》古本）。“教化”则是心性培养的重要手段。

那么，“教化”到底如何培养人的心性，以及塑造组织和社会的心性？这具体关涉儒家经典《中庸》中所提到的，如何“成己”和“成物”的问题，即“诚者，非自成己而已也，所以成物也。成己，仁也；成物，知也。性之德也，合外内之道也”（《中庸》）。这里“成己”主要以仁道为根据塑造自我，从而体现“仁”，“成物”主要以尽人之性与尽物之性为前提，从而体现“知”（杨国荣，2011）。

与儒家视域下把成己和成物，主要指向内在德性培养和外在道德秩序的建构不同，杨国荣从马克思主义的立场出发，赋予了成己与成物以“认识自身和改造自身，认识世界和改造世界”的具体历史内容（杨国荣，2011）。因而，如果从马克思主义立场出发的“成己与成物”这一视角来看，可将不同历史时期人们所侧重的心性培养的内容和指向，大致区分为以下四类，具体如图1所示。

	认识自身	认识世界
改造自身	先秦儒家的心性观：尽心知性	程朱理学的心性观：格物致知
改造世界	陆王心学的心性观：知行合一	共产党人的心性观：实事求是

图1　心性观分类图

第一类是先秦儒家的心性观，即尽心知性，主要表现为孟子的心性主张。孟子主张人性本善，而且善之四端“仁义礼智”皆根植于人心，即

“仁义礼智,非由外铄我也,我固有之也,弗思耳矣”(《孟子·告子》)。所以,孟子竭力主张“尽心知性”“存心养性”的道德修养方法,即“尽其心者,知其性也。知其性,则知天矣。存其心,养其性,所以事天也”(《孟子·尽心上》)。从成己和成物的视角来看,先秦儒家的心性观侧重于,认识自身进而改造自身。

第二类是程朱理学的心性观,即格物致知,主要表现为宋明时期朱熹的心性主张。朱熹主张“性即理”(《大学或问》),因此,修身则必须先从“格物、致知、穷理”开始,方能“诚意、正心、修身”,而且朱熹认为,圣贤已经认识天理之大部分,并且写在儒家经典当中,于是研习和体悟儒家经典成为最重要的修身方式(金观涛、刘青峰,2015)。从成己和成物的视角来看,程朱理学的心性观侧重于,认知外部世界进而改造自身。

第三类是陆王心学的心性观,即知行合一,主要表现为明朝中后期王阳明的心性主张。王阳明主张“心即理”“良知即天理”(《传习录》)。因此,士人修身则是一个“致良知”和“知行合一”的过程,也就是通过现实的道德实践,化“先天的良知”为主体的“自觉之知”,从而达到一种理想的道德人格状态(杨国荣,2009)。到了近代,谭嗣同、孙中山等民主维新和革命人士极力推崇阳明心学,只不过他们所侧重的是阳明心学对人主体性的发现,主张摆脱伦理纲常对人性的束缚,强调人的“心力”和意志力对革新和变革社会制度的驱动力(张锡勤,2000;朱义禄,2016)。从成己和成物的视角来看,陆王心学的心性观侧重于改造外部世界进而认识自身。

第四类是共产党人的心性观,即实事求是,主要表现为毛泽东等人的心性主张。新民主主义革命时期,毛泽东则从马克思主义认识论的立场出发,在《实践论》一文中系统阐述了人的认识与实践的关系,强调人的认识对社会实践的依赖性。具体而言,人的认识在社会实践中,需要经历一个从感性认识上升到理性认识,又从理性认识能动地指导革命实践,改造主观和客观世界的过程,即经历“实践-认识-再实践-再认识”的过程。这种过程,循环往复,以至于无穷,而且每一个循环,都比前一个循环到了更高一级的程度(毛泽东,1991)。从成己和成物的视角来看,共产党人的心性观侧重于,认识世界进而改造外部世界。

值得注意的是,中国人所说的“心性论”与现代西方的“心理学”

(psychology),虽然都关注的是人的心理活动及其心理现象,但是两者在具体研究内容和指向上,却存在着本质性的差异(具体如表 2 所示)。西方心理学(psychology)的英文原义是指,研究精神现象的一门科学。经过两百多年的发展,它研究的对象是人"头脑"(mind)当中的"情感"(emotion)、"意识"(consciousness)和"认知"(cognition),以及间接表达人的思想、情感和意识的"行为"(behavior),等等。通过对它们进行定义、分析、判断、归纳和逻辑推演等,试图从中寻找到人们的心理活动及其心理现象和行为背后的本质和规律。进而用与思想、情感和意识,以及间接表达人的思想、情感和意识的"行为"等相关的"概念"或"范畴",来把握人脑对外部世界的反映及其加工的过程和结果。

表 2 "心性论"与"心理学"比较

	心理学(psychology)	心性论
界定	研究精神现象的一门科学	关于人的心性的理论或学说
对象	脑(mind)	"心"
言语表达	用与思想、情感和意识等相关的概念或范畴,来把握人脑对外部世界的反映及其加工的过程和结果。	通过类比、象征和隐喻等方式,用具有意象性的语言,来表征人的心理和情感、人的灵性和智慧,以及人的心灵和精神世界。
理解	强调对人"脑"中的思想、情感和意识及其相关行为等,进行静态的定义、分析、判断、归纳和逻辑推演,从中寻找到心理活动及其心理现象背后的本质和规律。	强调从动态整体的角度,来把握人的生成和发展状态,乃至人之为人的道理,以及人对世事和宇宙自然的体知和理解。
思维前提	主客二分	主客一体

"心性论"是中国人关于人的心性的理论或学说,它主要探讨的是人的心性本质、心性追求和心性修养的问题(葛鲁嘉,2008)。中国文化三大思想传统"儒释道"都有自己的心性论,虽然各自的研究志趣相异,但是,它们关注的对象都是非实体性的"心"。中国人讲的"心",已经超越了它在生理和心理上的意义,它更多地被用来表示人的灵性和人的智慧,以及人的心理、心灵与精神世界。《管子·心术》中有言:"心也者,智之舍也。"《管子·心术》表示个体生成和发展的状态,乃至人之为人的道理。《素问·灵兰秘典论》中有言:"心者,生之本,神之变也。"(《素问·灵兰秘典论》)表示一种天下的至理,以及人们对世事和宇宙

自然的体知和理解。《释文》中有注:“心,或作道。”(《释文》)《易经·复卦》中有言:“复,其见天地之心乎。”(《易经·复卦》)。中国人的心性论,始终是从动态整体的角度,来对心理活动及其心理现象本身进行理解和把握,而不是像现代西方心理学那样,试图从心理活动及其心理现象背后去寻找稳定性和规律性。虽然它也对心理活动及其心理现象进行“概括”,但它始终不离开现象层面,从而保持心理活动及其心理现象的流动性和完整性。而且这种概括也主要是通过类比、象征和隐喻等方式,用具有意象性的语言,来表征人的心理和情感、人的灵性和智慧,以及人的心灵和精神世界。

通过上述比较,可以发现,现代西方心理学很少涉及与汉字“心”相对应的“heart”的讨论。即便有所涉及,西方英文单词“heart”的原义,也难以涵盖汉语中“心”的所有意涵。针对西方心理学发展这一特征,申荷永打了一个生动形象的比方,大意是,冯特是以生理学为基础,创立了西方心理学,使得西方心理学有了“双腿”,行为主义心理学在生理心理学基础之上,为西方心理学增添了“身躯和肢体”,认知心理学则为西方心理学装上了“头颅”,但是,西方心理学仍然缺少“心”(申荷永,2001)。关于中国人讲的“心性论”与近代西方“心理学”的不同,钱穆也曾这样说道:“近代西方的心理学,可用一只狗或一只老鼠来做试验,主要乃从物理、生理方面来讲心理,把心归入到自然界的‘物’的一方面来看。中国的心性之学,则是反映在人生实际问题上,人类所共同并可能的一种交往感应的心理。把实行的分数都加进去了。”(钱穆,2011:78)即便如此,中国人仍用“心”来翻译西方的“psychology”。也正是在这样一个引进西方“心理学”概念和翻译的过程中,尤其是在本土心理学中,人们逐渐接受了西方的“mind”,却使“心”失去了固有的意义。

然而,中西方对心理活动及其心理现象的把握、言语表达及其理解等,之所以会表现出上述差异,主要归咎于中西方思维方式上的差异。正是这种差异,才最终导致人们在言语表达和行为方式上存在差别。因为,思维和语言是同时存在的,语言甚至在很大程度上会影响和制约人们的思维(魏博辉,2010)。伽达默尔曾经说过:“我们只能在语言中进行思维,我们的思维只能寓于语言之中。”(伽达默尔,1994:62)。不同的语言系统,表征着不同的思维模式和世界观,也就是说,人们一旦习得了一种语言，便掌握了这个民族或这个国家的思维模式。这种思维模式，反过来又会制约和影响人们对语言内容的选择和应用。语言学家萨丕尔曾经说过：“语言是社会现实的指南……使用不同的语言的各社会成员所生活的世界，是多种多样的许多个世界，而不是具有不同标志的一个同样的世界。”（梁海英，2005）。换句话说，也就是有什么样的思维模式和世界观，就有什么样的言语表达，反之亦然。

（三）教化的作用：组织心性的塑造

从社会组织层面来看，“教化”能够起到塑造组织心性的作用。众所周知，自西汉大一统以来，历代君王均以儒家心性之学作为官方意识形态，并视其为中国古代农业社会最重要的社会整合方式，从而自上而下地统合了中国上层以王权为中心的官僚机构、中层的士族缙绅和下层的宗法家族组织。其中，比较重要的方式就是推行文官制度，实行科举考试，考试的内容主要是儒家的经典著作，进而以此在儒士中选拔官员，这在某种程度上也就达到了统合社会心性的效果。一直到清朝末年，甲午战争前后，国内一大批民主维新、革命人士和近代知识分子等，开始驳斥传统儒家心性之学对“人性”的禁锢，试图通过开办新式学堂、创办报刊杂志、翻译和出版西方著作、组织社会团体、撰写白话文小说和公开发表演讲等方式，来唤起国民的心性，开启民智，帮助国民重新发现个体生命的价值，保持人格的独立性及其完整性（黄书光，2005）。

新民主主义革命时期，毛泽东等人领导的中国共产党组织和动员农民群众积极参与到民主革命斗争中去。在党内，通过开展“整风运动”，来统一党内在思想、政治、组织、路线上的认识。在解放区，通过土地改革，组织农民开展广泛的“翻心”实践，进行“阶级斗争”，来唤起农民群众的阶级“觉悟”和“主人翁意识”，使其自觉投入民主解放斗争中去（李放春，2010）。习近平总书记非常强调精神的力量，尤其是“斗争精神”，他在 2019 年中央党校（国家行政学院）中青年干部培训班开班式上的讲话中指出：“胜利实现我们党确定的目标任务，必须发扬斗争精神，增强斗争本领。”而且，“我们面临的各种斗争不是短期的而是长期的，至少要伴随我们实现第二个百年奋斗目标全过程”（新华社，2019）。

综上可见,无论是个体心性的培养,还是社会组织心性的塑造,教化实际上都是对个体和社会组织心性的一种调适(adjustment)。尤其到了近现代,这种心性调适的内容和指向,发生了实质性的转变。具体而言,在个体层面,已经从最开始注重对理想道德人格的追求,转向满足现实及其社会实践需要的主体意志、情感、意识的激发和培养。在社会组织层面,也已经从利用儒家心性之学来维护帝王的统治,转向激发和培养人们的主体意志、情感和意识,服务于中国民主革命和社会主义现代化建设的需要上来。换言之,个体和组织心性调适的内容和指向,都已经转向中国共产党人所主张的认识世界和改造世界的心性观,即"实事求是"的革命心性观。

三、教化:一种具有本土特色的领导力

"教化"可以被看作一种领导力,即"教化型领导"。从领导的一般定义来看,虽然在现当代组织管理研究和领导行为研究当中,关于什么是"领导"尚未形成相对统一的说法,但是,罗斯特在《21 世纪的领导》一书中回顾和评论了 221 种领导的定义之后指出,在这些不同的定义中仍然存在相似之处,所有的定义都将"领导"视为领导者通过某种行为或方式对他人(追随者)产生或施加影响力的过程(Ciulla, 1995; Pierce and Newstrom, 2006)。比如,蒂德认为,领导就是"影响他人为达到有价值的目标而协作的行为"。再比如,皮尔斯等人认为,领导是"某人对其他某个人或某些人有意图地施加影响,以促使大家为达到共同的、需要团队成员的通力合作才能达到的目标而努力的过程"(Pierce and Newstrom, 2006)。近五十年来,海内外组织行为学者更是把领导者与追随者的关系作为领导力研究的主线,对组织领导"影响过程"问题进行深入研究和探讨,提出了如魅力型领导、变革型领导、愿景型领导、道德型领导、真实型领导和家长式领导等经典领导力理论。因此,从"领导是施加影响力的过程"这一个重要理解前提出发,"教化"通过调适人的"心性"对他人产生影响也可以被看作是一种特殊的领导力。

这种领导力可以集中体现在以毛泽东为主要代表的中国共产党人通过"教化"在全党全军培养和塑造出一种具有革命指导意义的心性

观，即“实事求是”的心性观。新民主主义革命时期，毛泽东本人及其对中国共产党党内中高级领导干部以及工农兵群众革命心性的培养、塑造和调适，主要是根据中国人理解和把握经验世界的思维和表达方式来展开。而中国人通常又是注重从当下、直观、整体和变易的角度来理解和把握外部经验世界（王树人，2005）。换言之，毛泽东是从中国社会和中国革命的具体实际（或经验）出发，即“一切从实际出发”，来培养、塑造和调适自己和他人革命心性，具体体现在毛泽东将马克思主义的基本原理同中国革命具体实践相结合，目的是为了使组织及组织中的成员达到一种有利于革命实践开展的心理和精神状态。

进一步地，如果将“教化”作为一种融合东西方文化的理念加以考察，那么西方在当代哲学、心理学、社会学等认知科学方面的成就，可以使本土研究学者扩展自己的视野和切入点。这就是，“教化”作为一种领导力，之所以能够起作用的关键，在于领导者的“具身性”（embodiment）的实践（Lakoff，2012）、认知和心智。抛开中西方在传统思维、认知和语言表达等之间的差异，从整个“人类认知”的角度来看，当代认知科学研究已经注意到，人类经验对于人类认知、思维、心智和语言生成的重要性，强调人类行动、认知和语言的“具身性”（叶浩生，2014；Alban and Kelley，2013）。所谓具身性主要包括以下两个方面的涵义：一方面，身体作为认知机制的环境或语境；另一方面，身体作为活生生的、经验的结构。也就是说，人类的身体它既是生物和物理意义上的，也是文化和经验意义上的（Casasanto，2016）。建立在这样一种具身性基础之上的认知观，它强调认知是在人的感知运动系统与自然和社会文化环境互动过程中生成的，同时，人的感知运动系统与自然和社会文化环境的互动又是在人的认知指导下进行的（Koning and Tabbers，2011）。也就是在这样一个持续互动过程中，生成了人类的认知、形成了人类的经验、创造了梅洛庞蒂所说的“人的世界”。在这里，认知和身体是一体的，或者说是“身心一体”，而且认知主体（具有感知运动能力的身体主体而不是意识主体）和世界之间，不是相对对立的关系，也不是谁决定谁或者谁影响谁的“因果关系”，而是“结构耦合”处在一个彼此规定、彼此约束的共变系统当中，认知主体、环境和认知都是在这个结构耦合的动力系统中生成的。因此认知也不是像“认知主义”所说的那样是对客观世界的表征,而是引导行动的(瓦雷拉等,2010; Goel et al., 2013)。总之,认知在身体(感知和行动经验)中、身体在世界中(经验和自然世界)、世界在认知引导身体的行动中显现(具体如图 2 所示)。

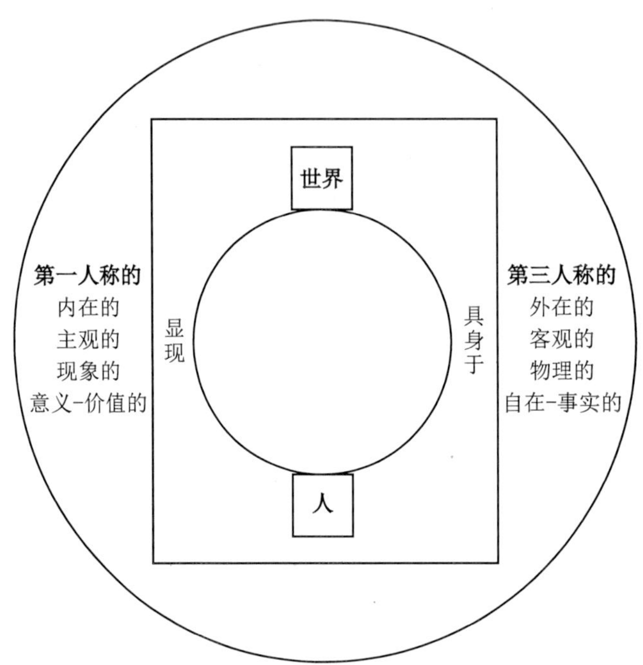

资料来源:参照李恒威《认知主体的本性》一文整理而来(李恒威,2010)。

图 2　一体性:人与世界的关系

从上述意义上来讲,我们可以说,在毛泽东的"教化"革命实践和理论创新中,在他的行动、认知和语言中,已经体现出了这种具身性,说明他已经具备了具身行动、具身认知和具身语言的能力。进一步来说就是,作为组织的领导者或管理者,无论是中国的还是外国的,他们都可能会有这样一种能力。只不过,不同时代、不同地域、不同文化、不同政治背景下的人,最终呈现出来的结果会有所不同而已。但是,都是基于他们自己的经验系统和认知系统,按照这种具身的方式,去处理遇到的组织和管理问题,形成他们所在情景下的具身性语言。而且他们最终表现出来的认知、思维、行动和语言,自然也就具有了一致性。因为,它们都是在人们具身性的感知和运动系统与环境持续互动这个结构耦合的动力系统中生成的。

也正是在上述具身性的认知生成意义上,"教化"才有可能对他人的认知、思维等进行引导和干预，从而达到心智开化的状态。通常来讲，也就是，以他人熟悉的经验系统和知识系统为基础来进行情境设定，从而将其带入这一情境当中展开行动和思考，并根据需要进行引导进而慢慢使其形成相应的心智模式，最终达到心智开化的状态。这也是“教化”作为一种领导力产生作用的关键所在。

（校对：谢云涛、洪扬）

参考文献

《毛泽东选集》第三卷,人民出版社 1991 年版。

《毛泽东选集》第一卷,人民出版社 1991 年版。

习近平:《在全国党校工作会议上的讲话》,人民出版社 2016 年版。

新华社:《习近平在中央党校(国家行政学院)中青年干部培训班开班式上发表重要讲话》,《时事报告》2019 年第 3 期。

艾恺:《最后的儒家:梁漱溟与中国现代化的两难》,江苏人民出版社 2003 年版。

邓晓芒:《新批判主义》,北京大学出版社 2008 年版。

杜维明:《儒家心性之学的当代意义》,《开放时代》2011 年第 4 期。

[德]加达默尔:《哲学解释学》,夏镇平、宋建平译,上海译文出版社 1994 年版。

葛鲁嘉:《新心性心理学宣言:中国本土心理学原创性理论建构》,人民出版社 2008 年版。

黄书光:《中国传统教化的现代转型》,《华中师范大学学报》(人文社会科学版)2005 年第 6 期。

金观涛、刘青峰:《中国思想史十讲》,法律出版社 2015 年版。

景海峰:《从诠释学看儒家哲学的教化观念》,《深圳大学学报》(人文社会科学版)2011 年第 6 期。

李恒威:《认知主体的本性——简述〈具身心智:认知科学和人类经验〉》,《哲学分析》2010 年第 4 期。

李景林:《教化观念与儒学的未来发展》,《人文杂志》2009 年第 1 期。

李景林:《教化视域中的儒学》,中国社会科学出版社 2013 年版。

李泽厚:《中国现代思想史论》,东方出版社 1987 年版。

梁海英:《从语言与思维的角度再论萨丕尔-沃尔夫假说》,《甘肃联合大学学报》(社会科学版)2005 年第 2 期。

钱穆:《钱穆先生全集》(新校本)第 42 册,九州出版社 2011 年版。

申荷永:《中国文化心理学心要》,人民出版社 2001 年版。

[智]瓦雷拉、[加]汤普森、[美]罗施:《具身心智:认知科学和人类经验》,浙江大学出版社 2010 年版。

王树人:《回归原创之思》,江苏人民出版社 2012 年版。

魏博辉:《语言的变迁促成思维方式的选择》,《西南民族大学学报》(人文社会科学版)2010 年第 9 期。

杨国荣:《心学之思——王阳明哲学的阐释》,华东师范大学出版社 2009 年版。

杨国荣:《成己与成物》,北京大学出版社 2011 年版。

叶浩生:《“具身”涵义的理论辨析》,《心理学报》2014 年第 7 期。

张锡勤:《对近代"心力"说的再评析》,《哲学研究》2000 年第 3 期。

中共中央党校党史部编:《中国共产党 80 年》,上海人民出版社 2001 年版。

朱义禄:《"心力"论——阳明心学在近代中国的重振与发展》,《思想与文化》2016 年第 1 期。

Alban, M. W. and Kelley, C. M., 2013, "Research Report: Embodiment Meets Metamemory: Weight as a Cue for Metacognitive Judgments," *Journal of Experimental Psychology. Learning, Memory, and Cognition*, 39(5): 1628—1634.

Casasanto, D., 2011, "Different Bodies, Different Minds: The Body Specificity of Language and Thought," *Current Directions in Psychological Science*, 20(6): 378—383.

Ciulla, J. B., 1995, "Leadership Ethics: Mapping the Territory," *Business Ethics Quarterly*, 5(1): 5—28.

Wallace, D. Foster., 2005, *Consider the Lobster and Other Essays,* Little, Brown Book Club.

Goel, L., Johnson, N. A., Junglas, I. and Ives, B., 2013, "How Cues of What Can Be Done in a Virtual World Influence Learning: An Affordance Perspective," *Information & Management*, 50(5): 197—206.

Goffe, R. and Jones, G., 2015, *Why Should Anyone Work Here?: What It Takes To Create An Authentic Organization*, Harvard Business School Press.

Goffe, R. and Jones, G., 2000, "Why Should Anyone Be Led by You?" *Harvard Business Review*, Sep-Oct, 78(5): 62—70, 198.

Goffe, R. and Jones, G., 2006, *Why Should Anyone Be Led By You?: What It Takes To Be An Authentic Leader*. Harvard Business School Press.

Gratton, L., 2022, *Redesigning Work: How to Transform Your Organisation & Make Hybrid Work for Everyone*. MIT Press.

Hartford, T., 2021, "When Obstacles Become Opportunities to Work Better: Or Why Going Back to 2019 is Not Progress," *Financial Times*, 24 Sept.

Harzing, A. and Hofstede, G., 1996, "Planned Change in Organizations: The Influence of National Culture," *Research in the Sociology of Organizations*, 14: 297—340.

Hersey, P. and Blanchard, K., 1969, "Life Cycle Theory of Leadership," *Training and Development Journal*, 23(5): 26—34.

Hill. A., 2021, "Authentic Leaders Who Lack Skill are Doomed to Fail," *Financial Times*, 15 February.

Hofstede, G. and Minkov, M., 2010, "Long-/short Term Orientation: New Perspectives," *Asia Pacific Business Review*, 16(4).

Karahanna, E., Williams, C. K., Polites, G. L., Liu, B. and Seligman, L., 2013, "Uncertainty Avoidance and Consumer Perceptions of Global E-Commerce Sites: A Multi-Level Model," *Drake Management Review*, 3(1): October.

Katz, R., 1955, "Skills of an Effective Administrator," *Harvard Business Review*, 33.

Koning, B. and Tabbers, H. K., 2011, "Facilitating Understanding of Movements in Dynamic

Visualizations: An Embodied Perspective," *Educational Psychology Review*, 23(4): 501—521.

Leuner, B., 1966, "Emotional Intelligence and Emancipation," *Praxis der Kinderpsychologie und Kinderpsychiatrie*, 15: 193—203.

Lewin, K., 1947, "Frontiers in Group Dynamic: Concept, Method and Reality in Social Science," *Human Relations*, 1: 1.

Lewin, K., Lippit, R. and White, R. K., 1939, "Patterns of Aggressive Behavior in Experimentally Created Social Climates," *Journal of Social Psychology*, 10: 271—301.

Mukherjee, D., Hanlon, S. C., Kedia, B. L. and Srivastava, P., 2012, "Organizational Identification among Global Virtual Team Members: The Role of Individualism—Collectivism and Uncertainty Avoidance," *Cross Cultural Management: An International Journal*, 19(4): 526—545.

Pfeffer. J. and Sutton, R. I., 2006, *Hard Facts. Dangerous Half-Truths and Total Nonsense: Profiteering From Evidence Based Management*, Harvard Business School Press.

Pierce, J. L. and Newstrom, J. W., 2006, *Leaders and The Leadership Process: Readings, Self-Assessments and Applications*, Boston: McGraw-Hill Companies.

Rosenzweig, P., 2007a, "The Halo Effect and Other Managerial Delusions," *McKinsey Quarterly*, 1 Feb.

Rosenzweig, P., 2007b, "Misunderstanding the Nature of Company Performance: The Halo Effect and Other Business Delusions," *California Management Review*, 49(4): 6—20.

Rowley, C., 2020, "Perspectives on Work, Employment & Management: Asia, Comparisons & Convergence," *International Studies of Management & Organisation*, 50(4): 303—316.

Rowley, C. and Ulrich, D., 2018, *Leadership in the Asia Pacific*, Routledge.

Steensma, H. K., Marino, L., Weaver, R. M. and Dickson, P. H., 2020, "The Influence of National Culture on the Formation of Technology Alliances by Entrepreneurial Forms," *The Academy of Management Journal*, 43(5): 951—973.

Tannenbaum, R. and Schmidt, W., 1958, "How to Chose a Leadership Pattern," *Harvard Business Review*, 36(2): 95—101.

Tavanti, M., 2012, "The Cultural Dimensions of Italian Leadership: Power Distance, Uncertainty Avoidance and Masculinity from an American Perspective," *Leadership*, 8(3): 287—301.

Tran, Q. T., 2020, "Uncertainty Avoidance Culture, Cash Holdings and Financial Crisis," *Multinational Business Review*, 28(4): 549—566.

Vishwanath, A., 2003, "Comparing Online Information Effects: A Cross-Cultural Comparison of Online Information and Uncertainty Avoidance," *Communication Research*, 30(6): 579—598.

理论探索

为什么要关注第二次人口转变理论

——兼论对人口变动规律性的探索*

顾宝昌**

[摘　要]　世纪之交中国人口出生率的大幅度下降引发了中国乃至世界各国重新审视中国的人口问题以及相关的理论问题。本文通过阐述第一次人口转变和第二次人口转变,介绍了人口理论的重大变化以及现实意义。传统的人口理论信奉马尔萨斯的观点。人口增长呈几何级数,而粮食或者生产力只以算术级数增长,两者的不对称导致了人口越来越多,贫困问题越发严重。然而,随着经济的增长,欧洲国家出现了与马尔萨斯预测截然相反的现象,经济收入提高降低了生育率,产生了所谓的第二次人口转变,不仅仅欧洲,亚洲乃至中国都在逐渐体现出第二次人口的转变特点。当然,亚洲和欧洲文化上的显著差异导致了亚洲人口变化的特点。传统的生育子女数和结婚年龄等实际行为与社会规范和期望方面落差严重,许多国家呈现出典型的"不完整的性别革命",公私领域中性别不对称。所有这些问题激励着亚洲人口学者在理论上的突破并且提出更好的公共政策,以维护和发展社会福祉。

* 本文撰写过程中,承蒙诸多同仁的不吝赐教和真知灼见,谨在此一并表示深切感谢! 特别感谢胡梦芸在撰写本文中提供的多方面协助!

** 顾宝昌,复旦大学人口与发展政策研究中心特聘研究员。

[关键词] 马尔萨斯　第二次人口转变　静止人口　更替水平　计划生育革命

对任何一门学科来说,认识和把握其研究对象的发展变化的规律性从来都是至关重要的,在规律性上的认识和把握越好,对研究对象的发展变化就越有前瞻性,学科也就越有生命力。对人口学科来说,当然也是如此。

生活在200年前的英国经济学家马尔萨斯曾经提出了人口以几何级数增长而粮食以算术级数增长的理论假说(Malthus, 1798;马尔萨斯,1996),但被尔后的世界发展历史所否定,他对远方的中国提出的无法控制人口的狭隘偏见也被证明与事实不符(Lee and Wang, 1999;李中清、王丰,2000;顾宝昌,2001),但是,人口学家探索人口变动规律性的努力从来没有停止过。

20世纪80年代后期,笔者在北京大学社会学系任教时,曾带领研究生班的同学选择性地翻译了一批具有代表性的国外人口学文献,以《社会人口学的视野》为书名由商务印书馆出版(顾宝昌,1992)。其中囊括了从人口学、社会学、经济学、人类学等不同角度考察人口态势特别是生育趋势的有代表性的研究成果,以助推正在兴起中的中国人口学科的发展。当时还引入了美国国家研究理事会编著的关于人口增长与经济发展关系研究成果的综述报告(National Research Council, 1986),以助推国内对人口与经济相互关系的全面认识(国家研究理事会,1995),以及关于地球承载力的研究(科恩,1998),以助推对人口与资源、环境关系的社会关注。当然,对国际人口学研究动向的了解和借鉴并不能代替我们自己对中国人口的研究,我们需要作出自己的回答,并且还要为丰富国际人口学对人口变动规律性的认识作出我们自己的贡献。一个多世纪以来,在众多关于人口变动规律性的探索中,最突出的莫过于人口转变理论(或相对于后来的"第二次人口转变"而称之为"第一次人口转变")的提出了。而进入21世纪,面对变化了的人口态势,为了更好地认识低生育率下的人口变动规律性,第二次人口转变更是成为人口研究的重中之重,①而这也是本文讨论的重点。

一、第一次人口转变

从20世纪初开始，人口学家们就不断地通过考察世界上首先出现人口增速趋缓的欧洲工业化国家生育下降的轨迹，陆续归纳出人口变化的一些规律性认识，逐渐形成了人口转变的理论（Poston, 2018）。尽管这个“人口转变理论”在定义、框架、路径、指标、测定的表述上都经历了各种版本的演变，但大体上的脉络是清晰的。如图1所示，人口转变理论提出，在漫长的历史岁月中，人口的出生率很高但死亡率也很高，因此人口的增长一直比较缓慢。随着工业社会的到来和社会的文明进步，死亡率特别是婴儿死亡率率先出现下降，而出生率仍居高不下，两者之间的差异导致人口的增量加大，增速加快，“人口爆炸”危机引发了社会的广泛关注。尔后出生率也开始下降，人口的出生量和死亡量之差变小，人口的增长量变小，增长速度变慢。最后出现了“死亡率低、出生率低、增长率低”的所谓“三低”的人口态势，成为完成人口转变的标志。也有人把它归纳为从“传统的均衡”转到“现代的均衡”的过程（刘爽等，2012）。完成人口转变之后，人口将会处于一种低增长状态，即所谓“稳定人口”，或无增长状态，即所谓“静止人口”。而人口的生育水平往往大体上保持在人类世代交替所需的所谓“更替水平”（即总和生育率在2.1）左右。长期以来，联合国和世界银行等国际组织和机构即以第一次人口转变为理论根据，作出对世界及各国各地区的人口预测。

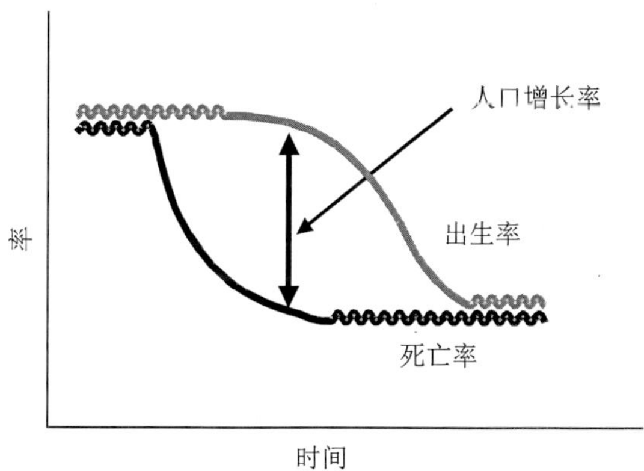

图1 人口转变示意图

尽管人口转变理论从提出以来，围绕着它的质疑和争论就一直不断，但随着世界上越来越多的国家和地区出现生育率降低和人口增速放缓的人口局面，对人口转变理论的认同也越来越增强。就中国而言，如果先不考虑三年困难时期带来的一度人口减少的“插曲”，那么在20世纪下半叶也大体上经历了类似人口转变理论展示的人口变动轨迹。如图2所示，20世纪50年代中国首先出现死亡率特别是婴儿死亡率的大幅下降，粗死亡率从20‰下降到10‰，猛降了一半，但生育率仍居高不下，平均每个妇女一生生育5—6个孩子。20世纪60年代出现人口的加快增长，人口增长率一度达到了2%上下，即按这个增长速度，人口将在35年里增长一倍。每年的出生量曾达到2 000万以上，即不到5年就会出生上亿的婴儿。人口迅猛增长引发社会的广泛关注。从20世纪70年代开始，中国的生育率也出现了大幅下降，人口增长速度也开始趋缓。到了20世纪90年代初，我国的生育率降到了更替水平以下，人口增长率也趋近1%。到20世纪末，我国业已实现了“死亡率低、生育率低、增长率低”的“三低”人口态势，历史性地完成了人口转变，成为成功应对人口过快增长挑战的主要标志。在“经济还不发达的情况下，有效地控制了人口过快增长，使生育水平下降到更替水平以下，实现了人口再生产类型从高出生、低死亡、高增长到低出生、低死亡、低增长的历史性转变，成功地探索了一条具有中国特色的综合治理人口问题的道路，有力地促进了综合国力的提高、社会的进步和人民生活的改善，对稳定世界人口作出了积极贡献”(国务院，2000)。

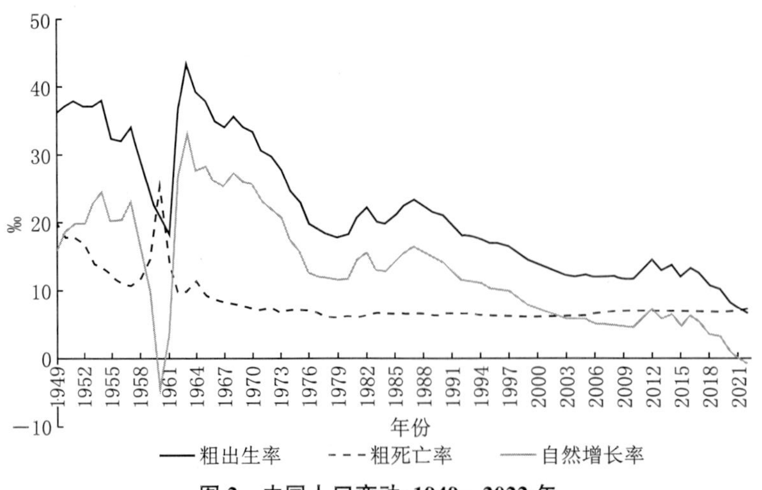

图2　中国人口变动：1949—2022年

然而，在人口转变理论越来越受到广泛认同的同时，人口态势的变化却在向人口转变理论提出越来越严峻的挑战。这种挑战主要来自两方面：一是它提出人口会以这种或那种方式、或早或晚地完成人口转变，实现"三低"局面，而这隐含着人口最终将进入低增长或零增长的"均衡"状态。但是，这种状态并没有如期出现。相反地，如表1所示，世界上越来越多的国家特别是发达国家，在完成人口转变后，人口变动并没有停留在低增长或零增长状态，而是随即转入负增长，即出现了人口总量减少和人口结构老化的状态。二是作为人口转变核心的生育率在下降到更替水平后并没有如预期的那样保持在更替水平左右以支撑人口增长的稳定，而是出现了不断的下滑，从2.1降到1.8，又降到1.5，再到1.3，在东亚一些国家和地区甚至还出现了总和生育率低于1的局面。这种意想不到的状态的出现，显然超出了传统的人口转变理论的解释范围，使人口学家们处于很尴尬的境地。联合国人口司每两年发布一次的《世界人口展望》(World Population Prospects)一直是以生育率降到更替水平就基本保持不变(即下降到更替水平之后就不再下降)为假设做人口预测的，但生育率的不断下滑使这个假设无法成立。早在2009年，为了做好《世界人口展望》的更新工作，联合国人口司专门

表1　2021年部分欧洲和亚洲国家的人口变动

国　家	自然变动率③(‰)	粗出生率(‰)	总和生育率
瑞　典	2.02	10.87	1.67
英　国	0.37	10.08	1.56
法　国	0.58	10.50	1.79
德　国	−3.32	9.17	1.53
意大利	−4.56	6.93	1.28
中　国	0.19	7.63	1.16
日　本	−6.07	6.57	1.30
韩　国	−0.88	5.58	0.88
新加坡	1.75	7.12	1.02
泰　国	1.08	9.00	1.33

资料来源：*The 2022 Revision of World Population Prospects*(UNPD, 2022)。

邀请了各国人口专家召开专题讨论会就此展开研讨,商议对策。[②]简言之,传统人口转变理论所面对的挑战实际上说明了,人们在高生育率和高人口增长下探索的人口变化规律,已经无法解释低生育率和低人口增长下的人口态势,需要重新探索低生育率和低增长下的人口变动规律性。正是在这样的背景下,人们再一次把目光转向了欧洲,转向了基于低生育率下的欧洲人口变化而提出的第二次人口转变理论。

二、第二次人口转变

在第一次人口转变的过程中生育率已经降低到了更替水平左右,那么生育水平为什么还在继续下降呢?这就需要我们转向对第二次人口转变中的人口现象的考察。

20世纪80年代中期,基于对欧洲特别是荷兰和比利时人口态势的考察,范德卡和莱斯塔赫提出了是否出现了"第二次人口转变"的问题(van de Kaa,1987;Lesthaeghe,2010、2014)。他们注意到,伴随着低生育率的到来,出现了一系列前所未有的人口现象,涉及婚育观念的重要转变,如性别平等的强化、更大的个人自主权、世俗化,以及提高了对不符合传统婚育规范的行为的容忍度,等等。

他们发现,如果说第一次人口转变是以生育率的近乎单调下降为主线的话,那么相比之下,第二次人口转变所呈现出来的人口现象就让人有点"眼花缭乱"了。不仅表现出低于更替水平的生育率,人们的结婚、生育时间也在不断后移,而且不结婚、不生孩子的现象也越来越多了。一方面结婚率不断下降,离婚率不断上升,另一方面非婚同居变得越来越普遍。在婚内生育不断减少的同时,非婚生育却在不断增多。以非婚生育为例,法国的非婚活产比例从1960年的6.1%上升到2020年的62.2%,荷兰则从1.4%上升到53.5%。仅仅在半个世纪的时间里,非婚生育的比例从无足轻重变得举足轻重。如表2所示,近年来许多欧洲国家每年出生的婴儿中有一半以上来自非婚生育,当之无愧地成就了生育局面的半壁江山。

表 2　部分欧洲国家非婚活产比例变化趋势:1960—2020 年(单位:%)

国　家	1960 年	1970 年	1980 年	1990 年	2000 年	2010 年	2020 年
冰　岛	25.3	29.9	39.7	55.2	65.2	64.3	69.4*
法　国	6.1	6.8	11.4	30.1	43.6	55.0	62.2
保加利亚	8.0	8.5	10.9	12.4	38.4	54.1	59.6
挪　威	3.7	6.9	14.5	38.6	49.6	54.8	58.5
葡萄牙	9.5	7.3	9.2	14.7	22.2	41.3	57.9
斯洛文尼亚	9.1	8.5	13.1	24.5	37.1	55.7	56.5
瑞　典	11.3	18.6	39.7	47.0	55.3	54.2	55.2
丹　麦	7.8	11.0	33.2	46.4	44.6	47.3	54.2
爱沙尼亚	—	—	—	27.2	54.5	59.1	53.7*
荷　兰	1.4	2.1	4.1	11.4	24.9	44.3	53.5

注:带 * 号的为 2019 年数据。

数据来源:Eurostat Database. Demography, Population stock & Balance. Retrieved January 3, 2023, from https://ec.europa.eu/eurostat/web/population-demography/demography-population-stock-balance/database。

20 世纪 70 年代,科尔教授团队在普林斯顿大学开展的欧洲生育研究中,作为对一个人口的生育状况的完整表述,提出了 If=Im · Ig+(1.0—Im) Ih 的定义。也就是说一个人口的生育率从理论上来说,是由已婚生育率(Ig)和非婚生育率(Ih)两部分组成的。他同时也指出,当非婚生育率可忽略不计时,上述公式就可以简化为 If=Im · Ig(Coale, 1973;科尔,1992)。在第一次人口转变中,由于人们的生育行为基本上是在婚内发生的,非婚生育寥寥无几,并不具有统计学的意义。因此,对婚内生育率的考察就等同于对整个生育形势的考察。但是,在第二次人口转变中,非婚生育越来越多,在整个生育形势中的分量举足轻重,此时对非婚生育的考察就变得至关重要。因此,在第二次人口转变中观察生育形势时必须把非婚生育纳入进来,同时考虑婚内生育和非婚生育的变化,才能对整个生育形势作出恰当的判断。

如果我们依据上述思路重新复盘第一次人口转变的过程,则可以发现其核心是生育率由高转低的下降过程的生育转变,从平均每个妇女(每对夫妇)一生生育 5—6 个甚至更多的孩子到生育 1—2 个孩子。

这个生育数量减少的过程是在一个家庭或一对夫妇中发生的。也就是说,第一次人口转变中的生育转变发生在婚内,所谓的生育率的下降更确切地说是婚内生育率的下降。而婚内生育率的下降的关键因素是实行有效的避孕节育。自 20 世纪 50 年代以来,生殖科学的迅猛发展带来了一系列名目繁多的避孕技术和避孕工具,不仅功能各异,而且简易实用、价廉有效,使人们可以成功地实现性交和生育之间的切割,减少和避免非意愿(非意愿数量和非意愿时间)生育的发生,极大地推动了生育率的快速下降。

也就是说,在第一次人口转变中,婚姻是普遍的,但生育数量减少了,大家庭越来越少,小家庭越来越多。20 世纪 60—70 年代,世界上越来越多的发展中国家开展了轰轰烈烈的计划生育,大力推广避孕节育服务,使婚内性交和生育之间的切割变得越来越有效,被称为上个世纪在全球风起云涌的一场"计划生育革命"(Robinson and Ross, 2007),促成了生育率的快速下降,推动了人口转变的加速实现。

如果我们依此考察第二次人口转变中所表现出来的种种人口现象,则可以发现其最突出的一点就是,婚姻已经不再是通向性交和生育的门槛和前提,即出现了婚姻和性交之间的切割,使非婚同居、非婚生育成为可能。在这一过程中,婚姻的必然性、稳定性和神圣性受到了冲击,也就是出现了所谓"世俗化"的趋势(van de Kaa, 1987; Lesthaeghe, 2010、2014;吴帆、林川,2013)。众多关于第二次人口转变的研究都提出,以工业化和城市化为代表的现代化进程带来了教育的普及和提升、性别平等化潮流和女性的职业化倾向,使"能力和事业"取代"婚姻和家庭"成为立身之本,人们的自主意识因而不断增强,并最终导致人们从婚姻、性交到生育的观念和行为出现了一系列的深刻变化。而所有这些都将在 21 世纪以这种或那种方式左右人口的生育趋势的未来走向。

图 3 是第一次人口转变和第二次人口转变示意图,结合上述讨论可以看出,如果说 20 世纪所经历的第一次人口转变的核心可以概括为一场生育革命,那么在 21 世纪正在经历或将要经历的第二次人口转变或许可以概括为是一场婚姻革命。如果说性交与生育的切断是技术性的,那么婚姻和性交的脱钩不啻是观念性的。④如果说对前者我们是比

较熟悉的，认识比较成熟，那么后者由于还在转变过程中，我们对它是比较陌生的，认识也比较肤浅。

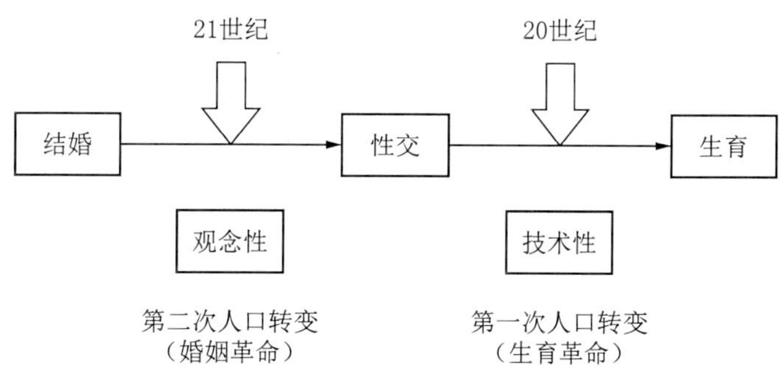

图 3　第一次人口转变和第二次人口转变示意图

当欧洲学者在 20 世纪 80 年代针对欧洲出现的低生育率下的人口态势提出“第二次人口转变”时，人们往往把它看作对发达国家人口趋势的一种观察和解读，基本上把它视为一种“欧洲现象”(van de Kaa, 1987；蒋耒文，2002)，并没有考虑它在更大范围的适用性，甚至没有引起欧洲以外的学者的多大关注。⑤但是，进入 21 世纪以来，世界上越来越多国家和地区的生育率跌入到更替水平以下，并陆续进入人口减少通道。根据 2022 版的《世界人口展望》估计，当前世界上有 40 多个国家和地区因生育率低下而出现人口负增长，到 21 世纪中叶会翻番达到 90 多个国家，到 2100 年在联合国数据库中的世界上 237 个国家和地区中 65％都将出现人口负增长(UNPD, 2022)。为此，在最近关于全球人口达到 80 亿的讨论中，有学者提出，“到 21 世纪末人口减少将成为全球的重大挑战”，“快速的人口缩减很可能会成为对未来人口的主要关注点”(Ezen, 2022)。至 21 世纪末，世界上几乎所有的人口的生育率都将处于更替水平以下，据联合国的预测，西非的尼日尔届时将成为世界上生育水平最高的国家，但也只有 2.22，也就是说，低生育率将成为覆盖全球的人口现象(Goujon, 2022)。面对席卷全球的低生育率和人口负增长的人口趋势，起源于对欧洲人口观察的第二次人口转变理论，能够对我们认识前所未有的人口趋势，把握低生育率下的人口变动规律性带来什么启示，就不能不引起人口学家们的越来越浓厚的兴趣。

三、亚洲:“独特性”还是“过渡性”

全球有近60%的人口生活在亚洲,有8个亚洲国家(中国、印度、印度尼西亚、巴基斯坦、孟加拉国、日本、菲律宾、越南[⑥])的人口上亿(PRB, 2022),对全球人口形势的变化显然举足轻重。进入21世纪以来,低生育率出现在越来越多的亚洲国家和地区。根据美国人口研究机构(PRB, 2022)的最新估计,目前亚洲的生育率已不及更替水平(1.9),人口增长率已不及1%(0.8%)。亚洲甚至成为全球生育率“洼地”,生育率最低的国家几乎都在东亚和东南亚地区,韩国(0.89)、新加坡(1.02)、中国(1.16)和日本(1.3)(UNPD, 2022)。那么,低生育的亚洲社会是否也出现了“第二次人口转变”?

为了推动对亚洲的第二次人口转变的讨论,探讨应用第二次人口转变概念框架分析和预测21世纪亚洲国家人口动态的可能性,笔者和最初提出第二次人口转变的两位欧洲学者之一的荣·莱斯塔赫(Ron Lesthaeghe),以及长期深耕亚洲人口的斯图亚特·基特尔·巴斯腾(Stuart Gietel-Basten)一起受邀担任 *China Population and Development Studies*(《当代中国人口与发展》英文版)杂志[⑦]以“亚洲第二次人口转变”为主题的2022年专刊的客座主编。专刊的出版成为了解亚洲第二次人口转变的一场很有意义的笔谈(Gu, 2022)。

於嘉和谢宇(Yu and Xie, 2022)审视了中国处于第二次人口转变的一些特征,发现尽管有晚婚和不婚的趋势,但多数人还是会结婚;尽管人们往往晚生少生孩子,但多数人还是会生育。婚前同居已为社会广泛接受,但仅为婚姻的前奏而非替代。虽然社会对非婚生育更为宽容,但非婚生育的孩子还是很少;虽然社会对没生育的女性更为宽容,但自愿不生育的女性极少。尽管离婚在年轻一代中相对较多,但与其他处于第二次人口转变中的国家相比,中国的离婚率仍然较低。鉴于第二次人口转变的特点并未在中国“同时”出现,作者提出中国是否呈现出一种“独特”的第二次人口转变模式。但我们看到,其他亚洲国家和社会多少也有类似情况,中国所出现的特征可能并不是独一无二的。也许第二次人口转变的全部特征并不一定会在一个人口中同时出现,而是以部分地或逐步显现的方式表现出来。

在亚洲国家中，日本的社会经济发展水平与最早经历第二次人口转变的欧洲发达国家最为接近，且长期处于低生育率，是考察亚洲第二次人口转变的重要案例。长期关注日本人口变化的雷默的研究发现（Raymo，2022），日本也显示出类似于中国的情况，如婚姻和生育不断推延，同居日益普遍但往往短暂，也没有成为婚姻的替代，且非婚生育很少。尽管日本的生育率自 1974 年以来就低于更替水平，2005 年更跌至 1.25 的低谷，但并没有显示出欧洲第二次人口转变所表现的在观念和行为方面的变化，并不支持第二次人口转变提出的“个体化与极低生育率之间反向关系”的特征。即便教育和就业都有了很大改善，日本女性仍被视为家务和育儿的主要承担者。

印度尼西亚在亚洲国家中具有特殊意义，不仅因其仅次于中国和印度的庞大人口规模，而且还是世界上最大的以穆斯林人口为主体的国家，宗教在社会生活中的影响十分明显。乌图默等学者（Utomo 2022）的研究展现了印度尼西亚的复杂图景，鉴于国家内部的显著差异，无论是生育率下降还是观念变化，都不太可能出现“完全同步”的第二次人口转变主要特征。然而，尽管社会规范仍不鼓励离婚，婚姻仍被视为宗教义务，但随着受教育程度提高和就业改善，女性确实表现出了更大的自主性；尽管人工流产仍是禁忌但却有增多趋势；虽然宗教仍推崇一夫多妻制，但实际上这一制度正在逐渐消亡，特别是在年轻人中。

根据联合国发布的最新 2023 年全球人口报告，印度将成为世界上人口规模最大的国家，第二次人口转变框架在多大程度上适用于印度令人关注。维萨瑞（Visaria，2022）认为，印度的情况表明，低生育率和个体化之间并不存在必然联系。印度的生育率已降至 2.0，家庭规模缩小，平均结婚年龄提高，童婚减少，但女性仍普遍结婚，而且大多是包办婚姻。与此同时，尽管不婚率将可能“缓慢增长”，尤其是在城市精英群体中逐渐增多，但同居仍被视为禁忌，在短期内不太可能被接受。她展示了社会规范向两孩家庭的趋同，甚至有些地区独生子女家庭已经较为普遍，但无子女的家庭仍然极少。印度呈现出一种处于第一次人口转变和第二次人口转变相交之际的态势。

莱斯塔赫（Lesthaeghe，2022）在评论中提出，1986 年他与范德卡

(van de Kaa)针对当时欧洲的形势提出,是不是出现了“第二次人口转变”时,并没有考虑到这个提法会传播开来。而后当世界其他地区讨论是否出现第二次人口转变时,最初都曾受到过“不适合我们,我们不一样”的质疑。在拉美地区,历史上就存在同居行为,但推迟生育却一直没有出现。因此,只能说是出现了“局部性”的第二次人口转变。21世纪初,亚洲学者也普遍认为同居“不适合我们,我们不一样”。但尔后日本和中国的调查表明,同居已经成为一种被广泛接受的人口现象。在日本是教育水平越低同居可能性越高,而在中国则相反,同居在较高教育水平人群中更为普遍。不过同居生育的现象在亚洲还是很少,而且同居中如果发生意外怀孕,结局大多不是人工流产就是奉子成婚。

莱斯塔赫认为,如同第二次人口转变在20世纪后期在欧洲次第推进,有些国家的缺失特征很可能会在21世纪补充出现。在部分拉美地区,一些先行群体可能将推迟生育。工业化的亚洲社会可能会更为普遍地接受婚前同居,但仍不愿接受未婚生育。这些地区往往不仅未婚生育率很低,离婚率也较低。不过,随着女性受教育程度的提高,可能会出现更多的自由择偶和抵制包办婚姻,以及对个人福祉的关注,低离婚率可能很快就会成为过去。传统方式将随着老一代的退出而消亡。

37年后的今天,我们对亚洲社会提出了与1986年对欧洲提出的相同的问题:亚洲出现了第二次人口转变吗? 种种原因要求我们对这个问题的回答十分谨慎。莱斯塔赫认为,第二次人口转变的概念有两层含义。一方面指的是统计数据可反映的有关伴侣关系的形成和解除、生育率变动和家庭组成的生命历程中的实际人口变化。另一方面这个概念也隐含着理论。在关注伴随第二次人口转变进程带来的观念变化时,绝不能忽视社会经济因素的作用,更不能忽视信仰和社会组织的民族历史传统。

他提出,对于当代年轻的社会科学研究人员,尤其是人口学者和社会学者来说,观察和分析未来的变化,对“亚洲的第二次人口转变究竟会与世界其他地区多么不一样?”的问题作出回答,是一项具有挑战性的任务。需要强调的是,与第二次人口转变相关的演变还远未终结,在大多数亚洲社会也许才刚刚开始。随着这些趋势变得更加明显,或许将不得不重写现有的一切。

基特尔·巴斯腾在2022年所作的评论提出（Gietel-Basten，2022），当前亚洲大陆弥漫着一种焦虑情绪，既有对人口变化的焦虑，又有对与之相关的社会变化的焦虑。亚洲很多国家在相当短的时间完成了第一次人口转变，成功地实现了生育率的快速下降，但当生育率下降的目标实现之时，迎来的却是一片焦虑。

低生育率与人口老龄化在亚洲引起广泛的关注和担忧。这些担忧在很大程度上源于对第二次人口转变中某些特征在亚洲出现的"恐惧"，如低生育率和低结婚率，与之相关的新角色、新家庭、新观念。不过，第二次人口转变的"经典"人口特征，在亚洲尚未完全出现。即便有些特征在亚洲显现，包括晚婚和推迟生育，结婚仍是生育的前提，生育也还是婚姻的后果。虽然离婚率有所上升，但婚姻依然相当稳定。无子女、婚外生育、高离婚率和终生未婚等非传统现象并没有自动伴随低生育率出现。

他提出，与欧洲相比，亚洲的第二次人口转变特点是，生育子女数和结婚年龄等在统计数字上发生了变化（或可以说是"硬件"变化），但在社会规范和期望方面的观念变化相对滞后（即"软件"没有相应的改变），尤其在婚姻和生育的关联方面。另外值得注意的是，亚洲一些地区呈现出典型的"不完整的性别革命"，表现为公领域和私领域的性别不对称。

他也强调，第二次人口转变并不是一套定义明确的文化、社会和人口特征，实现低生育率的途径因社会文化背景而异，亚洲的每个国家都在走自己的路。第二次人口转变的概念随着时间的推移在发生变化，观念和态度也都在改变。在此生育转型的关键时刻，未来充满未知，需要更多数据和更多研究给出答案。

从以上的讨论可以看出，第二次人口转变的许多基本特征在亚洲尽管尚未完全显现，但已可见端倪。有的已经很明显，如推迟婚育和生育率低下；有的正变得流行，如婚前同居和婚前性行为；有的则还不多见，如非婚生育和不婚不育。由于亚洲很多国家进入低生育率的历史仍然相对较短，第二次人口转变的特征也许尚未充分展开，当前观察到的究竟是一种"独特性"还是"过渡性"，还需要更长时间的观察才能作出判断（Gu，2022）。

无论是第一次人口转变还是第二次人口转变,都是基于欧洲国家人口变化作出的概括,其人口转变呈现出的特征也容易被视为“标准”模式,但后来越来越多的国家发生的人口转变,因历史、文化和制度而展现出更为丰富的多样性。即使在欧洲国家之间也存在显著的差别,如英语国家与德语国家之间,西欧、南欧和北欧之间。亚洲各国第二次人口转变呈现出的相对于欧洲国家的差异性,应该是很正常的现象。所以,不宜因相对于标准模式的变异或某些特征缺失,就否定第二次人口转变的发生,实际上这恰恰使我们对第二次人口转变的认识更加丰富了。

自 1986 年第二次人口转变概念的提出,到 2022 年讨论亚洲的第二次人口转变,时间已经跨过了 30 多年。但这一概念在欧洲大陆之外的适用性仍然是一个有待回答的问题。将第二次人口转变理论应用在不同于欧洲国家的情景时,可能出现不同形式和不同途径。这也许是将第二次人口转变理论应用于亚洲的未来研究方向。如何把源于欧洲并具有显著欧洲特征的第二次人口转变理论丰富扩展为同时反映亚洲特别是东亚社会包括中国社会特征的人口转变理论,将成为 21 世纪人口研究的重要课题。但是,不论是中国的“独特模式”也好,日本的“独特路径”也好,甚或是“东亚的第二次人口转变模式”,其最终目的是为了理解第一次人口转变完成后的低生育率下的人口变化规律。第二次人口转变框架在亚洲的适用性,可能是理解 21 世纪人口动态的关键。这无疑是一项艰巨的挑战,并将成为年轻一代的人口学者和社会学者所要肩负的历史使命。

四、探索低生育率下的人口变动规律性

多年来第二次人口转变已经受到国内不少学者的关注(蒋耒文,2002;刘爽等,2012;石人炳,2012;吴帆、林川,2013),但还是没有引发社会的广泛重视,人们更多的是把它作为国外的某个人口学思潮和学说来看待。但当低生育率和人口负增长越来越明确地向我们走来,探索低生育率下的人口变动规律性已经成为当务之急时,我们不得不用严肃的眼光审视第二次人口转变,因为它已经不再是冷冰冰的概念而

是活生生的现实出现在我们的面前。

从 20 世纪 90 年代初我国生育率低于更替水平以来，我国人口已经完成了第一次人口转变，进入了低生育率时代。进入新世纪，人口生育率继续走低。2022 年已降至 1.09 以下的极低水平。按照这样的生育水平，每一代人都会比上一代减少 40%，人口规模的锐减将不可阻挡。如表 3 所示，年出生量自 2016 年以来一直处于下降之势。2021 年全年出生人口 1 062 万人，是 1964 年以来的最低水平。2021 年区区 48 万的人口增长量和 0.3 ‰的增长率，对于一个 14 亿人口的大国来说，不啻是宣告我国人口实际上已经进入零增长和即将进入人口负增长时代。果不其然，近期国新办（国务院新闻办公室，2023）公布了 2022 年我国人口生得少（956 万）死得多（1 041 万），人口总量减少了 85 万，人口增长率变成了−0.6‰，人口负增长时代不可避免地到来了！如果目前的负增长水平长期持续下去，到 21 世纪末我国人口将减少一半。需

表 3　2010—2022 年中国人口变动情况

年份	出生率（‰）	死亡率（‰）	自然增长率（‰）	出生人口（万人）	死亡人口（万人）	年末人口（万人）	年人口增量（万人）
2010	11.9	7.11	4.79	1 592	951	134 091	641
2011	13.27	7.14	6.13	1 785	960	134 916	825
2012	14.57	7.13	7.43	1 973	966	135 922	1 006
2013	13.03	7.13	5.90	1 776	972	136 726	804
2014	13.83	7.12	6.71	1 897	977	137 646	920
2015	11.99	7.07	4.93	1 654	976	138 326	680
2016	13.57	7.04	6.53	1 883	977	139 232	906
2017	12.64	7.06	5.58	1 765	986	140 011	779
2018	10.86	7.08	3.78	1 523	993	140 541	530
2019	10.41	7.09	3.32	1 465	998	141 008	467
2020	8.52	7.07	1.45	1 202	998	141 212	204
2021	7.52	7.18	0.34	1 062	1 014	141 260	48
2022	6.77	7.37	−0.60	956	1 041	141 175	−85

数据来源：2010—2021 年数据来自国家统计局（国家统计局，2011，2022）；2022 年数据来自国务院新闻办公室（2023）。

要指出的是,在我国历史上不乏因战乱和灾荒造成大量死亡带来的人口锐减,但在和平时期由于"出生太少"形成的人口负增长则是前所未有的。⑧在过去短短几十年间,我国 15 岁以下的少年人口占总人口的比例降低了一半,而与此同时 60 岁以上老年人口占比翻了两番。2020 年第七次人口普查更是出现了"老年人口超过少年人口"的历史性转折,人口结构金字塔呈现头重脚轻的局面。到 21 世纪中叶,我国一半以上的人口将在 50 岁以上。

值得注意的是,从表 3 可以看出,近年来在我国出生人口不断减少的同时,死亡人口在徐徐增加,以至于到了 2021 年已经是两者相当的局面,人口的零增长如期而至,并在 2022 年随即进入负增长。还应该看到,近三年来的新冠疫情无疑会对人口走向负增长更加推波助澜。本来微弱的生育意愿面对未来的不确定性而更加踟蹰不前,进一步压低出生率。这些年来国家经济的增长和人们生活的改善带来了许多老人的高龄长寿,但也积累了大量的脆弱人群,面对疫情难免不堪一击,引发死亡率的上升。出生率的低迷和死亡率的攀升,必然在今后几年使我国人口的负增长越发加剧。

这样一个全新的人口格局的出现,对于许多人来说却是十分意外的,难以想象的,甚至是不愿承认的。对于我国人口格局变化之大,变化之快,变化之不可逆转,人们的认识还存在分歧,甚至还担忧可能的生育反弹,担忧重蹈人口过快增长的覆辙。

2000 年《中国 21 世纪人口与发展》白皮书曾预测我国人口到 21 世纪中叶达到 16 亿时出现零增长(国务院新闻办公室,2000),2007 年的《国家人口发展战略》提出到 2033 年人口达 15 亿时出现零增长(国家人口发展战略研究课题组,2007),2016 年"十三五"人口规划又调整为到 2030 年人口达 14.5 亿时出现零增长(国务院,2017)。而事实是,我国人口在刚达到 14 亿不久就出现了零增长。在短短的 20 年里,我国人口达到峰值的规模缩小了 2 个亿,而出现零增长的时间则提前了 30 年。

上述事实使我们不能不认识到,我国人口格局的变化已经远远超越了人们的预见和想象,典型地反映了对低生育率下的人口变动规律的认识和把握处于严重滞后的状况。对于这种空前未有的人口格局的到来，我们缺乏经验，缺乏准备，缺乏认识。这就使我们要应对的挑战更为严峻，需要我们摆脱固有的思维定式，建立全新的观察视角。无论是期望还是担心人口会回到过去的高生育率时代，都反映了一厢情愿的心理。如果继续沿用在高生育率下形成的对人口变动规律性的认识，来观察分析低生育率下的人口现象，就难免会南辕北辙，徒劳无功。应该说，我们在第一次人口转变中积累的知识和观念已经不可能帮助我们回答在第二次人口转变中所出现的种种前所未有的人口现象。如果看不清人口变动的大趋势，既不符合中国未来人口变动的现实，也会对我国前瞻性的人口决策产生误导，也难以为制定出符合规律性的人口发展战略奠定坚实的基础。

“没有理论的实践是盲目的实践，没有实践的理论是空洞的理论。”无论是第一次人口转变，还是第二次人口转变，都反映了人口学家们在不同时期为探索人口变动的规律性所作出的努力。如果说第一次人口转变反映了对高生育率下人口变动规律的探索，那么第二次人口转变则是对低生育率下的人口变动规律的探索。这种探索与其他事物变动规律性的探索一样是不可能一蹴而就的，这不仅是由于人口的发展变化本身有一个过程，也由于我们对它的认识往往需要由表及里，由浅入深，不断提炼，不断归纳，经过反复的努力。

作为高生育率下人口变化的规律性的第一次人口转变自提出以来在几十年中受到过以各种理由的质疑甚至否定，只是在越来越多的国家，包括了发展中国家、受严重宗教影响的国家、经济欠发达的国家都纷纷出现了或快或慢的生育率下降，越来越多的国家的人口已经出现或正在走向零增长，才逐渐形成了对于第一次人口转变的共识，赢得了广泛的认同。相对来说，人类进入低生育率时代，特别对于亚洲国家和发展中国家来说，时间还短，低生育率下的人口变化特征还有待于逐步展开，而我们对它的认识和把握也有赖于更多的观察和更多的调研，以及不同认识的切磋和研讨。因此，注重第二次人口转变，本质上来说，就是要注重对低生育率下的人口变动规律性的认识和把握。我们在这方面做得越好，就越可能在 21 世纪应对人口挑战方面更加主动，更能够制定出尽可能切合低生育率下人口变动规律性的人口发展战略，也更有可能涌现出与 21 世纪比傲的人口学研究成果，推动人口科学在 21

世纪的磅礴发展。这正是年轻一代的人口学家们责无旁贷地所要担负的历史使命。

在众多关于第二次人口转变的讨论中,不难感觉到,随着低生育率时代的到来,婚育关系的不断变化,特别是婚姻、性交、生育的相互分离,必然使低生育率下的性别关系成为一个敏感而热门的话题。在第二次人口转变中,性别关系会出现怎样的演变过程众说纷纭,究竟是女性变得太顾自己还是更加自主,如何能实现既要实现事业发展又能享受婚育幸福的局面,都将是重大的命题。第二次人口转变的推进,既可能是对现有性别关系的挑战,更可能是社会性别平等升华的机遇,坚持女性的主体地位,增强性别平等意识,必然使广大女性更为独立,也更能自主,特别是推进公私领域性别平等的同步发展(计迎春、郑真真,2018),推动全社会的性别革命更为彻底。因此,在应用第二次人口转变分析框架时,强化性别视角的审视就变得不可或缺(Zhou, 2022)。

最后要说的一点。20 世纪在对高生育率下人口变动规律的探索中,中国人口学基本上是一个“后来者”。在 20 世纪 80 年代我国人口学开始兴起时,对于高生育率下的人口变动规律的认识,第一次人口转变理论的推出已经是相当成熟了,我们是处于引进和借鉴的“拿来主义”角色。但是,当前对低生育率下的人口变动规律的探索虽已开始,远未成形,不同的形态、不同的观察、不同的解读还比比皆是,上面关于亚洲第二次人口转变的讨论就典型地反映了这一点,需要各国的人口学家们作出更多的研究和更深入的分析,逐渐形成比较成熟的理论和对策。在这个过程中,中国人口学家们和世界各国的人口学家们是“同行者”。我们在考察低生育率下中国人口的变化特征和形态的过程中,针对前所未有的人口变化,做出前所未有的研究成果,提出前所未有的理论见解,久久为功,持之以恒,必能为探索低生育率下的人口变动规律性,为第二次人口转变理论的发展作出我们的贡献,成为世界人口学发展中不可或缺的重要角色。年轻的中国人口学家们是大有可为的,应该立志为此而勤奋努力。

(校对:洪扬、谢云涛)

注

① 也有学者从国际迁移的动向提出了“第三次人口转变”的论断。与第一次人口转变和第二次人口转变不同，在第三次人口转变中，既不是生育，也不是死亡，而是迁移成为左右人口变动的主要因素，会部分或永久地改变一个人口的民族构成(Coleman, 2006)。

② 笔者当时受邀参会，并在会上以中国为例发言，阐述了“根据众多的研究表明，中国人口已经进入了低生育率时代，以及中国的生育率在跌入更替水平后继续走低的趋势”，并提出联合国人口司《世界人口展望》对中国生育率的走势存在着明显高估的倾向(Gu and Cai, 2009)。

③ 自然变动率(Rate of Natural Change)，指某年内出生人数减去死亡人数后的余数(或差额)占人口总数的千分比，这个指标不考虑迁移造成的影响(UNPD, 2022)。

④ 当然，这样的概括主要是为了说明二次人口转变之间的差异，并不能说在第一次人口转变中就没有观念的变化，特别是生育观念的变化，也不能说第二次人口转变中没有技术方面的因素，如家庭构成和居住方式的变化。

⑤ 甚至提出这个概念的两位学者都坦言，没想到这个概念会流行，并以不同的形式扩散到整个欧洲、北美和拉丁美洲等更多地区(Lesthaeghe, 2022)。

⑥ 其中占据上亿人口国家末位的越南人口为0.994亿(PRB, 2022)。

⑦ 由中国人口与发展研究中心主办。

⑧ 人口负增长可以由于不同的人口原因所致而表现出不同的形态。我国在1960年左右曾一度出现因为灾荒导致死亡率上升而出现的负增长，在2000年以来也出现部分地区由于人口大量外流出现的负增长。而2022年的全国人口负增长是由于出生率过低而陷入负增长，则不可同日而语。由于低生育率造成的人口负增长更具有长期性和难以逆转的特性。因此，对未来我国人口走势的影响更为深刻，对社会经济发展的挑战将更为深远，更需要引起高度的警觉。

参考文献

顾宝昌:《从历史的透镜认识中国人口——读〈人类的四分之一:马尔萨斯的神话与中国的现实(1700—2000)〉》,《人口研究》2001 年第 3 期。

顾宝昌编:《社会人口学的视野——西方社会人口学要论选译》,商务印书馆 1992 年版。

国家人口发展战略研究课题组:《国家人口发展战略研究总报告》,中国人口出版社 2007 年版。

国家统计局:《中国统计年鉴(2011)》,中国统计出版社 2011 年版。

国家统计局:《中国统计年鉴(2022)》,中国统计出版社 2022 年版。

国务院:《中共中央国务院关于加强人口与计划生育工作 稳定低生育水平的决定》, 2000 年 3 月 2 日, http://www.gov.cn/gongbao/content/2000/content_60154.htm。

国务院:《国务院关于印发国家人口发展规划(2016—2030 年)的通知》, 2017 年 1 月 25 日, http://www.gov.cn/zhengce/content/2017-01/25/content_5163309.htm。

国务院新闻办公室,《国新办举行 2022 年国民经济运行情况新闻发布会图文实录》, 2023 年 1 月 17 日, http://www.scio.gov.cn/xwfbh/xwbfbh/wqfbh/49421/49478/wz49480/Document/1735488/1735488.htm。

国务院新闻办公室:《中国 21 世纪人口与发展》,五洲传播出版社 2000 年版。

计迎春、郑真真:《社会性别和发展视角下的中国低生育率》,《中国社会科学》2018 年第 8 期。

蒋耒文:《"欧洲第二次人口转变"理论及其思考》,《人口研究》2002 年第 3 期。

[美]科恩:《地球能养活多少人?》,陈卫译,《人口研究》1998 年第 5 期。

[美]科尔:《人口转变理论再思》,载顾宝昌编,《社会人口学的视野——西方社会人口学要论选译》,商务印书馆 1992 年版。

李中清、王丰:《人类的四分之一:马尔萨斯的神话与中国的现实(1700—2000)》,陈卫、姚远译,生活·读书·新知三联书店 2000 年版。

刘爽、卫银霞、任慧:《从一次人口转变到二次人口转变——现代人口转变及其启示》,《人口研究》2012 年第 1 期。

[英]马尔萨斯:《人口原理》,朱泱、胡企林、朱和中译,商务印书馆 1996 年版。

美国"人口增长与经济发展"课题组等编:《人口增长与经济发展——对若干政策问题的思考》,于学军、顾宝昌译,商务印书馆 1995 年版。

石人炳:《人口转变:一个可以无限拓展的概念?》,《人口研究》2012 年第 2 期。

吴帆、林川:《欧洲第二次人口转变理论及其对中国的启示》,《南开学报》(哲学社会科学版)2013 年第 6 期。

於嘉、谢宇:《中国的第二次人口转变》,《人口研究》2019 年第 5 期。

Coale, A. J., 1973, "The Demographic Transition Reconsidered," In International Union for the Scientific Study of Population(IUSSP)(ed.), *Proceedings of the International Population Conference*, Liège: Editions Ordina.

Coleman, D. A., 2006, "Immigration and Ethnic Change in Low-Fertility Countries: A Third Demographic Transition," *Population and Development Review*, 32: 401—446.

Eurostat Database., 2023, *Demography, Population stock & Balance,* 3 January, https://ec.europa.eu/eurostat/web/population-demography/demography-population-stock-balance/database.

Ezen, A., 2022, "Beyond Eight Billion: Why Population Continues to Matter for Global Development," In Raya Muttarak and Joshua Wilde(eds.), *The World at* 8 *Billion*, New York: Population Council.

Gietel-Basten, S., 2022, "Demographic and Social Anxieties: The Second Demographic Transition in Asia," *China Population Development Studies*, 6: 338—349.

Goujon, A., 2022, "8 Billion and Then What?", In Raya Muttarak and Joshua Wilde(eds.), *The World at 8 Billion*., New York: Population Council.

Gu, B., 2022, "Applicability of the Second Demographic Transition in Asia," *China Population and Development Studies*, 6: 223—227.

Gu, B., Cai, Y., 2009, "Fertility Prospects in China", United Nations Department of Economic and Social Affairs, Population Division, *Expert Paper*, No., 2011/14.

Lee, J., F. Wang., 1999, *One Quarter of Humanity: Malthusian Mythology and Chinese Realities*, Cambridge: Harvard University Press.

Lesthaeghe, R., 2010, "The Unfolding Story of the Second Demographic Transition," *Population and Development Review*, 36(2): 211—251.

Lesthaeghe, R., 2014, "The Second Demographic Transition: A Concise Overview of Its Development," *PNAS*, 111(51): 18112—18115.

Lesthaeghe, R., 2022, "The Second Demographic Transition: Also a 21st Century Asian Challenge?" *China Population and Development Studie*s, 6: 228—236.

Malthus, T.R., 1798, *First Essay on Population. An Essay on the Principle of Population,* Palgrave Macmillan.

National Research Council., 1986, *Population Growth and Economic Development: Policy Questions*, Washington, D. C.: National Academy Press.

Population Reference Bureau(PRB)., 2022, *2022 World Population Data Sheet,* Washington, D.C.

Poston, D., 2018, "The Context of Low Fertility Regimes and Demographic and Societal Change," in Dudley Poston(ed.), *Low Fertility Regimes and Demographic and Societal Change*, Singapore: Springer.

Raymo, J. M., 2022, "The Second Demographic Transition in Japan: A Review of the Evidence," *China Population Development Studies*, 6: 267—287.

Robinson, W. C., J. A. Ross(eds.)., 2007, *The Global Family Planning Revolution: Three Decades of Population Policies and Programs*, Washington, D.C.: The World Bank.

United Nations Population Division(UNPD)., 2022, *The 2022 Revision of World Population Prospects*, United Nations Department of Economic and Social Affairs, New York City, https://population.un.org/wpp.

Utomo, A., Ananta, A., Setyonaluri, D. et al., 2022, "A Second Demographic Transition in Indonesia?" *China Population Development Studies*, 6: 288—315.

van de Kaa, D.J., 1987, "Europe's Second Demographic Transition," *Population Bulletin*, 42: 1—57.

Visaria, L., 2022, "India's Date With Second Demographic Transition," *China Population Development Studies*, 6: 316—337.

Yu, J., Y. Xie., 2022, "Is There a Chinese Pattern of the Second Demographic Transition?" *China Population and Development Studies*, 6: 237—266.

Zhou, Y., 2022, "Gendering the Second Demographic Transition: Gender Asymmetry, Gendered Tension, and Cohabitation in Contemporary Urban China", *China Population and Development Studies*, 6: 351—372.

运用5L框架促进个人发展和制定企业战略

陈德鸿*

［摘　要］ 个人和组织的成长和发展都会经历生活(Living, L1)、学习(Learning, L2)、领导力(Leadership, L3)、遗产(Legacy, L4)和影响力(Leverage, L5)等五个领域。本文认为这五个L领域组成了一个生态系统构成了我们存在的本质,发展性地回答了个人如何成长以及组织如何为社会创造持久性的理想的成果。本文通过建立5L框架模型,分析内在关联并依次分析个人和组织如何通过反思生活、重新设计学习、重塑领导力、更新遗产和重新利用影响力等方法来完善个人和制定企业战略,以实现个人发展和商业增长的再生可持续性(regenerative sustainability)。

［关键词］ 5L框架　领导力　遗产　管理学

一、导　言

本文的目的是利用建立认知框架来探究关涉个人和组织的五大关

* 陈德鸿,马来西亚精英大学教授。本文译者蒋狄青。

键场域,即生活(Living, L1)、学习(Learning, L2)、领导力(Leadership, L3)、遗产(Legacy, L4)和影响力(Leverage, L5)。5L 框架是一个需要为人理解和发展的生态系统。它在发展中回答了有关我们存在本质的问题:我们何以生于斯、长于斯以及如何让个人发展和商业增长实现不断更新的可持续性发展,从而为社会创造持久而理想的结果。换言之,经过审视的生活是值得过的。

不同个人和领导者出于多种多样的目的可以调整修改 5L 框架。为了适用于不同的环境,我们需要调整不同的变量和参数的定义和重点。本文中把头脑风暴的观念概念化并展示某些应用。运用建立框架(framing)、重构框架(reframing)和打破框架,反思 5L 转型视角(图 1)(Kaufman et al., 2003)。

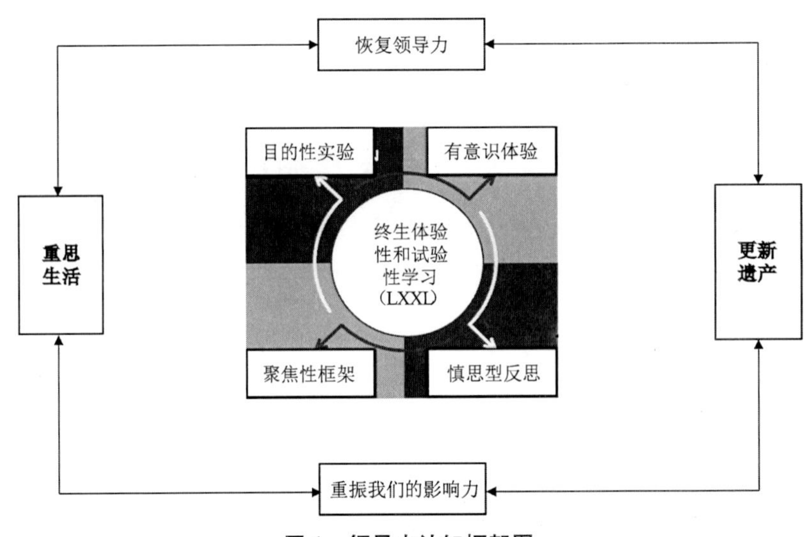

图 1　领导力认知框架图

认知框架是一个人感知世界的心理地图。建立认知框架有助于我们以多重方式看待世界,帮助我们更为清晰认识现实条件来实现目标。重构框架是指我们因背景、环境或预期后果的变化而调整原来的认知框架。它帮助我们回顾并重新聚焦我们的注意力,得到新的洞察力,由此框定新视角。当旧的假设不成立,我们需要构建新范式来看待变化了的环境时,就会打破框架。打破框架是指通过重新概念化和发现我们解决问题的新路径来重构我们思维方式,同时也寻找新的挑战,将其当作机会来解决问题。也就是说,在寻找机会的过程中,更新型领导

(regenerative leaders)把解决问题作为一种寻求机遇的契机。

认知框架是一种建构过程。它整合各种理论和模型,以之作为组成部分,构建出因果关系,解释不同学科中的特定概念和实践并评估具体情况。认知框架是综合性的,既为研究提供整体视角,也可以适应特定的环境。建立框架、重构框架和打破框架有助于我们利用事后领悟(hindsights)来革新洞察力和预见力。因此,我们回顾过去,反省现在并展望未来。每次范式转变都是一次重构或打破框架的过程(Carnahan et al., 2019)。

由于框架分析的综合性和灵活性,它可以帮助我们以整体方式理解不同主题,采用多种学科从多个角度分析和评估一个问题。因此,对于一个组织来说,框架分析有助于发展适应力、反应能力、重新振作和自我调节能力,成为一个具有弹性和变异能力的有机体。例如,我们可以应用 HAIRY(**H**olistic view, **A**nalysis, **I**magination, **R**eality, **Y**in-yang,中文意为整体视域、分析、想象、现实和阴阳)框架来开展如下思考。

1. 从整体角度探索一个问题;
2. 使用分析逻辑来剖析问题;
3. 使用想象力来扩展逻辑;
4. 认识现实和背景;
5. 欣赏现实中的阴阳冲突。

在此框架下,我们可以确定哪些问题是困惑、迷惑或悖论。我们可以掌握解决问题过程中的认知因果思维、反事实推理和约束条件。在某种程度上,每次范式转变都是一次重构框架或打破框架的案例(Gharajedaghi, 2006)。

认知框架有助于我们在理解生活中具有挑战性问题时领悟信仰、科学和哲学的作用。我们的方法是用问题来拷问 5L(见图 1)。这是一种批判性调查。提问就是答案,它是一种寻找答案的艺术形式,而答案永远是不确定的。当我们探寻时,我们将询问过去,反映现实并探索未来的生活意义。图 1 用终身体验、实验式学习和驱动力显示出 5L 框架,该框架的重点如下。

1. 重新思考生活(L1);

2. 重新设计我们的学习(L2);

3. 重振我们的领导力(L3);

4. 更新我们的遗产(L4);

5. 重振我们的影响力(L5)。

上述问题是相互关联的,彼此以微妙和动态方式相互影响。5L 框架是支配生活的基本要素,没有一项可以独立。我们将在认知框架内来逐一分析上述五个要素。

二、重新思考生活

理解生活并且活出意义是一个永恒的问题(Gharajedaghi, 2006)。我们无法回避反思生活的问题,我们每个人只是用不同的认知框架来反思生活而已。它确实是关于我们物理存在的唯一重要主题。

我们的生活遭受各类问题折磨。因为死亡,我们饱受存在论问题困扰。例如,为了解决不可知的来世问题,我们用信仰来寻求安慰,用科学来找到生存技巧,用哲学来理解生活意义。然而,既然没有答案轻易回答我们的追问,所以我们心灵无处安慰。无论如何,我们都在努力创造生命的意义。我们如何设定生命的意义?这是人生中最重要的问题:生活的意义(Carnahan et al., 2019)。

通常,我们对我们的“存在”(being)和“成为”(becoming)设定了四个永恒的问题。

1. 我是谁?

2. 我应该是谁?

3. 我如何成为?

4. 为什么?

因此,生命更大意义不仅仅是领导、管理和维持一项事业。它必须具备目的、意义和连贯性。意义创造了生命的价值感,它放大了我们的自我价值。目的赋予意义,因为它为个人生活提供了有价值的方向。连贯性提供了我们价值观的一致性,因为通过了解如何重塑我们的生活,有助于我们理解人生。自我效能感加强了个人对能够自我实现的信念。

当我们掌握了生命意义，就可把5L框架当作参照点。当一个参照点将一个人的生活置于认知框架中，就产生了生命意义。如果个体生命作为更大背景的一部分，具有内在连贯性，那么这样的生命就有意义。因此，有关生命意义的认知框架取决于我们如何解释什么是重要的(Noguchi, 2020)。我们如何认知一个人的生活，并没有什么对错之分。我思故我在。它取决于我们的本体论、认识论和价值论的视角(George and Park, 2016)。

当挑战来临时，我们在认知框架内作出选择来积极回应。哲学家们常问的问题是：这到底是怎么回事？但这个问题并没有通用答案。每个人都以自己的认知框架作出回应(Roque et al., 2020)。生活没有预先确定的意义，是我们创造了它，为其存在而后又存在于其中。生命的意义要求我们与一个参照点建立关系，而我们所构想的有关事物或与其他存在的认知框架改变了我们创造意义的方式。换言之，个人生命所拥有的意义感源于他们所做的事情或他们与作为参照点的其他人的关系。意义须在认知框架内加以理解。

因此，人们会问：首先，我的生活对我自己的意义是什么？我究竟是谁？其次，是什么使我的生活对我有意义？即我的生命是否有一个目的？最后，我的生活或我所做的事对他人或社会是否有意义？这个问题前提是要与他人建立关系。多重参照点为形成意义提供了背景。因此，一个人对不同的参照点和关系，如其他个人、社会、甚至是大环境都有意义。通过采用上述认知框架，人们创造有意义的生命来服务于比自己更宏大的事业(Gill and Thomson, 2020)。

我们5L框架强调关注超越自我的更大视角来审视生命意义。它促使我们思考如下问题。

1. 我的生活对某人或某事有意义吗？

2. 我的生活是以某人或某事为目的吗？

3. 我的生活是否以一种期望的和理想的方式连贯起来？

当我们将生命意义置于背景之中，就总会发现一些超出寻常的背景可以定义生命意义。比如我们中的许多人在思考和做事的时候都会考虑到新冠肺炎疫情的背景和死亡问题(Kaufman et al., 2003)。因此，如果我们仅仅追问生命有意义是一种错误的认知，生命的意义必须与情境相关。

三、重新设计我们的学习

学习是以一种经验的方式指导自己。它也是有意图进行的实验性学习,以扩大经验性学习。生活的本质是学习,学习赋予生活意义和可能性,也就是说,人生是终身体验式和实验式学习(**l**ifelong e**x**periential and e**x**perimental **l**earning,简称 **LXXL**)。LXXL 是关于学习、忘记学习和再学习的过程(见图 1)(Sharpe et al., 2010)。

我们所倡导的标准模式包括:注重生活中有意识的体验、刻意的反思、聚焦认知框架和有意义的实验。这包括从成功和失败的经验中反复学习。LXXL 的四个组成部分强调在一个批评性存在过程中元水平意识的作用(Kolb, 1984)。

学习的目的是消除认知的盲点。通过质疑有关现在的以及将来未知问题的认知框架建构、重构和打破框架过程,我们可以消除认知盲点。学习如何对我们不了解的未知事物提出问题是真正突破或打破认知框架(Kolb, A. and Kolb, D., 2017)。

我们的方法是构建思维定式能力的认知框架(见图 2)(DeLisi, 2020)。

1. 如何概念化?(**C**onceptualize)
2. 如何分析?(**A**nalyze)
3. 如何适应?(**A**dapt)
4. 如何实现?(**A**ctualize)
5. 决定和做什么能够产生结果的事情?(**C**onsequential)

CAAAC 思维能力学习方法侧重于认知、情感和行为方面的个人领导力发展。它关乎性格和能力。它认识到我们需要弥合知、行和思之间的差距。然后得到我们想要的结果:“拥有”和“占用”。我们有关领导力的学习方法是先做事、然后存在、再知道事情本源,最后拥有(do, be, know, have)。先后次序非常重要:我们需要通过行动内化。这改变了原来的先“存在”,然后是“知道”,最后是结果(拥有)的次序。我们的重点是行为实践(praxis)。生活经验是领导力发展的核心。

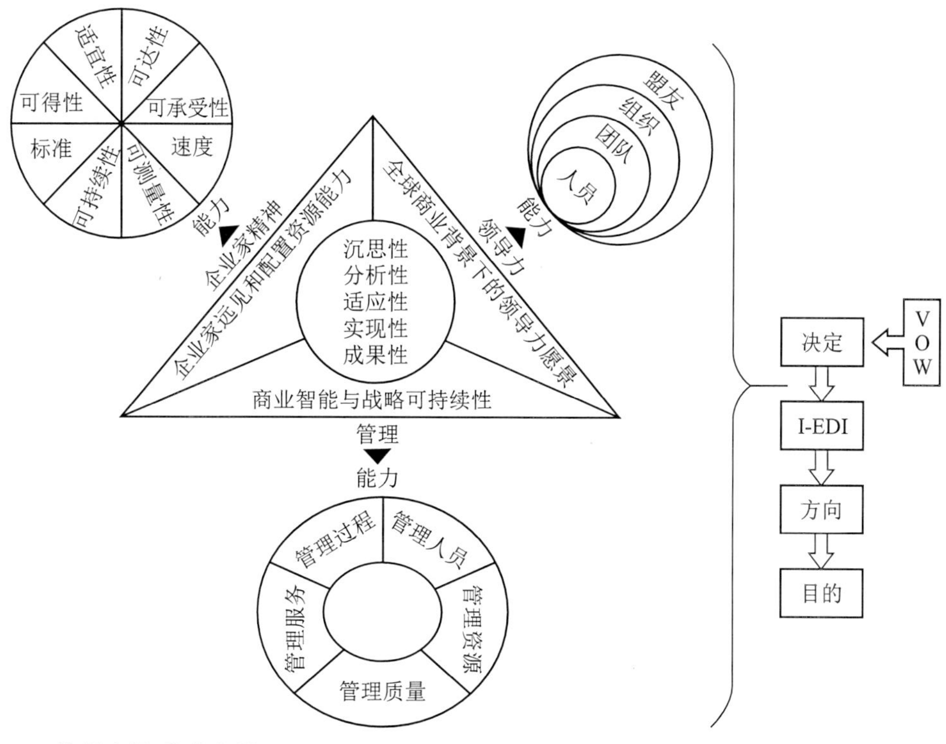

资料来源:作者自制。

图 2　精英大学企业-领导力-管理认知框架(CAAAC)

我们将发展其他 5L 框架因素作为学习中心。特别地,CAAAC 研究以下问题。

1. 我们在哪里?
2. 我们想去哪里?
3. 我们怎么去那里?
4. 我们在背景中预设了哪些假设?
5. 我们的机会空间是如何出现的?

与此同时,CAAAC 还提出了以下重要问题。

1. 为什么学习很重要?(学习)
2. 领导力的本质是什么?(领导力)
3. 我们的领导力遗产是什么?(传统)
4. 我们如何利用可持续增长和再生发展?(影响力)

CAAAC 具有深刻的乌卡(VUCA, volatility, uncertainty, complexity and ambiguity,意指易变性、不确定性、复杂性和模糊性)背景。

工业 4.0 和新冠肺炎疫情等带来的挑战不仅是破坏性的,有些是灾难性的。由于新出现不可知因素(**U**nknowables)和更快的变革速度(**V**elocity)加剧了对未来的焦虑(**A**nxiety),导致了更加混乱(**C**haotic)的现实世界。这就是乌卡的无序世界(Shoup and Studer, 2010)。

乌卡改变了生活中各方面决策规则。各种霸权国家和主要的跨国公司创造了一个新的权力秩序,打破了现有的世界。这种新的权力结构改写了国家和公司之间的所有竞争领域的游戏规则,构成了我们如何生活和领导的背景(Trongtorsak et al., 2021)。这股巨大力量也影响了我们生活所经历的本体论、认识论和价值论的视角(Rosenhead et al., 2019)。

新的规则创造了 VUCA,反过来又放大了前者。所有的领导人,无论从事公共事业还是私人业务,都受制于如下游戏规则。

1. 所有的规则均可随时改变,有权之人可根据他们的国家或自我利益来改变规则。

2. 当每个博弈者分析收益的概率时,赌注是可以改变的。

3. 当博弈者重新审视每个博弈风险时,相关利益是可以改变的。

4. 根据博弈性质,博弈者数量或他们的联盟是可以变化的。

5. 作为每个博弈者的战略意图的一部分,在哪些舞台上开展游戏是可变的。

6. 博弈方式是可变的,因为博弈方会采取战略行动来战胜对方。

7. 方法的选择是可以改变的。没有什么是不公平的;这取决于权力。

8. 那些拥有权力的人决定并可以替换裁判。

在此背景下,我们需要重新建立新的认知框架来设想商业创业和领导力的新权力秩序。未来非同以往,它关乎未知的未知数。也就是说,我们不知道有什么东西是我们所不知道的。

重点是如何利用 CAAAC 来智取、智胜和胜过竞争对手,如果可能的话,要锁定客户和锁定竞争对手。这需要重构 5L-LXXL 所展示的认知框架(见图 1)(Sharpe et al., 2010)。

首先，为了对未来做好准备，我们需要重新设计我们的学习(DeLisi, 2020)。这要求我们忘记以往学习和重新学习。其次，我们需要重新构建一个再生型领导力哲学。

CAAAC是LXXL(终身体验式和实验式学习)的一部分。LXXL是一个可持续学习的过程，它不断再生和复制5L框架的成功。这种学习方法是建立在自我规制学习过程或教育学(heutagogy)之上的。它的学习意图明确，绝非随机和临时活动的。

这种积极的学习应该包括刻意的实验性学习(Snihur et al., 2021)。这意味着这些经验应该成为积极的实验。每一次经历都是有意识的实验，成为新的经验，由此不断有意识强化自我规制学习过程(McCauley, 2014)。

压力越大，越需要LXXL，因为利益相关者对成功的期望值越来越高，领导者就需要从每次新经验中延展他的精力管理、注意力管理和时间管理(EAT)能力。

LXXL有助于增强解决现有问题的能力，并学会把问题当作新的机会。这意味着要学会把棘手的问题看成一个机会，而不是无法解决的悖论。

通过这种方式，学习型个人和学习型组织得以实现其他关键目标。

四、重振我们的领导力

企业-领导力-管理框架(简称ELM)包含三个组成要素，有的框架侧重于企业家，有的侧重领导力，也有侧重管理的。

在实践中，所有这些要素都在企业生命周期中相互作用。ELM的每个要素在企业从启动到成熟的成长的不同阶段发挥不同作用、作出不同贡献和能量。在创业期，企业家精神(E)是驱动力。当公司达到其生命的科层官僚阶段时，管理(M)成为主导。繁琐的程序稀释了企业家能量。在初创时期，不同创始人的企业家精神导致企业中领导力(L)的作用各不相同。然而，成熟期的领导力在特征上发生了变化。它倾向领导和管理的混合，以维持公司的成功(Takoeva, 2021)。

在ELM框架(见图2)中，包含了4A(**A**vailable、**A**ppropriate、**A**ffordable、**A**ccessible)和 4S(**S**tandards、**S**calability、**S**ustainability、**S**peed)概念。企业家创业精神部分强调了如何确定一个企业的启动或抓住新的商业机会。在实践中,现有企业的每一个新想法或项目也是一次创业,以此观之,企业家精神始终存在(Canals, 2015)。

我们的 4A 问题是:

1. 有什么事物可资利用(**A**vailable)?
2. 是否有合适的(**A**ppropriate)?
3. 是否负担得起(**A**ffordable)?
4. 是否可以获得(**A**ccessible)?

4S 问题涉及:

1. 标准(**S**tandards);
2. 可扩展性(**S**calability);
3. 可持续性(**S**ustainability);
4. 速度(**S**peed)。

利用 4A 和 4S 作为导向,我们可以在创业过程中寻找商业机会。它们帮助我们利用资源优势来展望未来(Snihur et al., 2021)。

ELM 的第二个要素是领导力。ELM 中的领导力是关于 WEWE 因素。第一个 WE 中 W 指的是承担一个令人兴奋的商业之旅的意愿(Willness),E 指的是支持它的热情。第二个 WE 中 W 是关于坚持实现的意愿或意志力,第二个 E 指的是完成创业的活力。

领导力的标准模型是直截了当的:它从个人走向组织(Bejaoui, 2020)。关于领导力的理论和模式已经不胜枚举了,我们在此关注的是领导力的三个相互关联的组成部分,即 3C(Peterson and Seligman, 2004):性格(**C**haracter)、领导能力(**C**ompetency in leadership)和专业能力(**C**ompetency in a profession)。

上述内容由下文第五部分中强调的五种价值观来支持。

再生型领导者(regenerative leader)具有高度的自我意识。他了解愿景和现实的两极性,具备勇气和道德实践。领导力是一种从“我”到“我们”的个人发展经验。如果一个人不能首先领导自己,他就不能达到更高的领导水平。当他了解了自己是谁、他想成为什么以及如何成为,那么他就可以领导别人。显然,领导力并不是一个职位,也不仅仅是一个影响他人、使其愿意跟随领导者的过程(Wallace, 2011)。它每时每刻都在建立价值的传承(Gordon, 2017)。

在 ELM 框架中,企业家型领导是一个终身的经验和实验学习者。他了解他所处环境的本体论、认识论和价值论。他是一个元思维者和实践者。他不仅尽其所能,而且更重要的是做所需的事情(Fairhurst and Sarr, 1996)。

ELM 框架的第三个要素是管理,它强调了五个元素:

1. 人员管理;
2. 管理资源;
3. 管理质量;
4. 管理流程;
5. 管理服务。

ELM 框架中的管理需要一个强大的执行能力、问责制度和过程。图 2 显示了从意图到实现转变所需的关键行动领域。虽然管理的一般事务非常重要,但最终推动管理成功的是行为特征和行为能力(Snihur, et al., 2021)。

图 2 中的 ELM 框架强调了五个关键行动领域的管理。然而,解释这些管理职能与理解一个组织的标准科层官僚管理职能是完全不同的。ELM 框架中的管理者必须整合企业家-领导-管理:也就是说,管理中存在内在的企业家精神和领导力。在我们的框架中,所有的 ELM 经理都同时具有自我管理、过程管理和人员管理、专业知识管理和企业管理的角色。

这些 ELM 经理必须学会在乌卡的世界里工作(Beard, 2022)。他们应该知道,任务是路径,结果是目标。作为 ELM 经理,在履行他们与多个利益相关者互动的角色和责任时,他们需要一个乐观的生活和价值传承的哲学。例如,他们需要具备以下行为特征和实践。

1. 对待失败的态度。鼓励 ELM 管理人员明白失败是不可避免的,是未来成功之母。

2. 以结果为导向。传统的科层官僚往往被过程所困,但 ELM 经理人关注过程的结果。

3. 接受责任。ELM 经理人像企业家一样承担起对结果的责任。他们的承诺和所有权在企业发展中发挥强有力的作用。

4. 愿意作出牺牲。ELM 经理人争强好胜。他们对成功有着强烈的牺牲意识。他们挺身而出,愿意担当风险管理者角色。

5. 行动导向。ELM 经理人是积极的实验者,愿意为此承担风险。

6. 辨识机会。ELM 经理人是问题寻求者,而不仅仅是问题解决者。他们将问题转化为机会。

7. 以市场为导向。ELM 经理人明白,所有的业务都是从客户开始的。他们会努力锁定客户,锁定竞争对手。他们获取客户并培养他们,由此获得终身回报。

8. 对制约因素的态度。ELM 经理人不受预算和资源的限制,他们的强大资源是足智多谋。

9. 对现实的认识。ELM 经理人了解梦想和现实的两极性。他们用一种积极的方式来适应不断变化的环境。

10. 对价值观的认识。ELM 经理人受到个人价值观的驱动,并利用情感和社会智商来实现他们的目标和愿望。

11. 职业意识。ELM 经理人意识到他们的雄心、抱负和议程。他们在争取成功和个人成就的过程中,采取了合作的领导方式。

五、更新我们的遗产

人们面临普遍恐惧死亡的挑战。这种生存的挑战困扰着他,成为我们恐惧的来源。领导者总是困扰于一个问题:他会留下什么样的遗产?(Kouzes et al., 2006)。这个根本性问题让人分心和不安,但它也激励我们每个人如何学习解决这个问题。

因为领导人希望后人记住自己的成就,希望确保他们的后代或他们创立的组织能够生存和发扬光大,所以需要不断发展遗产的概念和实践。但遗产不仅仅是让人们记住一个人的成就,尤其是不仅仅局限于物质成就(Metz, 2013)。

每个人都有独特的机会来管理他短暂生命中最重要的项目:那就是如何生活和如何使用自己的生命。无论他是谁,他都要解决前述四个有关我们“存在”(being)和“成为”(be coming)的四个永恒问题。

1. 我是谁?
2. 我应该成为谁?
3. 我如何成为?
4. 为什么?

这些都是元问题,我们用叙事话语来构建我们生活意义的认知框架。从某种程度上说,领导遗产是未来的守护者。悔恨过去没有意义,活好当下是我们的现实;而未来是我们现在所成就的(Martela and Steger, 2016)。

遗产建设是在分享行为影响和价值观。对企业和个人发展来说,领导力遗产是关于如何展示和建立卓越和象征性行为的文化(Kouzes et al., 2006)。

无论我们做什么,都必须值得使用我们才能,值得我们的时间投资。衡量一个企业家成功与否的正确标准是使用时间的回报。时间是最稀缺的资源,它本质上是我们的生活,因此,对生活成功的正确评价是认可所使用的时间及其回报。因此,用我们生命建立一个企业或从事有价值的活动来产生持久的影响和意义是唯一真正的领导力遗产(Galford and Maruca, 2006)。

企业层面的领导力遗产是创造一种可持续的文化,通过以下方式为战略差异化提供动力。

1. 挑战现状;
2. 利用不连续的情况;
3. 利用核心竞争力和战略资源;
4. 了解未加阐明的需求;
5. 通过建立认知自由来解放思想。

我们在VOW的背景下构建了个人领导力的遗产的认知框架(见图2)。

VOW是指价值(Value)、机会(Opportunity)和财富(Wealth)。一个企业必须由高尚的目的来界定,并用高尚的手段来实现。教育就是一个例子。笔者在三十多年前创办精英大学的使命是通过教育帮助人们在生活中取得成功,过上有意义的生活。精英大学旨在塑造五个价值观。这五个价值观如下。

1. 成就感。这是关于个人发展的自我激励。成就带来的自豪感不是自大,而是以他人为中心的具有明确意向的成就。这创造了高度自尊,因为他人从我们所从事的使命中受益。

2. 分享成功。这是领导力遗产的本质。特别是,分享最宝贵的时间资源使他人成功,也是遗产建设。这是一种高尚的行为,是一种可取的特质和实践。

3. 勇于存在。勇气是踏入未知领域的先决条件。转变和面对挑战,为未来做准备,都需要勇气。我们需要勇气"成为"一种特殊的人。这是关于我们自主选择的一个身份。"成为"也意味着成为我们选择成为的人。"将成为"是在决定我们的身份时的一种慎重选择。"成为"是在寻求意义的过程中重新塑造自己。通常这也包含一个道德问题。

4. 要有同情心。这是我们如何分享我们的遗产的一个伟大美德。它是一种模范行为,不仅仅是对他人有同情心。它意味着在场合需要我们的时候,积极采取行动,提供帮助和服务。有同情心就是有人情味。这需要从感觉出发,通过主动和行动来实现帮助。它需要超敏锐的行动-感觉。

5. 要有意义。由于时间有限,生命短暂,所有的决定和行为都必须有意义。这意味着我们所做的一切必须具有持久的意义,长期存在并对社会产生影响。从这个意义上说,高质量的领导力遗产是有意义的。

在我们的日常生活中,我们要做三件事:我们想什么,怎么想?我们决定什么?我们与谁交往?我们如何制定和实现将形成我们的身份和性格,从而形成我们的5L框架。这三项活动培养我们的性格及决定我们是谁。它们帮助我们掌握什么是值得做的事情,以创造重大成果。这指导我们不要想错事情,不要把时间浪费在琐碎的决定上,不要选择那些不能在学习过程中提高我们的人。

以上都是以他人为中心的价值观。也就是说,我们做事不是为了自我利益,它始终是关于"他者"的。

在VOW中,O是指机会。在商业行为中,以他人为中心的方法为他人创造了机会，使其蓬勃发展并实现个人成就。这反映了我们的基本信念和利用教育使他人成功的信念。我们在精英大学的使命履行了这个强大的信念。通过教育帮助人们在生活中取得成功，过上有意义的生活。目的是崇高的，手段也是崇高的。

W是VOW中的财富，它是财富的创造。在中文里，财富的意思是“财”。它意味着家财繁荣、人才和知识。因此，它不仅仅指物质财富，也是有关人的才能和性格的发展。W是持续创造价值。

没有一种商业行为会在VOW缺席的情况下启动。在本质上，VOW是关于生活的遗产，而不仅仅是留下物质财富的遗产。VOW决定了我们应该为自己做什么以及为他人做什么。VOW将明确我们的背景和实现我们命运的方向。没有它，我们就没有方向来进行自我指导，更无法获知自己的命运。

六、重振我们的影响力

为了维持个人和企业层面的再生型增长，我们需要利用我们目前的能力和状态，使之产生影响力，从而达到更高水平（Canals，2015）。我们要提高关注如何创新某些关键的成功变量。能力的增长、战略资源和智谋将会让我们产生更大的影响力（Shoup and Studer，2010）。

I-edi是我们产生影响力的重点（见图2）。I意味着创新（innovating）。创新是指刻意承担具有挑战性的任务，以便打破和改善现状。它意味着打破框架、超越自己和竞争对手（Richter et al.，2018）。在企业层面上，目标是锁定客户和锁定竞争对手，以最大限度地实现持续成功。在个人层面上，目标是在我们追求能力和精神成长的过程中实现繁荣。对于利用企业再生的可持续性，e意味着扩张（增长）。d是持续的差异化，而i是国际化。这个公式的意思是创新要在edi上继续开展，没有edi，企业实体和个人自我将“死亡”。

在个人层面上，我们需要通过创新来实现我们个人提升、发展和个性化。这是在个人层面上有意义的能力建设。这种高水平的有意识的发展本身就是一种遗产建设的形式（Hicks，2009）。

除了在具体方式上创新个人发展，这也意味着它也可以应用于协作团队。I-edi在个人和公司层面上意味着我们可以以延续公司的生命为目标,同时实现领导人的遗产目标。

正如在ELM框架中,影响力是关于标准的扩展和可持续性。在产生影响力的过程中,领导者必须经常借助于打破框架,用新逻辑和想象力来解决未曾预料到的和未知的挑战(Hyatt, 2020)。利用打破传统框架视角意味着已经学会解决乌卡世界中的悖论。我们需要想象力来使用逻辑,并利用逻辑来具体化想象力。

在第四次工业革命(4.0 IR)中,领导者利用数字化来撬动一个组织、行业或生态系统的文化、组织、人才和技术变革。通过配备数字技术、流程和能力,领导者采用分阶段的、具有优先次序的和战略性的方式在多个层面和职能部门实现变革。为了击败竞争对手,可以通过利用各方面的不连续性和资源利用来实现目的。

利用数字化转型,领导者为各利益相关者创造价值和新的服务。采用敏捷创新的方法,他们加速创新,并获得敏捷和适应乌卡环境的能力。

新的数字能力的发展是围绕着更具适应性、以人为本、面向未来和以客户为中心的能力。它也发展了更有效的能力,并能够利用机会纵向地和横向地改造一个组织。

如果颠覆是转变权力关系,新的权力秩序就要求我们掌握数字领导力。颠覆不仅仅是技术本身;它是一种人类和社会现象,因为它涉及人们使用技术的方式以及他们行为和期望的变化。因此,数字技术可以被利用来解决这些行为或期望的变化。这为有竞争力的组织创造了行为优势(Trongtorsak et al., 2021)。

更具体地说,影响力将被应用于创造条件以便普遍优化以下领域的功能(见图2)。

1. 商业流程;
2. 业务伙伴关系;
3. 商业生态系统;
4. 组织文化;
5. 人员授权;
6. 联盟生态系统。

七、结 论

个人价值观、情感和社会智商以及批判能力是三个基本要素，如果没有这三个要素就不可能具备领导力。这些是在5L框架中做事、成事和学习的先决条件。这些可表现出来的智力推动了动机，提高了生产力，设定了责任，影响了沟通，且有利于判断。它们确保了领导者能够重振自己的持续发展和成长，从而使他对他人具有相关意义，并适合领导和发展他人(Rosenhead et al., 2019)。

在不同的背景和角度下，拓宽和深化影响学习的领域，将5L框架概括为图3。

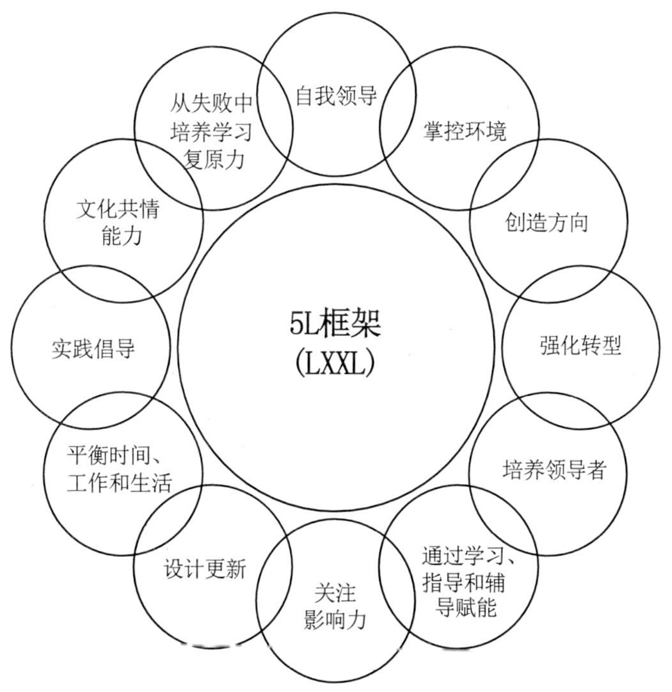

图3 认知能力影响框架扩展图

这12个领域的内容如下。

1. 自我领导。这是关于自我实现和自我调节的学习。这是关于在做“我们”(合作的团队和追随者)之前改善我(自我)的问题。领导和学习是相互关联的。自我学习的大视角是把握勇气与道德、现实与愿景的两极性。它们是矛盾的，需要在作决策时不断地解决。

2. 理解背景。这是关于随着游戏规则的变化而产生的意义,即需要理解的外部现实,并根据环境不断变化而重新解释。

3. 设计方向、领导组织和努力重塑行业。这是有关塑造和发展组织的战略性未来。如果方向不明确,就不可能实现终极目标。

4. 改造组织和财务健康。这为战略执行设定了问责议程,以确保在短期和长期内实现各种关键绩效指标的记分打卡。这不仅涉及信托责任,也涉及现在监管机构和整个社会所期望的更广泛的治理。组织既然由股东(利益相关方)作出评估,并由许多利益集团来评判,所以必须要有组织领导力的技巧。

5. 培养领导者:它在传承领导力和继任计划中起到关键作用。当老领导者培养了新领导者,而新领导者又培养了更多领导者后就保证了可持续性。这种层层递进的领导力发展包括了在每个层级进行指导和辅导的关键作用。这就建立了组织的能力和实力。因此,可以培养出一个高绩效的团队,培养领导人的接班人,确保组织的文化和生命得以延续(Kolb, A. and Kolb, D., 2017)。

6. 通过学习、指导和辅导,采用体验式和实验性的方法赋能自己和他人。这是基于“做”“成为”“知道”和“拥有”。通过做来学习,将“做”内化为“存在”。知识是通过实验而获得新的知识。而“拥有”是指结果,也就是获得所期望的和理想的结果(Raelin, 2020)。

7. 发挥影响力,在多个方面扩大规模,特别是在创造理想的文化、合作的领导力-追随者、声誉的可信度和地位的可见度方面。影响力还包括冲突管理的艺术以及在组织内外各方的成功谈判。沟通技巧是有效产生影响力的一个组成部分。

8. 设计平台联盟保证我们能够获得独立组织或个人无法开发的相关机会和能力。这就是协同创新,协同创新可以创造网络组织能力。

9.平衡时间、工作和生活是5L框架的一个重要方面。这种微妙平衡确保我们能够根据个人的情况,丰富我们的生活并赋予生活意义(Tartaglia, 2015)。

10. 倡导实践是领导者必须发挥的作用。他说的话很重要,因为这具有很高的能见度，并给不同的利益相关者创造了高期望。倡导者超越了管理和领导的普通角色。它意味着相信一个无论在组织内部还是社会上为支持每个人利益的事业。这不仅仅是一个礼仪性角色，因为这需要可信度。在一套强有力的价值观的支持下，倡导一种使命和愿景，这是一种遗产领导。通常情况下，这涉及高风险，因为每一次倡导支持一项事业都是精心策划的行动。每一个精心策划的行动都是一个精心策划的风险。所有的领导者，由于同行的压力或为了成为模范，都会创造一个事业来确保他们的领导地位(Lehtonen and Seeck, 2022)。

11. 我们在建立框架中强调掌握文化能力。由于数字化，我们变得更加全球化，世界也越来越复杂。尽管人们担心并试图分离和创建小块的区域集团，但世界实际上以新方式更加一体化。无论在某一个地方发生了什么，现在都会影响到世界其他地方。领导者现在需要增强共情能力，了解部落主义和民族主义的力量。理解文化特性和差异，可以启发清醒的决策。领导者现在需要学习历史、人类学、社会学、政治和经济学，否则他们将成为新的异类(Salicru, 2017)。

12. 从失败中学习的复原力：每个人都会在我们职业生涯的某个阶段受到问题和危机的挑战，偶尔也会遇到极端环境。在这一过程中，我们也经常失败。除非是灾难性的，否则我们大多数人都会恢复，继续领导力的传承之旅。我们从这些干扰中学习。在面对新的挑战时，我们变得更聪明，适应性更强，从而取得成功。我们从失败中学习，而不是从成功中学习(Seligman, 2011)。

失败是一种方向性的调整。它刷新了我们的感觉和意义创造的视角。体验式学习是关于快速失败和向前失败；它把失败看成是延迟抵达目的地。但失败并不是取消未来。失败给了我们弹性，是一种激励(Fukuda, 2019)。

如果领导者能从失败中汲取有用的经验，那么了解失败的原因就很重要。如果不能从失败中学习，那么它们将破坏个人和企业的声誉、资源、合法性和信任。然后，失败将摧毁我们的未来。但是，如果领导者知道如何做好准备，从反应到建设性的响应，那么就能有更新和复兴(Jahanbegloo, 2020)。

在乌卡世界中,失败的原因可能来自多个方面,其中包括道德上的失误、决策中的认知偏差、领导者的无能或误判。从过去的体验式学习并不总能保证作出成功的判断。但体验式学习的教训辅以积极的实验,可以帮助振兴领导力和企业的复兴(Bejaoui, 2020)。

通常情况下,成功比失败更明显。但从众多的成功故事中学习可能会产生误导。所有那些关于伟大领导力和企业卓越的书籍往往表现出傲慢。只研究具有特定情境的成功故事,将不能帮助我们避免失败。不强调失败的普遍性,就会误导我们认为我们完全可以控制失败。

在这种乌卡无序状态下,大多数问题会升级为危机和灾难级别。但是,如果领导层做好预测、先期预备和应对新出现的失败,那么这就有助于将损失降到最低,并使用替代解决方案来挖掘其他潜在的成功。这就是通过失败管理来改进。

在现实世界中,人类必须掌握具有挑战性的问题,这些问题具有以下性质。

1. 正在发生的事情就是应该发生的事情。因此没有问题。

2. 不应该发生的事情没有发生。因此没有问题。

3. 正在发生不应发生的事情。换言之,我们有一个问题,一个新出现的困惑和一个可能的悖论。

上述情况的出现是由于信息的模糊性、价值的模糊性和不可知性的模糊性。这就是乌卡的挑战。所有这些事件和概率都是实时出现和发生的(Rosenhead et al., 2019)。企业和国家领导人及其顾问在决策中每时每刻都受到上述现实的挑战。

恰当构建5L框架和LXXL框架,可以从本体论、认识论和价值论的视角来理解我们思考、行为和成为的为何、如何和是什么的问题。这个全面、灵活、强大的认知框架足以适应所有类型的领导力学习和领导力传承实践(Sandybayev, 2019)。

重新构建5L框架提供了强大的见解,足以理解正在以深刻的方式影响着我们的工业4.0、新冠肺炎疫情(Urick et al., 2021)。最终目标是在商业和政治领域建立复原力,以便智胜、策略取胜和超越竞争对手。

(校对:谢云涛、洪扬)

参考文献

Beard, C., 2022, *Experiential Learning Design: Theoretical Foundations and Effective Principles*, Routledge.

Beard, C. and Wilson, J., 2018, *Experiential Learning: A Practical Guide for Training, Coaching and Education*, Kogan Page.

Bejaoui, Azza., 2020, *Corporate Leadership and Its Role in Shaping Organizational Culture and Performance*, Business Science Reference.

Bolman, L.G. and Deal, T.E., 2013, *Reframing Organizations: Artistry, Choice, and Leadership*, Jossey-Bass.

Carnahan, D., Hao, Q. and Yan, X. S., 2019, "Framing Methodology: A Critical Review," *Oxford Research Encyclopedia of Politics*, 25 June.

DeLisi, P., 2020, *Strategic Leadership and Systems Thinking*, New York: Routledge.

Fairhurst, G. T. and Sarr, R. A., 1996, "The Art of Framing: Managing the Language of Leadership," *American Journal of Health-System Pharmacy*, 53: 2670—2671.

Galford, R. and Maruca, R., 2006, *Your Leadership Legacy: Why Looking Toward the Future Will Make You a Better Leader*. Harvard Business Review Press.

George, L. S. and Park, C. L., 2016, "Meaning in Life as Comprehension, Purpose, and Mattering: Toward Integration and New Research Questions," *Review of General Psychology*, 20: 205—220.

Gus Gordon, 2017, *Leadership Through Trust*, Palgrave Macmillan.

Hicks, J. A. and King, L. A., 2009, "Meaning in Life as a Subjective Judgment and Lived Experience. Social and Personality," *Psychology Compass*, 3: 638—653.

Tartaglia, James, 2015, *Philosophy in a Meaningless Life: A System of Nihilism, Consciousness and Reality*, Bloomsbury Academic.

Gharajedaghi, Jamshid, 2006, *Systems Thinking: Managing Chaos and Complexity*, Elsevier.

Chandler, Jennifer L. S. and Kirsch, Robert E., 2018, *Critical Leadership Theory: Integrating Transdisciplinary Perspectives*, Palgrave Macmillan.

Shoup, John R. and Studer, Susan Clark, 2010, *Leveraging Chaos: The Mysteries of Leadership and Policy Revealed*, R and L Publication.

Canals, Jordi(eds.), 2015, *Shaping Entrepreneurial Mindsets: Innovation and Entrepreneurship in Leadership Develop*, Palgrave Macmillan.

Kaufman, S., Elliott M. and Shmueli, D., 2003, "Frames, Framing and Reframing," Retrieved March 8, 2010, http://www.beyondintractability.org/essay/framing/.

Kolb, A. and Kolb, D., 2017, *The Experiential Educator: Principles and Practices of Experiential Learning*, EBLS Press.

Kolb, D., 1984. *Experiential Learning: Experience as the Source of Learning and Development*, Prentice-Hall.

Kouzes, J. M. and Posner, B. Z., 2006, *A leader's legacy*, Jossey-Bass.

Landau, Iddo, 2020, *Finding Meaning in an Imperfect World*, OUP.

Lehtonen, Salla and Seeck, Hannele, 2022, "Multilevel and Multisite Leadership Development from a Leadership-as-Practice Perspective: An Integrative Literature Review," *European Journal of Training and Development*.

Martela, F. and Steger, M. F., 2016, "The Three Meanings of Meaning in Life: Distinguishing Coherence, Purpose, and Significance," *The Journal of Positive Psychology*, 11: 531—545.

McCauley, C., 2014, *Experience-Driven Leader Development: Models, Tools, Best Practices, and Advice for On-the-Job Development*, Wiley.

Metz, T., 2013, *Meaning in life*, Oxford University Press.

Hyatt, Michael, 2020, *The Vision Driven Leader*, Baker Publishing.

Chan, K. Y., Ho, M. H. R., Uy, M. A. and Kennedy, J. C., 2020, *Entrepreneurship-Professionalism-Leadership: A Multidimensional Framework for Human Capital and Career Development in the 21st Century*, Singapore: Springer.

Morris, T. H., 2019, "Experiential Learning—A Systematic Review and Revision of Kolb's Model," *Interactive Learning Environments*, 28: 1064—1077.

Richter, N., Jackson, P. and Schildhauer, T., 2018, *Entrepreneurial Innovation and Leadership: Preparing for a Digital Future.*, Palgrave.

Nohria, Nitin and Khurana, Rakesh, 2010, *Handbook of Leadership Theory and Practice*, Harvard Business Press.

Noguchi, K., 2020, "The Meaning Frame Theory: Meaning Arises with Reference Points," *Journal of Happiness Study*. 21: 3121—3141.

Peterson, C. and Seligman, M. E., 2004, *Character Strengths and Virtues: A handbook and Classification*, Oxford University Press.

Raelin, J. A., 2020, "Toward a Methodology for Studying Leadership-as-Practice," *Leadership*, 16(4): 480—508.

Ramin Jahanbegloo, 2020, *The Courage to Exist: A Philosophy of Life and Death in the Age of Coronavirus*, Orient Blackswan.

Roque, A., Brito, C. and Veracini, C., 2020, *Peoples, Nature and Environments Learning to Live Together*, Cambridge Scholars Publishing.

Rosenhead, J., Franco, L. A., Grint, K. and Friedland, B., 2019, "Complexity Theory and

Leadership Practice: A Review, a Critique, and Some Recommendations," *The Leadership Quarterly*, 19 August.

Sandybayev, Almaz., 2019, "Impact of Effective Entrepreneurial Leadership Style on Organizational Performance: Critical Review," *International Journal of Economics and Management*, 1(1): 47—55.

Gill, Scherto, Thomson, Garrett and Gergen, Kenneth J., 2020, *Ethical Education: Towards An Ecology of Human Development*, Cambridge University Press.

Salicru, Sebastian, 2017, "Storytelling as a Leadership Practice for Sense-making to Drive Change in Times of Turbulence and High Velocity," *Conference: International Leadership Association*(ILA)., 19th Annual Global Conference, Brussel.

Seligman, M.E.P., 2011, *Flourish*, New York: Free Press.

Sharpe, R., Beetham, H. and Freitas, S., 2010, *Rethinking Learning for a Digital Age*, New York: Routledge.

Fukuda, Shuichi, 2019, *Self Engineering: Learning From Failures*, Springer Nature.

Snihur, Y., Thomas, L. D., Garud, R. and Phillips, N., 2021, "Entrepreneurial Framing: A Literature Review and Future Research Directions," *Entrepreneurship Theory and Practice*, 46: 578—606.

Trongtorsak, S., Saraubon, K. and Nilsook, P., 2021, "Collaborative Experiential Learning Process for Enhancing Digital Entrepreneurship," *Higher Education Studies*, 11: 137.

Urick, A., Carpenter, B. W. and Eckert, J., 2021, *"Confronting COVID: Crisis Leadership, Turbulence, and Self-Care"*, *Frontiers in Education*, 26 March.

Takoeva, Vasilisa, 2021, *Researching Leadership-as-Practice: The Reappearing Act of Leadership*, Routledge.

Wallace, R., 2011, *Servant Leadership-Leaving a Legacy*, R&L Education.

问题与对策

竞争中性原则及中国的因应措施

毕竟悦*

[摘　要]　“竞争中性”这个概念由发达国家首先提出，但是其在学理上是一个相对中性的概念，体现了市场经济体制的内在要求。从更高层次来说，也体现了社会公平的要求。总体而言，竞争中性原则符合中国的改革发展方向。当前，一些经济发展较为倚重国企的新兴经济体都在尝试引入竞争中性原则，它们对竞争中性原则的本土化实践对于我国无疑具有较强的参考价值。我国可以以反垄断法为基础推动竞争中性改革，推进国企分类改革，确立满足国家整体利益最大化需要的竞争中性措施，使之既符合国际社会普遍认可的学理原则，又与我国自身的控制力、承受力相适应。

[关键词]　竞争中性　公共所有权　国有企业　反垄断

一、竞争中性的提出及基本内涵

竞争中性源于英文词组“competition neutrality”，泛指国家为各类

* 毕竟悦，国家能源集团技术经济研究院研究员。

市场主体提供公平的法律政策环境,不因市场主体的所有者或控制人等方面的差异,而使其在市场竞争中享有优势或面临劣势。

国际经济法主体之间的竞争中性调控制度,可以追溯至 1979 年《关税及贸易协定》东京回合谈判达成的《补贴与反补贴守则》及其后续的 1994 年《反补贴协定》,旨在反对各国政府向企业提供不公平竞争优势的做法。《反补贴协定》规定,凡是受到“政府或任何公共机构”提供的“专向性”财政资助的企业,无论该企业与政府之间是否存在权属关系,该资助行为都应被认定为非法。

1995 年,澳大利亚正式提出了竞争中性(也称竞争中立)的概念,其含义是指公共所有权不能享受高于私人部门竞争对手的净竞争优势。在当时,澳大利亚的国企不仅得到竞争法的适用豁免,还在监管、税收、融资、破产等方面享受优待。为了矫正这种不公平竞争,澳大利亚通过了以《竞争原则协议》为代表的三个协议,正式建立了竞争中性政策;同时还修改了 1974 年《竞争法》的豁免制度,将商业性的组织和个人都纳入规制范畴。澳大利亚《竞争原则协议》第 1 条第 5 款规定,该协议对商业企业所有权的性质和形式保持尊重和中性,这体现了所有制中立。澳大利亚联邦政府与各州、地区政府签署的《竞争原则协议》将竞争中性的政策目标,定位于消除由于参与重大商业活动的主体的“公共所有权”属性而引起的资源分配扭曲。就具体框架而言,澳大利亚设计了税费中性、债务中性、监管中性、完全成本核算、公司化等实体制度;组建了国家竞争委员会、生产力委员会等专门性机构;建立了竞争中性申诉的外部监督机制。

在此之后,澳大利亚的竞争中性理念逐渐被其他发达经济体和联合国贸易发展大会所接受。2005 年,《经合组织(OECD)国有企业指引》中首次体现了竞争中性的内涵,此后经合组织连续发布多项关于竞争中性的工作报告,以软法的形式着力推进竞争中性,保障市场公平。经合组织吸纳了很多澳大利亚竞争中性框架的内容,但经合组织模式比澳大利亚模式要更刚性,对于新兴经济体来讲是一种较高标准的模式。经合组织模式主张竞争中性原则不光适用于严格意义上的国有企业,还适用于任何带有“政府所有”性质的实际或潜在的与私营部门开展竞争的商业实体(commercial entity)。其具体措施包括:经营结构合理化,对商业和非商业业务进行结构性分离;提高透明度和公开度;获得合理的利润率;合理考量公共服务义务,确保补偿的透明性和可计算性;税收中性;监管中性;债务中性;政府采购中性。

欧盟以竞争法为核心的竞争中性模式在世界范围内也比较有影响力。尽管没有像澳大利亚一样通过立法明确勾勒竞争中性的体系化框架,但是让国企和私企在平等基础上竞争的理念在欧盟早有体现,并且自欧洲一体化以来一直是欧盟竞争法的重要内容。例如,《欧盟运行条约》第 106 条规定国企或者为了政府利益的私企之行为都应适用欧盟竞争法,除非某一行为是为了完成根据法律分配的特殊任务所必需。欧盟还颁布了透明度指令,要求成员国保证政府与国企间的财务关系信息公开,对国企商业业务和非商业业务分别设立账户。

在当前中美博弈的大背景下,竞争中性问题又具有特殊意义。近年来,美国签订了一系列双边、区域贸易投资协定,大力推进竞争中立原则。《美国、墨西哥和加拿大协定》、《跨太平洋伙伴关系全面进步协议》都要求各缔约方分享竞争中性等政策方针的最佳做法,以确保为国有企业和私营企业提供公平的竞争环境。

在现实中还存在着政府对企业提供的其他扶持行为。例如,通过国有控股商业银行向特定企业提供非商业性的资金支持,该资金形式上并非来源于公共财政,所以无论是世界贸易组织反补贴规则抑或欧盟的国家援助法律制度,对这种扶持行为均无权管辖。此外,国家与被扶持的企业之间即便不存在法律意义上的投资关系或控制关系,不符合"竞争中性"对国有企业的经典理解,国家意志也仍然可以通过其他软法安排得以在企业经营决策中贯彻体现,形成国家与企业深度融合的结构(Wu, 2016)。为了弥补上述"漏洞",美国致力于推动对竞争中性的客体范畴作更具扩张性的解读,在"国家拥有(国有)企业"和"国家补贴企业"之外,提出了"国家扶持企业"(State-Supported Enterprises,或称 SSEs)的新概念。2020 年 3 月 5 日,美国参议院银行、住房和城市事务委员会举办了"国有企业及国家扶持企业对公共交通造成的威胁"听证会,矛头直指在"中国政府支持"下打入美国市场的国有企业中国中车和非国有企业比亚迪公司。"可以预见,按照此势头发展,任何得到国家直接或间接提供的所谓'不公平'扶持帮助的企业,都可能被标记为竞争中性的重点关注对象，这将对擅长运用微观政策杠杆调控产业和企业发展、参与国际市场竞争的国家构成广泛约束”(李俊峰，2021:145)。

二、新兴经济体引入竞争中性原则的探索与启示

当前，一些经济发展较为倚重国企的新兴经济体都在尝试引入竞争中性原则，它们对竞争中性原则的本土化实践对于我国无疑具有较强的参考价值。

(一) 印度

印度既是金砖国家，又为我国近邻，很多改革经验对我国有一定的参考意义。尽管印度并没有建立竞争中性的独立框架或作出正式承诺，但其很多改革已经涉及竞争中性的相关内容(Gaur, 2014)。早在2010年，世界银行的研究报告就认为印度已经将很多市场规则引入国企改革，特别在透明度和信息披露方面已经与很多经合组织国家的标准相当。

20世纪90年代，印度开启了经济自由化改革，很多行业都向私营部门开放，目前只有军事装备、原子能和铁路运输三个行业为国有企业所保留；与此同时，国企的经营范围也不局限于公共设施建设或某些核心领域，而是向竞争性行业不断扩张，由此印度转向了高度混合的经济体制。但是，国企在竞争中往往能享受融资优惠、政府援助、显性或隐性国家担保、土地使用以及行政许可等方面的照顾。此外，印度国企还存在自治程度差、决策效率低、竞争能力弱等问题。

为了提升国企效率，维护平等的企业竞争环境，印度不遗余力地推动体现竞争中性理念的改革。主要改革举措包括：第一，实行国企分类改革。按照竞争效率和脱离政府依赖的程度，由低到高依次将国企划分为四级(MINIRATNA-II级、MINIRATNA-I级、NAVRATNA级、MAHARATNA级)并保持名单动态更新，级别越高者能享受更高程度的运营自由和财务自治(Gaur, 2014)。这种纵向分类机制为国企提供了不断自我优化、摆脱政府依赖的内生性激励。第二，设立了大量的

监管机构，主要包括两类。一是行业性监管机构，包括电信监管局、保险和发展监管局、经济监管局等，这些机构的职责之一就是营造公平的行业竞争环境。二是功能性监管机构，包括公共企业部（负责出台涵盖国企治理、运营、人事、财务等方面的指南）、财政部和公共投资委员会（审查国企财务和投资决策）、审计署、中央警戒委员会（监督国企政府采购）。此外，内阁、行政部、计划委员会、中央信息委员会等部门可就某些问题对国企进行监管。第三，完善国企治理结构。印度是少数几个对国企专门颁布公司治理指南的发展中国家之一，指南规定了国企董事会的权利义务及高标准的信息披露要求（Gaur, 2014）。第四，建立国家竞争审查框架，对所有拟议和现行的法律及政策进行竞争影响评估，以发现导致或有可能导致竞争扭曲的规定，力求在竞争政策和其他政策考量之间取得平衡。第五，实现税收中性。印度几乎不对国企免税，相反国企向财政部支付了大量税款，成为充盈国库的重要来源。第六，强化印度竞争委员会的职权。该委员会通过对国企和私企统一适用竞争法，创造公平的竞争环境。根据《印度竞争法》第 49 条，该委员会还可以采取宣讲、研讨会等非执法方式进行竞争倡导，贯彻竞争中性理念。

然而，印度竞争中性框架也存在诸多问题，特别是其“过度监管”问题饱受诟病。印度赋予大量行政机构以监管国企的职权，但监管机构的叠床架屋耗费了大量的制度成本，增加了国企的遵从成本，而且过度监管容易促使国企形成保守封闭、谨小慎微、惧怕风险的企业文化（Roongta, 2011）。

（二）南非

同属金砖国家的南非的改革教训值得我们警惕。20 世纪 80 年代，席卷全球的私有化浪潮对南非国企也产生了影响。关于对国企采取变卖资产的私有化（privatization）还是采取公司化（corporatization）改革路径的问题在当时引发了激烈的争论。最终从 20 世纪 90 年代开始，南非采取了对国企进行公司化改革的路径，即让国企像私企一样面对市场优胜劣汰的竞争，遵守和私企一样的商业法律，取消国企的补贴和特权，让国企管理者接受和私企管理者同样的职权和激励（Shirley,

1999)。不难看出,此种公司化的概念和竞争中性很接近。

但是南非国企只是在名义上进行了公司化,实质上国企在很多关键行业对竞争产生了严重影响,许多方面离竞争中性标准还差距甚远。首先,迫于政治压力,南非很多国企需要同时实现商业性和社会性目标。然而,在南非国企负担没有经济回报的社会性业务时,往往得不到政府的补偿,很多国企需要自筹资金来弥补承担社会义务的损失。其次,南非缺少监督国企的统一机制,监督权被分散到多个部门,存在“九龙治水”的困局。能够监督国企的部门有公共企业部、通信部、国家财政部、交通部、防卫部、经济发展部、能源部、公共就业部、水事务部等。最后,南非国企公司化和中性化改革效果较差的一个关键原因在于竞争法的执行低效。

(三) 马来西亚

尽管马来西亚国力在新兴经济体中并不突出,但其作为CPTPP协议(原TPP协议)成员国的身份使其具有了一定的比较研究价值。如今,马来西亚的国企在金融业、制造业、娱乐业、旅游业、农业等多个领域与私企展开竞争,这种高度混合的经济体制迫使马来西亚政府必须营造中性的竞争环境,并采取了下列措施——不断放开行业限制,引入私人资本,设立通信和多媒体委员会、公共陆地运输委员会等专门性监管机构,建立透明度考核和监督问责机制(公共账目委员会、审计长办公室对国企进行外部监督)等。2010年,马来西亚还通过了竞争法和竞争委员会法,规定除了通信和多媒体、能源领域的国企享受豁免以外,对马来西亚市场竞争有影响的一切商业活动都为竞争法的规制对象。尽管马来西亚没有明确提出竞争中性框架,但竞争中性的价值理念和制度要求在上述改革中已经有所体现。

(四) 小结

梳理新兴经济体的改革经验对我国大有裨益,综上研究可以得到三点启示。首先,竞争法在竞争中性框架中扮演了关键作用;其次,国企分类改革是主攻方向;最后,监管方面要尽力避免多头监管,造成寻租空间和降低监管效率。

三、中国引入竞争中性原则的价值与意义

竞争中性在学理上是一个相对中性的概念，体现了市场经济体制的内在要求。从更高层次来说，也体现了社会公平的要求。总体而言，竞争中性原则符合中国的改革发展方向。党的十八届三中全会以来，竞争中性理念逐渐成为共识且在多个中央政策文件中已有体现："国家保护各种所有制经济产权和合法利益，坚持权利平等、机会平等、规则平等"①，"按照竞争中性原则，对各类所有制企业和大中小企业一视同仁"②。2022 年，党的二十大报告中提出要"构建全国统一大市场，深化要素市场化改革，建设高标准市场体系"，强调"完善产权保护、市场准入、公平竞争、社会信用等市场经济基础制度"以及"加强反垄断和反不正当竞争，破除地方保护和行政性垄断"(习近平，2022)。

(一) 竞争中性概念本身是中性的

竞争中性原则在主张社会公平的同时，并没有完全否认市场竞争及社会发展当中的异质性需要，没有禁止一国设立国有企业，只是反对任何企业依靠政府补贴和歧视性政策获得不应有的竞争优势，主张国有企业与其他各类企业平等参与市场竞争。竞争中性也并非完全禁止政府干预市场，而是限制政府的歧视性干预，要求政府在干预过程中公平地向所有市场竞争者提供机会。竞争中性原则的提出及推广是经济全球化发展的必然结果，且与中国经济体制改革的目标不存在根本性的冲突，符合中国市场深化改革的方向。

(二) 竞争中性原则符合中国改革开放的内在要求

在一个经济体中，如果存在多个经济驱动力同时发力，对立统一、协作演进、互相弥补，更有利于经济的稳定与高效发展。建国后，由于缺乏经济建设经验，中国一度排斥非公经济的发展，损害了经济的总体活力。竞争中性原则的实施有助于实现经济的多元化，国企、民企与外企有机竞争，以多个动力而非一个动力驱动市场演进和经济发展，同时相互平衡、互相补充、彼此支撑，不但更加高效，也更加稳定。

1980 年,《国务院关于开展和保护社会主义竞争的暂行规定》就“提倡各种经济成分之间、各个企业之间,发挥所长,开展竞争”,“打破地区封锁和部门分割”,并要求对规章制度中妨碍竞争的内容进行修改,废止用“行政手段保护落后,抑制先进,妨碍商品正常流通的做法”。

党的十九大报告将竞争公平有序、全面实施市场准入负面清单制度,清理废除妨碍统一市场以及公平竞争的各种规定和做法确定为完善社会主义市场经济体制的重要任务。2017 年以来,党中央、国务院、国资委、央行、国家统计局的相关领导发言或会议文件当中,出现了“按照竞争中性原则”“以竞争中性原则对待国有企业”等表述,并且陆续出台更加全面和细化的意见、条例等大力推行竞争中性。2018 年国务院办公厅印发的《关于聚焦企业关切进一步推动优化营商环境政策落实的通知》强调,破除各种不合理门槛和限制,减少社会资本市场准入限制,清理取消市场准入负面清单以外领域的准入限制,实现市场准入内外资标准一致,使外资企业享有公平待遇。2019 年国务院政府工作报告使用竞争中性概念,提出“按照竞争中性原则,在要素获取、准入许可、经营运行、政府采购和招投标等方面,对各类所有制企业平等对待”。党的二十大报告则进一步明确要“加强反垄断和反不正当竞争,破除地方保护和行政垄断”。这些文件和举措均表明,在中国市场深化改革的过程当中,一直强调公平与平等的内涵,这与竞争中性原则在理念、方向和内容等方面基本一致。

(三)竞争中性原则符合中国国企改革的发展方向

竞争中性原则旨在营造国有企业与私营企业的公平竞争环境,实际上有利于中国国企的改革。2015 年《中共中央国务院关于深化国有企业改革的指导意见》明确指出:“国有企业改革要遵循市场经济规律和企业发展规律,坚持政企分开、政资分开、所有权与经营权分离,坚持权利、义务、责任相统一。”虽未明确提出“竞争中立”,但其改革内容与“竞争中立”在精神上一致。2018 年 10 月 14 日,中国央行行长易纲在 G30 国际银行业研讨会上提出,为解决中国经济中存在的结构性问题,将考虑以“竞争中性”原则对待国有企业。这当属我国官方高层对竞争中性的首次表态,引发了广泛关注。2018 年 10 月 15 日,国务院国资委新闻发言人彭华岗称,“改革以后的国有企业和其他所有制企业是一样的,依法平等使用生产要素、公平参与市场竞争,同等受到法律保护”,并“提倡‘所有制中立’,反对因企业所有制的不同而设置不同的规则”。

竞争中性的实施可以保障国有经济与非国有经济之间的公平竞争,帮助国有经济更好地发展。推进竞争中性原则一方面能够因为补贴的透明公开而提升国企的效率,另一方面也能够鼓励国企更好地承担更多的社会责任。因此,竞争中性原则在总体上能够加强国企的社会地位,促进国企发展。

需要注意的是,近年来,竞争中性成为继“国家安全审查”之后限制国企对外投资的另一“紧箍咒”。在“一带一路”建设中,国企频频面临沿线国家竞争非中性的指控风险。积极推进国有企业竞争中性改革,能够减少国企“走出去”过程中遇到的障碍,消除国际社会的误解,特别对“一带一路”建设具有重要意义。

(四)竞争中性原则有利于中国企业参与国际竞争

竞争中性原则有利于中国在依赖国企的“一带一路”沿线国家的投资。随着中国企业“走出去”规模的不断扩大,中国也越来越需要主张竞争中性的国际经贸规则来保障日益增长的海外利益。

竞争中性原则重点关注补贴问题,近年来中国作为申诉方屡屡在与他国的补贴争端中受益。客观地说,在当前的国际竞争及经济体系下,任何国家都不可能完全取消补贴,所谓的“零补贴”是不可能做到的。但是,让补贴更加公平有效是可以做到的,这正是竞争中性原则所追求的目标。世界贸易组织《补贴与反补贴措施协定》是迄今为止解决反补贴国际争端的最重要的法律渊源,因此同时也是处理各法域间的竞争中性冲突的主要实践指南。中国加入世界贸易组织后的20年间,作为被诉方频频遭遇其他国家或地区发起的反补贴调查,同期也作为申诉方在与他国的补贴争端中取得了不少积极成果(Shirley, 1999)。

同时,竞争中性原则有利于中国吸引外商投资。近年来,中国欧盟商会每年发布的《欧盟企业在华建议书》均提到“不公平竞争”,认为来自中国政府的补贴是“中国国有企业和外国企业竞争实力差距的突出因素”。对此,在未来的发展中,中国可以通过竞争中性原则的推进,创造一个更加公平竞争的市场环境,激发国内各类经济体的活力,同时吸引全世界优质企业及生产要素进入中国,在平等高效的条件下充分竞争,协作共赢,把中国打造成全球产业及研发中心,同时也带动整个中国社会经济的高质量发展。当然,借鉴引进这一政策必须根据中国的实际发展水平和承受能力量力而行,循序渐进,不能急于求成,也不能在外部压力下被动匆忙实施。

(五)竞争中性原则符合中国大国崛起的长远目标

推进竞争中性原则,有利于中国在国际经贸交往中处于主动地位,展示良好的国际形象。在全球化的时代,中国的崛起不仅需要充分利用本国的资源,发挥本国企业的能力,也需要动员全球的优质企业和优质资源。在这样的背景下,一套符合中国利益的竞争中性政策,可以更好地实现公平竞争,吸引全世界优秀企业为我所用,为中国企业"走出去"扫清障碍,利用好全世界的优质要素,从而更好地促进中国的民族复兴及大国崛起。

由上可见,竞争中性之于我国,涉及政治、经济、法律、文化、社会等多个层面。中国引入竞争中性原则的过程中,既要借鉴国际规则,倒逼相关改革,减少开放中的阻碍;同时也要坚持中国特色,不放弃独特的竞争优势,保障自己的核心利益。下面,将从营商环境优化、国有企业改革和国际规则重塑三个方面论述我国如何引入竞争中性原则和相关的改革举措。

四、竞争中性与营商环境优化

为了让市场在资源配置中起决定性作用,我国采用了一系列改革措施,党的十九大报告明确提出"清理废除妨碍统一市场和公平竞争的各种规定和做法,支持民营企业发展"。"但是这些改革呈现出碎片化、非规范化、冲突化、粉饰化、部门化等众多流弊,不具备正当性的倾斜性政策仍大量存在"(孙瑜晨,2019:144)。在欧盟,无论是统一市场化改革还是竞争中性改革都是以欧盟竞争法为核心的。我国可借鉴欧盟做法,以反垄断法为基础推动竞争中性改革,从以下几方面予以推进。

第一，在法律中正式规定竞争中性原则。尽管我国很多改革举措都已经体现了竞争中性理念，但却缺少国际通行的关于竞争中性的制度话语表达。正式法律规定的缺失不仅造成国际误会、贻人口实，更让国企正当的海外商业活动频遭无端滋扰。因而可以考虑借《反垄断法》修改契机，在正式文本中写入竞争中性的相关表述。同时，可以借鉴澳大利亚发布《联邦竞争中性政策声明》等专门性文件的做法，出台专门性的贯彻竞争中性的指南、通知或意见。实际上，我国政府曾出台的《促进市场公平竞争维护市场正常秩序的若干意见》《关于聚焦企业关切进一步推动优化营商环境政策落实的通知》等文件已涉及大量竞争中性内容。在此基础上，可进一步发布推进竞争中性的专门性文件，向全社会倡导公平竞争理念。

第二，将公平竞争审查制度引入《反垄断法》(王先林，2018)。公平竞争审查制度是竞争中性框架的重要组成内容。澳大利亚《竞争原则协议》规定了立法审查，要求各类立法不应限制竞争；印度的国家竞争政策计划也有对现行立法进行竞争效果评估的类似安排。目前，我国已正式建立了公平竞争审查制度，但该制度仅停留在规范性文件的层面，效力层级较低，这与规范政府行为、建设现代市场体系的需要之间是不匹配的(张守文，2017)。反垄断法被誉为市场基本法，是一国竞争观念和文化的集中反映，公平竞争审查与其必然存在千丝万缕的渊源联系而无法分割，也必须与其确立的竞争框架秩序相融合进而才得以存续。加之，公平竞争审查涉及对竞争影响的定性和定量评价，势必要融入反垄断法精深的理论和方法。“而一旦脱离反垄断法的机理孤立或外化于反垄断法体系来理解和适用这一制度，就会从根本上模糊其保护竞争的本质和削弱其合法性”(张占江、戚剑英，2017)。综上，应将公平竞争审查制度加入《反垄断法》文本当中，使其上升为法律以提升效力层级，并内化为反垄断法的一项基础性制度，融入反垄断法的理念、机理和方法论，实现市场竞争制度的体系化，从而更好地发挥功能，通过对存量或增量政策的竞争评估审查，纠正准入、税收、债务、监管、政府采购、补贴等方面的非中立现象，营建公平正义的市场环境。

第三，完善国企反垄断豁免制度。当前，该制度主要体现在《反垄断法》第7条，其规定“国有经济占控制地位的关系国民经济命脉和国家安全的行业以及依法实行专营专卖的行业,国家对其经营者的合法经营活动予以保护”。长期以来,该条款因其模糊化的表述而备受争议。反垄断执法机构也往往因为该模糊化的规定而产生忌惮心理,不敢触碰该领域,实践中出现了国企垄断行为豁免泛化的情况。该条款不仅不利于提振国内公众对《反垄断法》的信心,还减损了国际社会对我国《反垄断法》公正性和中立性的评价。在当前不断强调竞争中性的环境下,应当借反垄断法修改契机,优化国企反垄断豁免制度。具体而言,一方面,应当对公益性国企进行普遍性豁免。这是因为如果公益性国企与商业性国企一体适用反垄断法,则可能导致其设立之宗旨目标无法实现(何之迈,2004)。基于公益性国企履行公共品供给职能之需要和提高社会福祉之考量,应当考虑建立以《公共企业法》为轴心的独立监管框架。另一方面,应当对商业性国企进行个别性豁免。个别性豁免限于商业性国企为履行国家战略功能或完成公共政策目标而实施的非商业性活动。有关部门还可适时制定《国有企业垄断豁免指南》,表明对公益性和商业性国企区分对待的豁免立场,并对具体的豁免情形、抗辩条件、豁免程序等问题予以细化规定(李国海,2017)。

第四,注重对“竞争软法”的研究、改进和实施。在我国,虽不具备完整效力结构、不由国家强制力保障实施,但具有一定现实约束力的竞争行为规范(或称“竞争软法”)的数量、体量均远远超过硬法。竞争软法的内容构成非常丰富,包括党内法规政策,行政机构运作惯例,经济领域的规划、纲要、指南、建议、指导意见,市场主体自愿、习惯或受制性遵守的常规成例等。竞争软法对硬法实施具有潜在但重要的补充性、指引性、约束性或消解性作用,在一定意义上,其现实影响力甚至超越硬法。因此,必须研究构建软硬法结合的统摄性法律体系和规范架构。同时,进一步完善营商环境,增进政府采购、产业补贴、创新激励、金融支持、市场准入等领域的政策透明度和程序正当性,构建与我国法制土壤相适应的竞争中性制度体系。

五、竞争中性与国有企业改革

竞争中性主要解决中资企业与外资企业之间、国企与民企之间的公平竞争问题，这两个领域的问题都常常以国企为中心。国企竞争中性改革涉及对国企分类、监管体制、治理结构、人事薪酬、透明度等方面的中性化改良，而其中关键是国企分类改革。

新兴经济体的经验揭示，唯有实现对国企准确的分类，才能既不让国企因为所有制性质而获得优势，也不会因为所有制性质而遭受不利影响，世界主流的竞争中性模式都涉及国企分类的内容。另一方面，分类改革亦是当前国企改革的破局点，只有理顺了类别，国资监管、混合所有制等改革才能根据不同分类而依次展开。2015 年《关于深化国有企业改革的指导意见》(以下简称《指导意见》)已按照不同功能将国企分为商业类和公益类，以实现分类监管、分类考评的目标。很多国家都采用了与我国类似的二分法，如以色列分为商业性和非商业性国企，法国分为无法用商业原则考量、由国家全权管理的国企和属于商业范围的国企，新加坡分为垄断性机构和竞争性政府联系公司，匈牙利分为盈利性和非盈利性国企(宁金成，2015)。澳大利亚及 OECD 的竞争中性模式也都对国企活动进行了商业性和非商业性的区分。这说明我国的分类改革是符合制度潮流的，也能与竞争中性框架完美兼容。然而，《指导意见》并不具有刚性约束，也未对公益性或商业性的具体含义、构成要素进行细化规定，导致各地涌现出各式各样的分类。例如，北京市将国企分为城市公共服务类、特殊功能类和竞争类，广东省分为竞争类和准公共类，河南省将非工业国企划分为竞争类、功能类、公益类和文化类，浙江省分为功能类和竞争类，内蒙古自治区分为公益类、特定功能类和商业竞争类。国企分类应回到商业性和公益性的二元分类上，以解决商业性国企的交叉补贴问题以及公益性国企不利损失的公正弥补问题。上述三分法或四分法并不利于竞争中性改革的推行，而且纷杂的分类会加重企业的改革成本。

公益性国企主要指以追求社会效益为目的、提供公共品或准公共品、履行公共职责、有资格享受财政补贴或其他政府援助的国企，主要集中在公共交通、环卫、道路照明、供水、供电、供热、供气、排水、污水处理、社会治安、基础性研究、教育、医疗等行业。国资委可以制定公益性行业目录，并根据经济社会发展需要适时动态调整，从而兼顾灵活性与稳定性。公益性国企之外的其他国企自然就落入商业性国企的范畴。

公益性国企被排除在竞争中性原则管辖范围之外,其并不以追求利润为目标,未来的改革路向应当是为这类国企制定专门的《公共企业法》,以保障公共品或准公共品的供应质量和效率,降低供应成本。商业性国企则应贯彻竞争中性,不断推动市场化纵深改革。

更进一步,还应当对商业性国企的具体业务和活动进行细分。CPTPP协议就将竞争中性限定在基于"商业考虑"所实施的活动,如此限定是因为商业性国企的一些决策不是基于正常商业判断而是基于承担国家战略任务、履行特定政策功能的考虑而作出。对此类特殊商业活动适用竞争中性显失公平。《指导意见》已将商业性国企进一步分为商业I型和II型,商业II型是指主业处于关系国家安全、国民经济命脉的重要行业和关键领域,主要承担重大专项任务的国企。类似地,法国将商业性国企分为涉及国家战略利益的国企和完全可以参与竞争的国企;经合组织也指出了几种竞争中性适用的除外情形——作为产业政策工具、保证财政收入、出于政治经济学的原因。但须注意,商业II型依然属于商业性国企的范畴,与公益性国企存在本质区别,其应当以竞争中性为基本原则、以非中性为个别例外。长期以来,商业II型国企涉足非战略性的一般竞争领域的现象较为普遍,这些基于商业考虑而实施的活动当然应适用竞争中性原则;唯有负担国家战略功能、实现公共政策目标等非商业情形才能适用例外。此外,《指导意见》明确提出应对特殊业务和竞争性业务实行有效分离,独立运作和核算。为实现对商业II型国企商业性和非商业业务的分立,我国可借鉴欧盟《关于成员国和国有企业财务关系透明指令》关于账户分离的做法,设立分立账户,建立商业性业务和非商业业务之间的防火墙。

国有企业仍然是并将继续是我国经济的核心载体,与其他企业相比,国有企业在政治功能和意识形态方面具有先天的特殊性。我国国有企业数量体量庞大,遍布各个产业领域,是中国特色社会主义的重要物质基础和政治基础。国有企业既是经济调控的对象,更是响应调控政策的主力军,传导调控效应、输送调配资源的主渠道。为增强经济调控政策的执行力,政府部门习惯向国有企业提供税收、信贷、债务、证券化、补贴、资源、监管等方面的支持。总之,我国的经济体制和经济调控机制长期以来形成了对国有企业的路径依赖。国企竞争中性改革是一项复杂的系统性工程，我国应采取渐进式的改革思路，不断深化国企竞争中性改革。

六、竞争中性与国际规则重塑

竞争中性的中国化问题是系统性、全局性、长期性问题，需要不断探索、不断完善，不可能一蹴而就。我国应确立满足国家整体利益最大化需要的竞争中性措施，使之既符合国际社会普遍认可的学理原则，又与我国自身的控制力、承受力相适应。

（一）竞争中性原则是当前国际博弈的重要焦点

“规则重塑是一种规则创新，但这种创新并非提出新规则，不是已有规则的消亡和被替代，也不是规则被接受者完全内化，而是原有规则在扩散中被新行为体赋予和充实一些新内涵，使规则内容更丰富和完善。”（东艳，2021：34）竞争中性规则已经由发达经济体基本达成共识，并在美欧主导的各类贸易协定中向发展中国家推进。中国应促进规则重塑，进行多方面的综合努力，以最大限度地保障自己的利益。

自2010年以来，一个内容更趋丰富、形式更加多样、背景更为复杂、主体更加多元的“竞争中性国际规制体系”，正在世界贸易组织框架之外加速形成。竞争中性国际规制体系是：以防范和救济竞争中性偏离损害为目的，以国际组织或国家为规制主体，以国家（含其他国际法主体）或经营者为被规制主体的法律规范的总合，以及各相关主体基于此类法律规范所形成的交互关系的总和（李俊峰，2021）。

竞争中性国际规制具有公平性、纠偏性、公法性、跨国性、混合性的特征。“公平性”是指该种规制以维护国际市场的公平竞争为宗旨，防范经营者利用其拥有的不公平优势占夺其他经营者的交易机会；“纠偏性”是指该种规制对偏离竞争中性的行为（如歧视性的补贴、配额、税收优惠、市场准入、执法监督等）造成的不公平优势进行矫正；“公法性”是指与该规制相关的法律制度具有公法属性，规制行为的权力主体是国家或国家间组织，被规制的当事主体有时是国家；“跨国性”是指所规制的损害的原因与结果分布于不同的国家，不公平竞争优势由一国的非竞争中性行为造成,受到该不公平优势损害的经营者或其实际控制人的母国则是另一国;"混合性"是指竞争中性国际规制的法律渊源,既包括《反补贴协定》这样的国际法,也可以包括能够实现类似规制效果的国内法,规制的对象既包括国家,也可以包括企业、非政府组织或个人。

(二) 公开承诺接受竞争中性原则并有效推进

现代国家治理日益强调预期管理,政府的公开表态能够有效影响市场预期,改善投资状况。对竞争中性原则的承诺,能够更加有效地吸引投资、推动对外投资。国与国之间,一方面是利益优先;另一方面也必须尊重必要的契约关系。不讲诚信、不符合现代国际关系的原则,进而也会危及国家利益。对于竞争中性原则,中国应该公开承诺接受,并以实际行动取信国际社会,协调与他国的关系,促进"引进来"及"走出去"并举,共同发展。

(三) 在相关国际谈判当中争取同盟

当前世界上有很多国家与中国一样,国有企业在国民经济中占有重要地位。根据经合组织在 2013 年 3 月发布的《国有企业:贸易影响与政策含义》公布的数据,在各国前十大企业中,国有控股企业占比较高的国家依次是:中国(96%)、阿联酋(88%)、俄罗斯(81%)、印度尼西亚(69%)、马来西亚(68%)、沙特阿拉伯(67%)、印度(59%)和巴西(50%)。日本和欧盟等发达国家的立场与观点,部分也与中国的利益及诉求相契合。欧盟对中国强调竞争中性原则的主要焦点在于政府补贴,如果中国在补贴方面对欧盟在华企业更加公平,则可在相当程度上化解其不满。因此,中国可以争取多数,使全球经贸规则朝着有利于中国的方向重构,为中国经济与世界经济的健康发展提供保障,甚至可能借机重建国际经贸秩序。

(四) 增强中国在相关领域的国际话语权

软实力是国际竞争的重要力量。建立符合中国利益的理论与话语体系,可以帮助争夺国际话语权,改善中国的处境。中国存在争夺竞争中性问题话语权的空间,应加强国家间政策协调,特别是加强与发展中国家的协调与合作，提高相关规则的适用性和包容性。同时，中国可以委托相关权威国际组织推进符合中国利益及发展方向的竞争中性理论体系研究，为中国争取更加有利的话语高地和更加广阔的发展空间。未来，在竞争中性的国际博弈当中，中国需要进行概念创新及理论体系的突破，以深化对相关问题的认识，更好地保障本国利益。

（五）通过“一带一路”实现竞争中性国际规则的再造

竞争中性问题是当前国际博弈中规则制定权争夺异常激烈的新场域（冯辉，2016）。大部分“一带一路”沿线国家都有倚重国企的经济传统，与我国在国企问题上的共识远大于分歧。因此，我国应当抓住机遇推动国内竞争中性改革，再由内而外，通过“一带一路”这一窗口向世界提出竞争中性框架的中国模式，进而在国际规则制定中掌握话语权。

（六）倡导确立竞争中性豁免适用原则（安全港原则）

不同所有制的企业都可以构成我国经济制度的内在要素，在服务于不同的政治、经济目标方面，特定国有企业的贡献度并不总是优于其他企业。因此，优待国有企业的逻辑前提是，与其他企业相比，国有企业是实现特定目标的各类载体性工具中的最优选。一概而论地倾斜支持国有企业，不利于我国双循环新发展格局的构建，也不利于在国际经贸摩擦中谋取有利于我国的法律立场和话语权地位。但是，世界各国都或多或少地存在国有企业，国有企业可以具有特殊的设立目的，担负特殊的政治性、财政性或经济调节性职能，因而有必要尊重国企的特殊性，为其提供一定程度的特殊待遇。

当发生下述情形时，豁免国有企业适用竞争中性才具有正当性、合理性和必要性：对于实现国家的某种重要目标而言，国有企业因其所有制、控制权属性，而拥有显著优于其他企业的可靠性，且排除适用竞争中性的范围和程度，对实现国家其他各项既定目标的综合损害最小化。这一观点应当成为是否排除对国有企业适用竞争中性的基本判定原则（李俊峰，2021）。我们应当在国际社会积极倡议“竞争中性安全港”原则，明确允许在特定、有限、明确的领域内或特定条件下，排除国有企业对竞争中性的适用。安全港原则具备全球公认的法理基础，符合国际社会的普遍需求。安全港的划定标准,可考虑从主体身份、行为性质、目的属性、产业领域等维度设定。安全港标准划定应平衡考量国内市场倾斜待遇与国外市场准入门槛之间的逆向耦合关系。

(七)重视对竞争中性国际规制风险的管控制衡机制

我国在日趋复杂的国际形势下,难以完全避免来自外部的竞争中性规制挑战,故应高度重视如何对相关风险实施有效管理和控制。

一方面,在我国谈判拟议的双边和区域贸易协定当中,应适度考虑纳入竞争中性争端磋商条款。当前,全球多边贸易体制面临严峻挑战,全球产业链、价值链和供应链区域化,各国均将区域经贸协定视为参与全球治理、推动经贸合作的一个重要选项。在贸易协定中,尤其是在与我国发生竞争中性争端风险性较高的国家和地区订立的双边或区域贸易协定中,建立关于沟通磋商相关问题的管道和程序性机制,有助于彼此间明确立场、消除误解和达成谅解。③

另一方面,我国应按照扩大开放的既定方针,以前所未有的坚定信心与决心,大幅放宽市场准入,大力吸纳外商直接投资,增加产品和服务贸易进口,推动实现一些重点国家和地区的产业链条与中国经济的结构性嵌入和深度融合。这一格局有助于在发生竞争中性国际争端时发挥锚定作用,遏制单边主义行为和系统性脱钩倾向。

(校对:谢百盛、陆祎璐)

注

① 中国共产党十八届三中全会《中共中央关于全面深化改革若干重大问题的决定》。

② 2018 年 12 月 24 日,国务院总理李克强在国务院常务会议上的讲话。

③ RCEP 第 3 条即为竞争中性条款,在明确各缔约方“应当对所有从事商业活动的实体适用其竞争法律和法规,而不考虑其所有权”的同

时，允许在“透明且基于公共政策或公共利益理由”的情形下，排除对竞争法律法规的适用。第 6 条至第 17 条为缔约国之间的争端磋商和解决提供了明确的程序性指引，而且兼顾了与世界贸易组织争端解决机制的协调性。这些条款符合包括我国在内的世界各国普遍可以接受的竞争中性原则，也为“竞争中性安全港”原则留出了空间，有利于竞争中性争端各方在自贸协定或世界贸易组织框架内解决相关争议，对未来我国参与制定的自贸协定具有重要的参考借鉴价值。

参考文献

习近平:《高举中国特色社会主义伟大旗帜　为全面建设社会主义现代化国家而团结奋斗——在中国共产党第二十次全国代表大会上的报告》,2022 年 10 月 16 日。

东艳:《国际经贸规则重塑与中国参与路径研究》,《中国特色社会主义研究》2021 年第 3 期。

冯辉:《竞争中立:国企改革、贸易投资新规则与国家间制度竞争》,《环球法律评论》2016 年第 2 期。

何之迈:《公平交易法专论》,中国政法大学出版社 2004 年版。

李国海:《论反垄断法对国有企业的豁免》,《法学评论》2017 年第 4 期。

宁金成:《国有企业区分理论与区分立法研究》,《当代法学》2015 年第 1 期。

孙瑜晨:《国企改革引入竞争中性的正当性及实现路径——以新兴经济体的实践经验为镜鉴》,《北方法学》2019 年第 6 期。

张守文:《公平竞争审查制度的经济法解析》,《政治与法律》2017 年第 11 期。

张占江、戚剑英:《反垄断法体系之内的公平竞争审查制度》,《竞争政策研究》2018 年第 2 期。

Gaur, Seema, 2014, "Competitive Neutrality Issues in India," in Healey, Deborah eds, *Competitive Neutrality and Its Application in Selected Developing Countries*, United Nations, Geneva.

Roongta, S. K., 2011, *Report of Panel of Experts on Reforms in Central Public Sector Enterprises(CPSEs)*, Planning Commission, Government of India, New Delhi.

Shirley, M., 1999, *Bureaucrats in Business: The Roles of Privatization Versus Corporatization in State-owned Enterprise Reform*, World Development, Vol.27, No.1, pp.115—136.

Wu, Mark, 2016, "The 'China, Inc.' Challenge to Global Trade Governance," *Harvard International Law Review* 57, No.2.

后疫情时代全球供应链管理和中国应有的战略思考

华　雄*

[摘　要]　本文探讨了新冠肺炎疫情暴发后全球供应链理论和实际运作模式面临的挑战，对中国的影响以及因应之道。经典的供应链管理理论认为低成本和及时供货的精益化不断优化供应链过程。在全球化浪潮中，中国凭借着规模经济效应和完整的制造业体系具有独特的成本优势在全球供应链中占有举足轻重地位。虽然欧美等国政府纷纷激励产业回流和支持跨国企业多元化生产基地，但成效甚微。然而，持续两年多的新冠疫情颠覆了传统供应链理论和改变其运作模式，极大挑战了中国原有的地位。可以预计，未来的供应链会呈现本地化、去人化、和信息透明化的特点。出于安全、环保等考虑，供应链将日趋本地化和多元化。疫情的管控增长了物流运输的可及面和数量，从而极大推广了以互联网、物联网为基础的"虚拟世界元宇宙"技术。同时，追求供应链上下游信息透明促进了企业大量应用区块链等技术，确保上下游透明地分享数据和保障数据的所有权。因此，面对全球化退潮和供应链重整，中国一方面须积极探索包容全球化和本地化战略的解决方案；另一方面要敢于技术创新，推广区块链、元宇宙等合作系统技术，

* 华雄，苏州工业园区汇毓医药包装技术研究院副院长。

从而巩固供应链中位置。

[关键词] 全球化 本地化 合作系统 精益化

一、概 述

当前全球供应链体系的形成是基于供应链管理理论和实践的发展。供应链管理理论认为供应链过程的优化是基于对成本持续减少和对精益的追求,成本持续减少的实现需要市场的规模化和产品生产的规模化;而供应链的精益化又越来越要求企业关注柔性生产,消除浪费和供应链上每个环节人员的参与,其中库存优化的原则,要求不断优化库存水平,使之维持在正好满足客户需求的水平。所有这些都是促使中国这个全球第二大经济体同时又是制造业门类最全的国家,在加入世界贸易组织以后的 21 世纪成为全球供应链不可或缺的组成部分的决定性因素。

但到了 2018—2019 年,跨国经营企业的高管们在考虑构建其稳定、高效的供应链,在注重可靠、成本、交付周期、可持续发展、质量、客户满意度的同时,又不得不被一些人为因素,比如,中美贸易摩擦带来的种种挑战所困扰。当时许多国家的政府提供资金、政策来支持"重建制造业""制造业回归"。美国的特朗普政府发起了将中国排除在美国及其盟友贸易圈之外的行动,日本政府则出资 24 亿美元来激励国内制造,澳大利亚政府与日本和印度合作,鼓励跨国企业的生产基地移到东盟或印度,以取代中国在全球供应链中的特殊地位。而中国也在"断链"的压力下,提出了"卡脖子工程"和新时期的"进口替代"政策。全球的企业家们都在为了在中国的制造业和大市场以及更加紧密的全球供应链和重新燃起的贸易保护主义以及地缘政治之间艰难地寻找平衡,考虑着实施"分散生产基地"的供应链设计。讨论在如何减少对中国过度依赖的同时,又纠结着转出地区的选择以及它们与中国基地之间的差距。

在 2020 年初,新冠肺炎病毒首先袭击中国,直接导致中国企业在当年第一季度经营活动的暂停,对全球供应链造成了巨大的冲击,加深了对中国依赖的全球供应链体系的忧虑。2020 年 5 月，麦肯锡公司在全球高管中作了一个有关供应链建设的问卷调查，其中 93%答复的高管声称计划将对他们的供应链在组织架构、运营方式上进行重大变革。四分之三的回复者声称将通过改变供应链基地的方式来恢复受到疫情影响的供应链（Alicke et al.，2021）。

从 2020 年第二季度开始，随着中国对于疫情有效的管控，制造业开始恢复，中国并没有真正成为全球供应链的短板。根据世界卫生组织（WHO，2020）早期模型估计，为抵抗新冠的蔓延，全球估计每月需要的口罩大约为8 900 万只，手套 7 600 万套，160 万副护目镜，48 000 台呼吸机，这在没有中国这个供应基地的情况下，是不可能完成的任务。而另一方面，由于其他国家对于防疫政策的不同，造成了全球供应链的脆弱在不同环节相继爆发，延绵至今。

新冠肺炎疫情笼罩下的两年多，全球供应链表现得脆弱且不稳定。2021 年 9 月集装箱航运巨头马士基航运（Maersk Shipping）发言人康塞普西翁·布·阿里亚斯（Concepcion Boo Arias）表示：与疫情前相比，海运业部署了更多的船只和集装箱，但仍然看到的是航班的延误，运力的浪费和供应链的断裂。到 2021 年底，一个 40 尺的集装箱从亚洲运往欧洲的成本已经到达 1.75 万美元，几乎是疫情前的 5—10 倍。同时，大量船只在港口积压，直接造成 2021 年度美国等地区圣诞季的货物短缺。更令人担心的是发展中国家（地区）的情况。由于供应链的低效，造成新冠肺炎疫苗到达的时候或已接近失效（人民网，2022）。2020 年 12 月，尼日利亚当局就销毁了 106 万支过期的阿斯利康疫苗，尼日利亚卫生部长奥萨吉·埃哈尼尔（Osagie Ehanire）解释，虽然在合适条件下，疫苗的保质期在 6 个月，但是，在扣除不正常的运输时间、整理和流通的时间后，真正交付时，保质期往往只剩下几周，由此造成巨大的疫苗乃至运力的浪费。

2021 年，汽车制造商面临的困境从前一年需求不足变成零件供应商交货延迟的挑战，这不仅是由于运输的问题，更多的是由于零件供应商的上游企业——芯片制造的严重滞后。在仿制药供应上，印度占了全球市场的 70%，而印度药企 70%的原料药（API）供应来自中国，所以不管中国的原料药还是最终药品的生产，这条漫长的供应链上发生任何严重的问题,都会直接影响药品在欧美市场的供应。这些不仅发生在国与国间的全球供应链中,同样也发生在抗疫时期的中国,疫苗生产的瓶颈发生在包装的玻璃瓶上,而玻璃瓶的供应受阻是由于当时地方政府的抗疫政策造成运输原料石英砂的车辆被隔离在矿区。所发生的这些都让企业不得不开始忧虑第一梯次供应商以下各级供应商的不可见因素而导致的整个供应链的不稳定。

疫情暴发后的一年,即 2021 年的第二季度,麦肯锡公司在原来的高管人群中又做了与 2020 年相同的问卷调查,这次的结果表现出与 2020 年疫情刚暴发后的显著不同。2020 年的结果显示,绝大多数的企业计划通过几个层次的努力来增强供应链的恢复,特别是多元化供应链基地和本地化或地区化生产和供应网络。但在 2021 年的实际运营中,这些企业更多的是在增加关键零部件或原材料的库存,而没有去真正执行多元化或地区化供应链的战略。而且不同的行业对于这个议题表现出完全不同的态度。比如,医药行业就有 60%的企业表示已经或正在将生产或供应链基地搬至离终端市场更近的地方,只有 22%的汽车、航空企业有类似表述,化学和消费品企业基本就没有如此计划。这也进一步说明为什么中国的贸易数字在经历了 2018—2019 年增长停滞之后,2021 年的前三季度的增长超过 20%。这些数字似乎减少了国内对于“减轻对中国依赖”论调的关注。然而,进入 2022 年形势又发生新的变化,由于奥密克戎(Omicron)在国内几个省份的蔓延造成新冠疫情的反弹,这些城市实施了“静态管理”的措施,又给了那些宣扬“中国威胁”“脱钩中国”的论调重燃的理由。早在 2021 年 2 月 24 日,刚刚获取政权的拜登政府就签署了“美国供应链”第 14017 号行政令,目标是增强美国供应链的弹性、多样性和安全性。之后,美国又多次发布针对我国高科技企业、国有企业、研究机构的限制政策。这些都说明,在后疫情时代,随着全球逐步开放的到来,全球经济、政治乃至实业界必将重拾“重构全球供应链”的讨论,这个讨论也必将伴随着中美竞争、俄乌战争引发政治和经济的博弈所带来的种种杂音的干扰和影响。

反观 2020 年新冠在全球蔓延对世界供应链的挑战和影响,几乎供应链的每一个环节都遭遇到了打击或考验。从上游原辅料供应的不稳定、生产要素的短缺、海洋运输的中断和延迟,因隔离造成码头劳动力的短缺，又因生产企业劳动力的更替造成生产的不稳定和产品质量的不稳定，销售地区仓储空间的稀缺，最后一公里的运输问题，等等，到最终需求的扭曲甚至发生重大变化。这些问题和挑战涉及全球几乎所有的行业。在疫情笼罩下的几年来，不断地困扰着全球供应链的参与者们。也让人们对于恢复或者重构全球供应链的思考发生不断的变化甚至反复。在这两年多的时间里，人类对于新冠肺炎病毒的认识在加深，病毒也在不断变异，随着奥密克戎变异毒株在全球的传播，病毒的传播性在加剧，毒性和致死率却在下降。经过第五轮的传播，全球很多国家相继开始尝试全面开放，这似乎预示着历时两年多的新冠疫情行将进入后疫情时代。而如何应对后疫情时代的全球供应链的建设，世界各国政府和企业都在积极运作，提前布局。因此作为世界第二大经济体、最大的制造业大国，我们在疫情之后全球供应链构建上的立场应该是什么？我们又应该如何主动地去参与甚至主导后疫情时代的供应链恢复和重构？这些都是我们在理论和实践上必须回答的挑战。

二、对供应链理论的反思

虽然在21世纪，我们已经历了数次的灾难性危机事件，如2003年的非典型肺炎（SARS），2004年印度尼西亚的海啸，2008年的汶川地震，2011年的日本福岛地震等，但这些危机只持续了几周或十几周，且有些还只是区域性的，并没有像新冠肺炎疫情这样持续时间之长，影响地域之广。回溯这两年多疫情的影响，我们可以发现，这次新冠疫情带来的危机除了在人类健康上造成的损害之外，还表现在全球的供应链上。

供应链管理（SCM）包含了以某一企业组织通过协调来获得产品和服务供应的一系列活动（Oliver and Webber，1982）。它是涵盖了供应商、采购网络、客户需求、后勤支持和整个价值链的一个架构。某一产品的供应链包括了为满足或履行客户需求的所有直接或间接的行为和过程（Chopra and Meind，2007）。工业时代的生产和制造业的智慧是加大每一批次的产品数量（Christopher，1998），造成我们强调生产和运输的规模化，常常以整个集装箱或整卡车的数量来作为一个订单的数量,并对小数量的订单收取更高的价格来施以“惩罚”。因此,传统上以订单为生产导向(Make-to-order,以下称 MTO)的供应链安排,是倾向应对需求的不确定性的。这些不确定性会干扰产品原料(材料)的供应,造成较长生产周期的产品生产大幅的波动,以及较大的订单积压的可能性(Sahin and Robinson, 2005)。在 MTO 的生产管理环境下,库存水平往往会保持在较高位置以降低交货延迟的风险。但是自 20 世纪七八十年代开始,现代供应链理论开始聚焦在相互依存的企业组织如何以一种协作的方式来提高其全球后勤支持的效率,同时降低整个供应链的成本上。由此,发展起来的供应链管理相关理论和概念的是精益化(Lean)和准时制(Just-in-time, JIT)理论。该理论目的是通过减少没有价值增加的活动,来帮助企业减少成本并增加经营业绩(Clutterbuck, 1978; Schonberger, 1982; Shingo, 1989)。它要求供应链中每一个生产环节都有严谨的进货计划,同时每一个环节都能高度沟通和计划连接,还要求生产企业有能力与第三方后勤部门合作来整合较小的订单,同时为小规模数量的订单的运输提供便利的安排(Christopher, 1998)。精益的目的就是通过柔性技术与方法的运用,利用有限的可及的资源,进行低成本的大规模生产,从而生产出更多的产品。精益关注的是在工具和技术的帮助下的柔性生产和运营,在整个过程中消除浪费,并且鼓励全供应链的人员共同参与(Rother and Shook, 2003)。供应链的精益化需要建立一个库存优化的原则。不断优化的库存水平将保障企业在不断降低成本的同时,更有效地满足客户的需求。在 20 世纪 90 年代以来的全球化时代,遵循精益化(Lean)和准时制(JIT)原则的供应链管理以其高效和低成本备受青睐。

但是,新冠肺炎疫情暴露出精益化和准时制的不足。全球供应链的脆弱以及较差的恢复能力证明精益化和准时制在全球的实践是导致疫情下大量产品短缺的主要原因之一。当新冠肺炎病毒在全球蔓延,所引起的问题会同时涉及“供”和“需”两个方面。首先是在供应方面,政府的第一反应往往是在健康方面,设立人与人之间的“社交距离”政策,跨地域间的旅行中止,染病人口的激增都会导致当地供应的停顿,在全球化的背景下这种停顿很可能波及全球的供应链的完整和有效的运行。然后才是需求方面,诸如,个人防护用品(Personal protective equipment, PPE)、治疗设备(呼吸机)、治疗用药、检测试剂、疫苗等在短时间内需求的快速增加;而疫情的重复发生及其预期,以及中美贸易摩擦又造成关键零部件有意的囤积,这些都进一步扭曲了真实的需求。另一方面,业已形成的全球供应链在准时制和精益化的方法论驱使下以中国和其他亚洲地区为核心的格局已经形成。这些导致原来供应链中每一环节都保持的库存低水平,限制了供应在短时间内作出反应,特别是在这个很长的全球供应链的体系中,不管是要求原有供应商增产或鉴别新的供应商,都是非常困难且风险巨大的工作。更甚者,疫情中某些产品激增的供应(特别是设备)导致供应的扭曲,会严重影响疫情后该设备的长期的供应链管理,甚至是该行业的生存。以呼吸机为例,疫情中激增的需求会导致疫情后若干年需求的枯竭,这些必定会导致整个行业的停滞乃至生存问题。

供应链的设计都是基于一般的正常状态,不是为极其少见的情况而设计的(Simchi-Levi, 2020)。新冠肺炎疫情造成的现实导致企业的关注从在供应链中持续降低浪费和低效率转移到如何保障企业运营的可持续性(Fonseca and Azevedo, 2020)。因此,不管学术界还是实业界都在考虑从准时制和精益化向"以防万一"(Just-in-case, JIC)的方向转变的可能性。"以防万一"的理念要求企业在构建供应链时保持足够多的库存来减少企业面临供需的不确定性时的风险,同时关注平衡整个供应链效率和安全、柔性和恢复能力之间的关系。我国在讨论建设应急物资储备时,就面临类似的思考。但显而易见,这些理念会增加安全库存来防止可能出现的交货延迟,跟精益化的概念是相悖的。为罕有发生的事件建立长期的安全库存会增加企业常年的经营成本,也一定会降低企业的竞争力。短时间通过政府的补贴或政策可能会帮助企业的供应链本地化,但是这些增加的成本和降低的效率终须由消费者或通过税负或通过价格来支付。因此采取这样的理念,持久地构建企业的供应链来应对少有的市场波动或灾难引起的挑战是不能持久的,也会最终导致企业在全球环境中丧失竞争优势。

面对新冠肺炎疫情的严重影响,学术界和实业界越发关注供应链管理的动态能力(dynamic capabilities of supply chain management)。当然,供应链管理的动态能力一直被学术界和实业界所重视,但这次新冠肺炎疫情下的全球供应链表现出来的种种问题表明全球供应链作为一个整体,它的动态能力是非常不足的。动态能力(dynamic capability, DC)所表达的是一个公司或行业如何通过改变自己的资源构成来实现自我更新的能力(Wang and Hsu, 2018; Eisenhardt and Martin, 2000)。蒂斯把能力划分为两个层次:普通和动态(Teece, 2014)。对于动态能力,他进一步解释,就是可以把企业的那些普通的活动通过高水准的行为变为高回报的努力,这就是企业的一个利用资源的努力过程,特别是将资源整合、重构、获取或释放的过程,通过这个过程来应对甚至创造市场的改变。

供应链相比其他市场有着更多的动态变化,这些变化源自客户行为的多变,以及政府或非政府机构在其间的影响。但由于缺乏足够的标准,如何用动态能力的理论来找到供应链管理中的动态能力的研究是缺乏的。最近一些研究显示:供应链管理就是要通过供应链各环节间的沟通和交流来整合供应链中不断流动的材料流和信息流,以至于获得竞争优势(Masteika, Cepinskis, 2015)。此外,其他行业中对于动态能力的识别,也可能适用于供应链管理的研究。比如,亨德森和考克伯恩(Henderson and Cockburn, 1994)在医药行业研发过程中发现的动态能力:产品研发和知识创建之间的联结能力;同样是医药行业,福斯特和卡普兰(Foster and Kaplan, 2001)、皮萨诺(Pisano, 1994)都认为"在行动过程中的学习能力(learning-by-doing)"是一种在多变的医药和生物制药行业中帮助企业保持长期的可持续的高额回报的动态能力。王弈升和徐村和进一步指出:敏捷(agility)、学习(learning)和转化(transformation)是生物企业应对外部变化来整合、重构、更新甚至创造资源的三个重要动态能力(Wang and Hsu, 2018)。

新冠肺炎疫情下供应链的变化无疑是快速多变的。正如前文提到的当疫苗的生产被玻璃瓶原料石英砂的供应所累时,整个供应链管理的复杂性和变化程度都将远甚于疫情前,这种变化无疑为供应链的数字化体系提供了巨大的机会。

伴随互联网的兴起,供应链企业就开始关注信息系统的建设。最初的信息系统是供应链企业希望利用技术手段来压缩计划和执行的时间和空间,从而使供应商对市场的变化和客户的需求作出实时的反应

(Christopher, 1998)。近年来,供应链的设计和评估越来越强调:(1)上游供应链的层级;(2)供应商的可替代性;(3)整个供应链的透明和可靠(Barbosa and Azevedo, 2019)。这就对供应链上每个参与者的数字化建设提出了要求。特别是新冠肺炎疫情带来的挑战提示:首先是供应链企业间的数据分享;其次,单是终端企业和第一梯次的供应商之间的数据分享也已经无法做到高质量的数据预测和分析(Ishida, 2020)。

后疫情时代的供应链一个主要的改变将会是数据导向的联合行为(Scharmer, 2020)。这个行为包括供应链上下游企业共同发现和分析供应链上产生的问题,一开始这个行为可能是短期的,比如协调应对新冠产生的危机。但是当原有体系开始崩溃,特别是市场和政府法规系统的急剧变化,供应链组织需要调整自身的行为,需要实时的数据来反省本来为了应对突发的危机而制定的短期措施或政策,这时这种企业间的行为就开始长期化,变得可以持续。而上下游企业进行的信息采集和大数据的分析,并且通过共享和共治,都会帮助相关企业在决策时共同应对危机带来的挑战,同时进一步巩固双方的合作关系。

供应链本来强调的就是合作和协同,后疫情时代供应链的重构在解决上游企业如何与下游的终端企业形成协同利益,通过共享数据来共享收益的时候,会发现单单只是上下游两个企业间的协同已经无法应对新冠肺炎疫情带来的挑战。汽车生产商与模块供应商之间的数据交换无法遏制由于芯片供应的短缺造成汽车厂商在最终市场上的失败。汽车厂商就必须顾及第一梯次以下的供应链的不可预见性及其对整个供应链造成的不稳定。终端企业将不得不投资升级它们的数字化能力来提高对整个供应链的实时可见性和更好的需求预测能力,与此同时,还必须把这种合作和协同关系延伸到第二甚至更高梯次的供应商。这个现实也进一步说明:除非供应链中的每一环节都有分享数据和协作的意愿和行动,否则要想构建更稳定的供应链,并建设供应链管理中的动态能力是不可能的。此外,合作技术在后疫情时代供应链的重构中会发挥极大的作用,比如区块链技术就可以使供应链上下游透明地分享数据及相关分析,同时又能保障数据的所有权。这些合作系统或能力将会与AI和IOT及其分析工具紧密结合,改变未来整个企业的运营和供应链的构成。

三、我们对全球供应链构建应有的战略思考

很多保护主义的声音把疫情之下的供应链产生的问题归结为全球化,归结为过度依赖中国和亚洲地区的生产能力,归结为过长且缺乏柔性的供应链。但是当我们回溯20世纪第一次世界大战后期暴发的西班牙流感,当时的供应链远未全球化,甚至美洲和欧洲之间的贸易水平还很低,由于战争的人口流动引起的流感病毒的蔓延却造成2 000万—3 000万人口的死亡。当时疫情暴发后,整个物资的匮乏和混乱,而且地方经济的恢复跟今天的情况是远远无法相比的。反观,新冠肺炎疫情自2020年初暴发至今,整个世界的防疫、抗疫举措,地区间的互助,不管是官方还是民间机构都大大降低了疫情本可能对世界的损害。中国作为全球制造业的基地,在渡过第一波疫情的袭击后,立即恢复生产经营,做到了整个世界供应链的稳定器的作用。所以,我们应该很有信心地下结论:如果没有全球供应链的支持,本次新冠肺炎疫情的后果只会更严重,影响持续时间会更长,恢复所需的时间也将更加漫长。同时,我们也必须正视供应链在疫情期间发生的种种问题,公开探讨后疫情时代全球供应链管理在供应、需求和后勤方面所需要做出的各种改变。

新冠肺炎疫情期间的一些政策和实际操作极大加速了以互联网、物联网为基础的“虚拟世界”的技术发展和应用普及,对于疫情之后的工作和生活方式产生深远影响。当元宇宙的应用极大程度减少实际人流运输的时候,物流运输的可及面和数量将大幅增加。其间消费者行为和企业行为都将发生巨大改变。此外,可持续发展的理念在疫情前就为很多跨国企业所接受,疫情只是把这一概念的外延扩展得更大。供应链企业在关注绿色理念的同时,又会加入诸多影响“可持续发展”的因素,比如认为供应链“本地化”对于环境更友好的观点,减少对于中国依赖的政治考虑,等等。

这些因素伴随着后疫情时代可控和不可控事件都会对全球供应链的恢复和重建产生短期、中期和长期的影响,对此我们必须有足够清醒的认识并且制定相应的战略。从短期来看,供应链各方的应激反应,会

造成正常供应链运行在短期内的扭曲，安全库存的增加，“以防万一”理念的实施，特别是未来外部叠加因素的影响，比如中美贸易摩擦强度的波动、俄乌战争的进展等，都会在短期内影响全球供应链体系的运行。但由于短期内没有太多改变整个供应链构架的时间余地，变化会主要集中在增加供应链各环节的冗余上。这有可能造成全球范围或局部区域内的产品短时间的供需失衡。所以，我们要做好物资，特别是重要生产要素供需的动态平衡，以及应急物资储备的体系建设和不断优化。从中期看，构建企业的数字化能力，对于大中小型企业是同样重要的。大企业会逐步将自己对供应链的监控能力前移，通过对自己第二、第三梯次供应商的数据分享来提高自己产品供应链的实时可见性和预测能力；但是参与全球供应链的中国企业，很大一部分是中小企业，它们在供应链中并不是起主导作用，但是他们的参与又给整个供应链带来了灵活和敏捷，形成了他们独有的竞争优势。后疫情时代他们角色的稳定性关系到中国作为全球供应链不可或缺的组成部分的稳定性。中小企业必须为继续生存于这个供应链中而努力，必须通过数字化的建设增加与上下游企业的协同能力；必须思考如何通过区块链等新技术与不同的上下游伙伴快速地形成各自不同的供应链联盟，在联盟内高效地分享数据。政府、行业协会需要为这些中小企业的数据化转型构建良好的基础设施、资金保证和政策辅导。必须确保中小企业与全球供应链不脱钩、不断链。同时，供应链的本地化布局和供应链基地的分散化战略可能在成本控制的前提下，会被某些行业接受。这不仅会发生在全球范围的供应链重构中，像中国这样的大市场，也有必要做相应的准备和思考。我们必须尽快找到同时包容全球化和本地化战略的解决方案，才能保持中国作为制造业大国在全球供应链中的优势。从长期来看，资本主义发展至今所带来的困境，引起的民族主义和保护主义与自由市场经济之间的矛盾必定会加剧。而另一方面，长期企业竞争优势的建立一定是在规模生产的效率提高和成本持续下降才能达成的。正如精益化原则，若精益能在供应链中的某个梯次有效运用，所得到的收益一定会让其他环节逐步接纳它，从而延伸到整个行业，延伸到全球。所以从长远看，中国企业需要更关注消费端任何颠覆性的改变，始终保持制造业的竞争力，在保障劳动力利益的同时增加生产效率。

中国在后疫情时代对于供应链管理的思考和应对举措,是对未来中国全球战略思考的提前布局。保持甚至强化我们在全球供应链中原有的地位,将是我们必须坚持的经济发展的基础。我们的企业,行业和政府没有任何理由可以轻易放弃改革开放几十年来历经辛苦和勤劳才获得的在全球供应链中的不可或缺的地位。同时我们又要清醒地认识到当前整个国际环境,技术发展水平,和人民的认知都较以前发生了巨大的改变。全球范围内,资本主义发展到今天导致的贸易保护主义和民粹主义的滋生,形成了反供应链全球化的浪潮;新冠肺炎疫情带来对供应链的冲击又进一步推动了对供应链管理基础理念的反思。所以我们必须主动地去应对这些改变,参与甚至主导全球供应链的重建,积极促进现代供应链管理理论的完善,为我国大中小型企业的进一步发展抢占有利的市场竞争位置。

(校对:陆祎璐、谢百盛)

参考文献

屠新泉:《全球供应链危机未解》,《人民日报》(海外版)2022 年 2 月 17 日。

辛华:《全球产业链供应链稳定面临挑战》,《中国信息报》2021 年 11 月 24 日。

Barbosa, C., Azevedo. and A., 2018, "Assessing the Impact of Performance Determinants in Complex MTO/ETO Supply Chains Through Unexpended Hybrid Modeling Approach," *International Journal of Production Research*, 57: 3577—3597.

Chopra, S. and Meindl, P., 2007, *Supply Chain Management: Strategy, Planning & Operation*. Pearson.

Christopher, M., 1998, *Logistics and Supply Chain Management: Strategies for Reducing Cost and Improving Service*. Prentice Hall.

Clutterbuck, D., 1978, "What Makes Japanese Car Manufacturers So Productive?" *International Management*, 33(4): 17—20.

Eisenhardt, K. M. and Martin, J. A., 2000, "Dynamic App Abilities: What Are They?" *Strategic Management Journal*, 21: 1105—1121.

Fonseca, L. and Azevedo, A., 2020, "COVID-19: Outcomes for Global Supply Chains," *Management & Marketing. Challenges for the Knowledge Society*, 15: 424—438.

Foster, R. and Kaplan, S., 2001, *Creative Destruction: Why Companies that Are Built to Last Underperform the Market and How to Successfully Transform Them*, Doubleday: New York.

Henderson, R. and Cockburn, I., 1994, "Measuring Competence? Exploring Firm Effects in Pharmaceutical Research," *Strategic Management Journal*, 15: 64—84.

Ishida, S., 2020, "Perspectives on Supply Chain Management in a Pandemic and the Post-COVID-19 era," *IEEE Engineearing Management Review*, Vol. 48, No. 3.

Knut, Alicke, Ed Barriball and Vera Trautwein, 2021, "How Covid-19 is Reshaping Supply Chains," Available from: https://www. mckinsey. com/business-functions/operations/our-insights/how-covid-19-is-reshaping-supply-chains.

Masteika, I. and Čepinskis, J., 2015, "Dynamic Capabilities in Supply Chain Management," *Procedia-Social and Behavioral Sciences*, 213: 830—835.

Oliver, R. K. and Webber, M. D., 1982, *Supply-Chain Management: Logistics Catches up with Strategy*, London: Chapman & Hall.

Pisano, G. P., 1994, "Knowledge, Integration, and the Focus of Learning: An Empirical Analysis of

Process Development," *Strategic Management Journal*, Winter Special Issue 15: 85—100.

Rother, M. and Shook, J., 2003, *Learning to See: Value Stream Mapping to Add Value and Eliminate Muda*. Cambridge, MA: Lean Enterprise Institute.

Sahin, F. and Robinson Jr., E. P., 2005, "Information Sharing and Coordination in Make-to-order Supply Chains," *Journal of Operations Management*, 23: 579—598.

Scharmer, O., 2020, "Eight Emerging Lessons: From Coronavirus to Climate Action," *The Medium*, 16 March.

Schonberger, R. J., 1982, *Japanese Manufacturing Techniques: Nine Hidden Lessons in Simplicity*, New York: Free press.

Shingo, S., 1989, *A Study of the Toyota Production System Form an Industrial Engineering Viewpoint*, Cambridge: Productivity Press.

Simchi-Levi, D., 2015, "Find the Weak Link in Your Supply Chain," *Harvard Business Review*, 9 June.

Teece, D. J., 2014, "The Foundations of Enterprise Performance: Dynamic and Ordinary Capabilities in an(Economic) Theory of Firms," *Academy of Management Perspectives*, 28(4): 328—352.

Wang, Y.-S. and Hsu, T.-H., 2018, "Dynamic Capabilities of Biologics Firms in the Emerging Business Market: Perspective of Dynamic Capabilities Evident," *Industrial Marketing Management*, 71: 5—18.

数据作为要素资源的价值实现途径研究

孙　娜　郑涵歆**

［摘　要］ 数据正在成为新型生产要素，中国正在快速培育数据要素市场。市场主体迫切需要通过规则、机制和平台的探索完善来促进数据开放流通及交易。因此，推动数据要素的价值实现具有重要战略意义。经过详实的调研，作者提出设立专门的数据行政监管机构、建立科技监管模式、推动平台和企业完善内部数据治理规则以及完善激励和免责机制。

［关键词］ 数据要素　数据治理　平台　市场　科技监管

数据正在成为新型生产要素。党的十九届四中全会首次提出数据可作为生产要素按贡献参与分配，《关于构建更加完善的要素市场化配置体制机制的意见》明确指出要加快培育数据要素市场。市场主体也迫切需要通过规则、机制和平台的探索完善来促进数据开放流通及交易。因此，无论是从贯彻中央精神，还是回应市场需求来看，推动数据要素的价值实现，均具有重要战略意义。

---

* 孙娜，浙江省发展和改革研究所副研究员；郑涵歆，浙江省发展和改革研究所研究员。

一、数据要素价值实现的重要意义和现实基础

(一) 重要意义

1. 从使命要求看,党的十九届四中全会首次明确数据可作为生产要素按贡献参与分配,《关于新时代加快完善社会主义市场经济体制的意见》首次将数据与技术、人才、土地、资本等要素一起纳入改革范畴,中央《关于构建更加完善的要素市场化配置体制机制的意见》以及《要素市场化配置综合改革试点总体方案》等重要文件也提出推进数据要素市场化配置改革等重要内容。明确数据要素的价值实现路径,厘清价值实现的总体思路,有利于深入贯彻落实中共中央和国务院有关要素市场化配置改革的指示精神,稳步推动数据要素市场化发展。

2. 从改革背景看,“十三五”时期,我国深入实施数字经济发展战略,不断完善数字基础设施,加快培育新业态新模式,为经济社会持续健康发展提供了强大动力。在2021“中国开放数林指数”[①]和《2021下半年中国地方政府数据开放报告》中,浙江、山东、贵州排名全国前三,为推动全国各地公共数据开放共享做好了很好的示范引领作用。“十四五”期间,数字经济迈向全面扩展期,我国致力于2025年初步建立数据要素市场体系,基本建成数据资源体系,数据确权、定价、交易有序开展。[②]明确数据要素的价值实现路径,有利于进一步完善公共数据与社会数据开放共享机制,促进数据要素安全有效流通,以数字化驱动制度重塑,降低数据要素市场体系建立的阻力与成本。

3. 从产业基础看,近年来,我国数字技术发展迅猛,向生产生活领域和公共治理领域广泛渗透,数字经济蓬勃发展。2020年中国数字经济规模达到39.2万亿元,占国内生产总值比重达38.6%,并保持9.7%的高位增长速度,成为稳定经济增长的关键动力。明确数据要素的价值实现路径,有利于进一步优化我国数字经济产业结构,通过充分发挥数据要素的价值倍增作用,提高技术、资本、劳动力等其他创新要素之间的资源配置效率,降低传统要素的生产成本,助推共同富裕重要引擎强劲发力。

（二）国内现实基础

1. 在政策支持方面，2021 年 6 月 10 日，《中华人民共和国数据安全法》颁布，全方位提升国家数据安全保障能力。8 月 20 日，《中华人民共和国个人信息保护法》出台，与《网络安全法》《数据安全法》一道构建我国信息及数据安全领域的法律框架。地方上，广州于 2020 年 4 月制定《广州市加快打造数字经济创新引领型城市若干措施》，要求重点在数据确权先行先试，全面开展对数据确权相关法律法规的预研；贵州于 2020 年 9 月出台《贵州省政府数据共享开放条例》，明确提出对非涉密但是涉及敏感信息的政府数据需提供脱敏、清洗、加工、建模、分析等服务；安徽于 2021 年 3 月出台《安徽省大数据发展条例》，山东于 2021 年 9 月出台《山东省大数据发展促进条例》，均重点突出对个人信息和隐私的保护；深圳于 2021 年 6 月出台《深圳经济特区数据条例》，提出创设个人数据权等一系列全新的制度设计；《上海市数据条例》于 2021 年 11 月出台，明确保障数字经济主体依法使用、加工数据取得的财产性权益，并针对隐私保护问题提出了多项举措；《浙江省公共数据条例》于 2022 年 1 月出台，《浙江省公共数据条例》聚焦破解部门间信息孤岛、提升数据质量、赋能基层、保障安全等共性难题，推动浙江打造全球数字变革高地。

表 1　国内出台的数据要素相关的政策文件

序号	文件名称	出台层面	发布时间
1	《关于构建更加完善的要素市场化配置体制机制的意见》	国家	2020 年 3 月 30 日
2	《中华人民共和国数据安全法》	国家	2021 年 6 月 10 日
3	《中华人民共和国个人信息保护法》	国家	2021 年 8 月 20 日
4	《要素市场化配置综合改革试点总体方案》	国家	2021 年 12 月 21 日
5	《广州市加快打造数字经济创新引领型城市若干措施》	地方	2020 年 4 月 3 日
6	《贵州省政府数据共享开放条例》	地方	2020 年 9 月 25 日
7	《安徽省大数据发展条例》	地方	2021 年 3 月 26 日
8	《深圳经济特区数据条例》	地方	2021 年 6 月 29 日
9	《山东省大数据发展促进条例》	地方	2021 年 9 月 30 日
10	《上海市数据条例》	地方	2021 年 11 月 25 日
11	《浙江省公共数据条例》	地方	2022 年 1 月 21 日

2. 在平台支撑方面,我国于 2015 年在贵阳成立首个大数据交易所,截至目前全国各地已累计建成省级大数据交易平台近 20 个。上海数据交易所在全国首发数商体系、首发数据交易配套制度、首发全数字化数据交易系统、首发数据产品登记凭证以及首发数据产品说明书。北京国际大数据交易所能够提供可用不可见的数据流通基础设施,使高价值敏感政务数据只通过北数所进行数据使用权的交易。浙江大数据交易中心提供一对一的数据技术以及数据产品撮合服务,建设数据安全岛体平台,打造数据交易的安全可信计算环境。浙江省数据开放网提供浙江全省公共数据开放服务,截至目前共开放 1.9 万个数据集、10.2 万项数据项、59.0 万条数据;[③] 东湖大数据交易中心、贵阳大数据交易所等交易平台在提供数据撮合服务的基础上,还提供算法、算力、软件开发等服务。

3. 在监管机构方面,目前全国各地已相继成立了大数据管理局,职能上以监督管理数据交易市场,促进数据资源流通,推进政府数字化转型和大数据资源管理等工作为主,并负责组织协调公共数据资源的整合、归集、应用、共享、开放等。例如,浙江于 2018 年 10 月组建成立省大数据局,截至 2021 年底已推动全省累计编制公共数据目录 190 多万项,省级平台归集公共数据 800 多亿条,数据共享累计调用 700 多亿次,开放数据超 59 亿条(中国新闻网,2022)。

(三) 国外现实基础

1. 从政策法案看。一是数据开放共享方面。美国于 2019 年 1 月通过《开放政府数据法》、欧盟于 2019 年 6 月出台《开放数据和公共信息再利用指令》、英国 2012 年通过《自由保护法》,均对政府数据的开放主体和开放范围进行了明确,且在不断扩大这一范围,并强调数据的免费重用。二是数据流通交易方面。美国在立法中明确了数据交易的合法性,并明确定义数据经纪商(Data Broker)是美国数据交易服务的主要提供者。同时各国也纷纷发布数据流通官方指引,例如欧盟发布《非个人数据自由流动条例框架》、日本发布《数据使用权限合同指引》、新加坡发布《可信数据共享框架》等,均不同程度地为本国数据流通交易的合规要求、技术手段等进行了明确(中国信息通信研究院政策与经济研究所，2020）。

2. 从平台支撑看。一是数据开放共享平台。美国 2009 年 5 月上线全球首个可自由获取数据的开放网络数据共享平台——Data.gov。英国政府 2010 年 1 月正式启动 Data.gov.uk，其中包含了来自英国政府各个部门的 30 000 多个数据集。日本搭建了国家数据开放网站 Data.go.jp。欧盟 2015 年启动的“欧洲开放科学云”项目也提出在九个战略性部门和公共利益领域构建欧盟共同数据空间（中国信息通信研究院政策与经济研究所，2020）。二是数据流通交易平台。国外交易平台以产业联盟、标准化组织等组建平台居多，例如德国的工业数据空间子项目，设计了一整套完整商业模型、交易流程和软件开发规范，并为各主体提供标准化软件接口“连接器”，从技术解决方案上保证数据安全流通和主权完整。日本《互联产业开放框架》也提供一套“标准＋技术＋机制”的流通解决方案，通过在企业连接终端部署，实现对内部数据的管理和收集并保证不被篡改，为企业间数据传输提供保障。

3. 从监管机构看。国外对于数据的监管方式以“法案＋法案执行机构”的模式为主，例如欧洲监管机构主要为欧洲数据保护委员会（EDPB）、欧洲数据保护专员公署（EDPS）等。美国加州也专门出台《加州消费者隐私权法案》（CCPA），是美国迄今为止最全面的数据隐私法，该法案由加州司法部长负责监管与执行。同时，对于数据治理，国际社会对数据隐私治理十分严格，监管事件频出，例如 2021 年 6 月，欧盟法院发布公告称，欧洲 27 国数据隐私监管机构均可对包括谷歌、推特、脸书和苹果等美国大型互联网公司采取监管行动（中国信息通信研究院政策与经济研究所，2021）。

二、当前影响数据资源价值实现的主要困境

数据要素本身的非竞争性、非排他性等特征，使其不同于劳动、土地、资本、技术等要素，在开放、共享、流通、交易、分配各个实现价值路径环节上都产生了一系列问题和瓶颈，在这些环节和障碍没有突破的前提下，规则标准难以制定，安全监管难以完善，利益回报难以达成，供

需双方都难以形成开放、共享、流通和交易的动力,这些都极大束缚了数据价值的释放(田杰棠、刘露瑶,2020)。

1. 数据作为要素资源其属性特殊,现阶段数据确权较难实现。一般来讲,作为要素资源,只有明晰权属,才能稳定持有者对未来的使用权和收益权的预期,进而促进交易流通。但数据确权非常困难,无论从国际还是国内来看,现有的数据确权探索尚处于政策萌芽阶段。我们认为数据确权的难点主要在于以下三个方面,一是数据是通过汇聚才能产生巨大的能量,数据具有整体价值性,单一的数据不具有价值。二是数据由基础杂乱的信息变成有价值的数据资源,其过程包含了采集、清洗、加工、分析、决策等环节,仅存在于本体的基本信息难以代表数据的全部价值。三是数据具有不同种类,比如个人数据、企业数据、公共数据等,单一的权属确定方式恐难科学合理界定好各个类型的数据权属。

关于数据权属,目前从国家层面看,无论是2017年的《网络安全法》,还是今年出台的《数据安全法》以及即将出台《个人信息保护法》都涉及相关内容,但是仍然尚未有明确定位和界定。不少省(市、区)围绕数据管理和应用已出台或正在制定相关的地方性法规,但均未提及数据权属问题。《深圳经济特区数据条例》率先提出"数据权益",明确"自然人对个人数据依法享有人格权益,自然人、法人和非法人组织对其合法处理数据形成的数据产品和服务享有财产权益",是一个具有突破性且比较务实的表述。

2. 法理支撑、免责机制和激励机制不健全,数据开放共享和开发利用缺乏动力和保障。从政府部门来看,数据本身具有非排他性和易复制性的特征,很多部门担心数据开放共享后难以控制其用途和去向(王一鸣、李纪珍、钟宏,2021)。同时,公共数据开放审核责任不明晰,缺乏操作性,因此数据供应方和管理方只能依赖数据开放共享程序和要求,来约束数据的使用。所以,公共数据在部门之间的共享并不理想,真正有价值的公共数据向社会开放更是少之又少。国有企业和事业单位也掌握大量数据资源,但开发利用远远不足。企业数据开发缺少法理支撑,企业对于数据流通的合规性难以把握,不敢开发利用数据。

3. 数据较难形成传统经济学理论上的市场均衡价格，数据估值和利益回报存在难点。从经济学理论上看，商品定价是有供给和需求决定的，供给曲线和需求曲线相交形成市场均衡价格。但是基于数据要素的特点，一方面，供给者在固定价格水平下，存在被无限低成本复制和滥用的风险。另一方面，数据对于不同的需求者而言，价值是不同的，同一批大数据，也许对于需求者甲而言价值一万元，对于需求者乙来讲只值一百元。因此，数据要素的定价非常复杂。

4. 数据质量不高以及标准和规则缺乏，制约数据流通交易和集成开发。目前各行业数据标准不同，数据非结构化，融合性较差，质量参差不齐，存在大量的垃圾数据、矛盾数据和低质数据，导致数据价值不高，无法形成统一的数据市场。另外在数据存储和清洗上也存在大量成本，限制了数据的综合利用。同时，现有数据交易平台普遍定位不明确，很多交易平台既是“裁判员”又是“运动员”，缺乏外部监督，交易规则也不够完善、标准化服务不健全。相关安全技术不算成熟，不少企业也反映隐私技术成本依然较高，这些都较大程度上制约了数据市场的发展。当然对于数据交易中心平台来说，其更大的一个天然劣势就是尚未回答数据供需方在场外交易便利的情况下，为何去选择场内交易的问题，从现有数据交易所和平台运行来看，数据的场内交易动力明显不足。

5. 用途变化和技术进步引发新型安全挑战，亟待构建新型数据监管模式。一方面，数据一旦被泄露或者复制，就无法限制其用途或者用量，被滥用的风险极高。另一方面，大量实时动态的数据汇集后，其敏感度会进一步上升，不同维度的数据融合后可能产生难以预料的风险。同时，数据应用场景的变化、新型数据技术的出现，也带了许多新的数据安全挑战。

三、推动数据要素价值实现的理念思路

1. 建立新型数据权属观。数据不同于其他要素资源，我们要立足数据特性来把握权属方向。数据确权是为了兼顾到不同主体利益，从而发挥更好的集成作用，在用户隐私合理保护的基础上，平衡数据价值

链中各方参与者的权益。因此,数据确权需要解决的是附着于数据的权益归属,而非简单的所有权归属。同时,数据是通过汇聚才能产生巨大的能量,单一数据价值量极低或者不具有价值,数据本身具有整体价值性。因此,应该采取人格权和财产权两权分离,个人数据所有者享有数据的人格权,在此基础上,市场主体投入大量的资本、劳动和技术,保存、收集、处理数据,应该获得相应财产权(唐建国,2022)。目前,《深圳经济特区数据条例》在地方立法中率先提出"数据权益",体现同样的数据权属思路。

2. 建立新型数据使用观。数据大规模市场化流通是数据生产要素化的前提条件。数据权属、交易流通规则、监管方式等均较为复杂,现有数据确权乃至其他规则制定探索仍处于萌芽阶段,不少问题在国内甚至国际范围内尚无成熟的解决方案和可供遵循的制度范例,近年来中央和地方的相关数据立法进入爆发期,但具有突破作用的较少,可操作性差。同时,一次性立法不能解决所有数据要素市场化或者价值实现过程中的所有问题。当前,应不纠结原数据的权属之争,不苛求规则和监管的完善,把注意力集中到推广面向交易的数据产品或者是数据集,让数据真正开放、流通和交易起来,在开放利用中逐步完善确权、监管和规则。

3. 建立新型数据价值观。把数据价值实现作为要素市场化的起点和目标。数据作为资源要素的价值实现,首先是使数据成为真正可使用的资源,通过采集、清洗、加工、聚合和分析,使杂乱无序的数据成为标准化数据资源。其次是推动数据成为一种资产,赋予其交换价值。再次是推动数据成为一种资本,可利用数据进行信贷融资。当前数据资源化仍在起步阶段,在布局数据资源化的同时,应同时考虑到数据资产化和资本化的推进。

4. 建立新型数据配置观。数据要素配置问题较为复杂,单一的市场化和单一的行政化都难以达到最优的配置效果。基于数据权属的多样性,单一的市场化配置无法完成对公共数据、企业数据和个人数据的全面配置,这里涉及数据安全问题,也会造成违法违约使用数据乱象。而行政配置过多,又会形成效率损失。特别是公共数据的共享开放和开发利用中,更要协调好"两只手"的作用,因此,在数据要素市场化配置领域，应合理采用多元复合的配置方式。

四、推动数据要素价值实现的路径及对策建议

在以上理念思路的基础上，谋划设计基于隐私安全计算技术的数据交易框架和流程体系，在原始数据不可见的安全保障下，数据按照“最小可用原则”授权使用，实现数据的所有权和使用权分离，推动数据产品和数据服务的交易流通，并不断探索完善数据融合、数据交易、数据定价、价值分配以及追溯监管等相关机制。

具体建设步骤可采取省市县分级分类推进，比如省域层面迭代完善交易体系流程，市域层面先行搭建数据交易平台，县域层面重点探索特色应用场景，在完善顶层设计的同时，加快试点先行。第一步，打通政府部门数据壁垒，提高部门之间数据开放流通水平，使高质量的公共数据真正能在政府部门之间开放共享。第二步，从行业公共数据入手，推动公共数据向社会开放以及商业开发。第三步，逐步实现社会数据接入，推动公共数据和社会数据融合开放应用。第四步，逐步探索完善规则体系，构建数据要素生态网络。具体举措建议如下。

（一）深化公共数据开放共享

一是加强公共数据资源的归集和治理。当前公共数据仍存在的无序和非结构化问题，需要持续推动公共数据的归集、存储、加工等，并进一步完善公共数据的标准体系。二是推动公共数据深度共享。逐步构建完善省市县一体化协同高效的数据共享机制，鼓励利用技术手段，拓展受限数据共享范围（张永跃，2020）。争取国家垂直部门数据共享，可先行选择不同地区、不同行业开展试点。三是有序扩大公共数据开放范围，规范公共数据开放规则及程序。根据公共数据开放等级，提出对应的数据安全要求和应用场景要求。扩大公共数据无条件开放范围，制定年度公共数据开放重点清单，建立动态调整机制。进一步规范和细化“有条件数据开放”的规则，建立社会参与机制，确立数据开放的审核条件和审核标准。

(二) 明确公共数据授权运营开发模式

一是明确公共数据授权运营主体、条件及程序。应加快制定公共数据授权运营实施细则,明确无条件开放和受限开放公共数据授权运营的方式、标准、条件、程序以及行为规范等,并形成运营评估和退出机制。二是制定公共数据分类定价标准。制定由免费、成本定价、边际成本定价、市场定价等多种模式组成的公共数据多元定价体系,数据定价由政府以及各利益相关方共同参与。三是推动公共数据和社会数据融合开发。允许公共数据授权运营单位以市场化方式取得社会数据使用权,实现公共数据和社会数据融合应用,开展数据招商。

(三) 推动社会数据开放利用

一是鼓励企业推动自有数据开放流通。公共数据开放是数据开放利用的基础和先导,真正的数据要素市场建设还需要全社会数据要素的流通利用(何金海,2022)。鼓励掌握大量数据的互联网企业、平台型企业以及金融、交通等行业企业以数据交易、政府采购、定向开放等方式,推动自有数据开放共享。支持企业通过“数据信托”“数据银行”等多种方式开展数据流通探索。二是推动企业数据分级分类以及标准制定。鼓励和引导企业对数据进行精细加工和精准分析,支持行业龙头企业牵头组织行业数据标准编制。引导企业建立首席数据官制度,开展企业数据治理。鼓励国有企业先行先试,开发数据流通场景规范。三是鼓励个人数据合法利用。可以以医疗健康、信用、电子商务等领域为试点,探索个人信息共享利用规范。

(四) 培育壮大数据要素市场

一是提高数据场内交易动力。探索给予数据交易中心合法性背书的相关机制,降低合规风险和交易成本,促进更多的交易在平台上进行,同时允许数据交易场内场外并行。二是推进数据资产管理。开展数据资源资产化管理试点,推动数据资源资产登记,对数据资源开发利用的各环节进行会计核算,形成数据资源共享效益解决方式。三是完善数据产业全链条服务体系。建立涵盖数据采集、存储、加工、交易、传输、销毁等全周期全链条的数据运营服务体系。培育数据清洗、法律咨询、价值评估、分析评议、尽职调查、数据审计等专业服务组织。

(五) 打造基础支撑技术体系

一是加快推动数字新基建。提前布局和规划好数据要素基础设施投资,发展数据安全和利用的科技研发和创新,构建高性能数据中心、计算中心、存储中心和计算节点,推动计算进一步增效(梁正,2022)。二是搭建底层公共基础设施网络。建议加快建设区域性底层公共基础设施网络,以大数据龙头企业和重点研究院所为基础,建设大数据实验室,提升数据通用技术水平,降低区块链、隐私技术应用的技术和经济门槛。

(六) 构建智能高效监管体系

一是设立专门的数据行政监管机构。探索成立大数据专门监管机构,破解监管职权重叠、监管效率低下等问题。二是建立科技监管模式。探索建立数据要素监管沙盒,形成多方共同监管仿真生态,推动数据监管从人力决策监管转向数据智能决策监管。同时也可以建立应用场景实验环境,降低创新试错成本。三是推动平台和企业完善内部数据治理规则。加快完善企业内部数据治理规则和数据安全保障体系,监管机构定期对数据交易服务平台开展数据安全风险评估,建立健全数据安全事件预警和响应机制(骆科东、樊晓飞,2021)。四是完善激励和免责机制。建立公共数据开放共享和利用的绩效评价制度,并纳入部门考核总体框架。探索公共数据开放利用容错免责机制和社会数据交易有限责任机制。

(校对:谢百盛、陆祎璐)

注

① “中国开放数林指数”和《中国地方政府数据开放报告》为复旦大学和国家信息中心数字中国研究院联合发布,是我国首个专注于评估

政府数据开放水平的专业指数和报告。数林指数,取自“开放数据,蔚然成林”之意。自2017年5月首次发布以来,开放数林指数每半年发布一次,定期对我国地方政府数据开放水平进行综合评价,助推我国政府数据开放生态体系的培育与发展,至今已发布10次。

② 参见“十四五”数字经济发展规划。

③ 参见浙江省数据开放网:http://data.zjzwfw.gov.cn。

参考文献

何金海:《企业数据流通的实践困境与破解路径》,《西南金融》2022 年第 11 期。

梁正:《打造数字新基建》,《财经界》2022 年第 22 期。

骆科东、樊晓飞:《数字经济发展下对企业数据工作的再认识》,《石油规划设计》2021 年第 4 期。

唐建国:《新数据观下的数据权属制度实践与思考》,《法学杂志》2022 年第 5 期。

田杰棠、刘露瑶:《交易模式,权利界定与数据要素市场培育》,《改革》2020 年第 7 期。

王一鸣、李纪珍、钟宏:《数据要素领导干部读本》,国家行政管理出版社 2021 年版。

张永跃:《公共数据资源共享模式研究》,《电子技术与软件工程》2020 年第 24 期。

中国新闻网:《〈浙江省公共数据条例〉正式施行　促进数据依法开放共享》,https://baijiahao.baidu.com/s?id=1726076982845437403&wfr=spider&for=pc,访问时间 2022 年 3 月 1 日。

中国信息通信研究院政策与经济研究所:《数据治理研究报告 2020》,http://www.caict.ac.cn/kxyj/qwfb/ztbg/202011/t20201120_364524.htm,访问时间 2020 年。

中国信息通信研究院政策与经济研究所:《数据价值化与数据要素市场发展报告(2021)》,http://www.caict.ac.cn/kxyj/qwfb/ztbg/202105/t20210527_378042.htm,访问时间 2021 年。

调查研究

发掘乡村和农业的多元价值

——上海市崇明区堡镇桃源村农旅融合的调查

张子让*

［摘　要］　乡村的资源和农业的功能都不是单一的，因而它们的价值必然是多元的。在新发展阶段，乡村和农业的振兴，必须依靠不断发现、利用和提升它们的多元价值。农旅融合作为农业和旅游的互相渗透和双向赋能，为发掘这种多元价值开辟了很好的途径，但这绝不是一件轻而易举的事情，需要坚持不懈的探索和创新，需要扎实有效的举措和行动。

［关键词］　乡村振兴　城乡一体化　多元价值　民宿　农旅　红色文化

乡村的资源和农业的功能都不是单一的，因而它们的价值也必然是多元的。在新发展阶段，乡村和农业的振兴，必须依靠不断发现、利用和提升它们的多元价值。农旅融合作为农业和旅游的互相渗透和双向赋能，为发掘这种多元价值开辟了很好的途径，但这绝不是一件轻而易举的事情，需要坚持不懈的探索和创新，需要扎实有效的举措和行动。上海市崇明区堡镇桃源村在这方面的实践，让我们比较深刻地感

---

* 张子让，原复旦大学新闻学院教授、博士生导师。

悟到这样一个道理。

一、村貌重塑,给农旅融合注入动能

桃源村地处我国第三大岛——崇明岛的中部南沿,村域面积 5.3 平方公里,现有户籍 1 771 户,户籍人口 3 900 人,村民小组 37 个,是堡镇 18 个行政村中区域最广、人口最多的一个大村。

这里紧靠崇明岛原第二大镇和工业重镇的中心。① 镇区有良好的教育、医疗资源与产业文化底蕴,基础设施完备,又临近宽阔的长江口,有本岛中部② 唯一可以直达市区的公交车站和客运码头,水陆交通便捷。独特的区位优势,给这个村赋予了振兴的有利条件。它应该比其他村发展得早一些、快一些,然而早些年的实际情况却并非如此。

村庄改造前的 2014 年,桃源村的建设在全镇属于中等偏下。第一第二产业总值不高,第三产业为零,村民收入主要来源于农业和外出务工,当年人均可支配收入 8 040 元,低于全县③ 平均水平。

这里虽有滨水的乡村聚落肌理,但是村庄总体风貌和公共服务等方面存在不少薄弱之处:部分住宅陈旧、濒危,电力线路架空敷设、管线凌乱,景观效果差;多数居民点内道路狭窄,通行能力弱;无污水处理设施,河道水质污染严重,河沟淤积,基本没有护坡措施;环卫设施不配套,垃圾箱少,开敞式堆放,无公共厕所;公共设施服务半径偏大,不少村民使用不便;村民自治和人文资源利用也不令人满意。

2015 年,根据党中央、国务院关于建设美丽乡村的要求,堡镇党委和政府经过综合考虑,从厚植环境着手,确定桃源村为首批村庄改造的试点单位。在镇村两级深入调查研究的基础上,邀请市级专业设计单位,对村的生态、生产和生活做了整体规划,并提交区发改委、财政局、规土局、旅游局等 10 多个相关部门审定,然后分步加以实施。

村庄改造按照经济、适用、美观原则进行,重在改善基础设施和环境综合整治。经过 3 年多的努力,全面拆除了危房、整修了墙体;拓宽修筑主干道、支路和入户路 116 条,总长 46 公里,基本形成了“白色化”贯通,在主干道上安装了 107 盏太阳能路灯,确保夜间行驶安全;75 条村级河道基本完成疏浚并落实了长效管理机制;建造了 14 个生活污水处理站，收集处置率达98%；新增了巴士站点，设立了3个老年活动室，兴建了7个健身场地。通过改造，村庄提升了民居、道路、水系、绿化等元素的潜在景观价值，跨入了区美丽乡村示范村的行列。

根据崇明乡村振兴梯度推进模式，堡镇党委和政府从美丽乡村示范村中选优，确定桃源村创建乡村振兴示范村，并于2019年启动建设。

为了加强领导和干部锻炼，区、镇选派区发改委一名青年干部到桃源村任职。这位高中入党、读大学时任党支部书记的“90后”，一肩挑起了村书记和主任两副担子，带领一班人从村的特点出发，确立了“水岸桃花源”的发展定位。当年恰逢迎接中国第十届花博会在崇明举办之际，村两委会广泛发动村民，率先开展了“迎花博、治五棚”专项整治活动。全村拆除、整改五棚600多个，清理垃圾1 800多吨，美化庭院500多户，实现了生活污水处理、生活垃圾减量、废弃物资源化综合利用“三个全覆盖”。与此同时，兴建桃溪景观廊道和改善生态河道景观，主要路口增设了标识和景观小品，展现了“缘溪行，忽逢桃花林”的美丽场景；加强了乡居“小三园”、[④]经济果林示范区和高标准农田的建设，力求将它们打造成集中成片的“桃源意境”。

在基层治理方面，村两委会注重开拓和探索。首创全区村级两新组织党群服务点，以“讲党性、比奉献、树形象、促发展”为取向，举行党员教育、经济管理讲座、文明实践和乡村振兴参观取经等活动，着力提高经营主体的综合素养。这里展示着两新组织10多名党员各自庄重的承诺，也展示了合作社的各种农产品和招聘信息，为促进互助发展搭建了良好的平台。建立村民议事小组，挑选有威望、有责任感、有代表性的群众组成，主要负责宣传政策和调解矛盾，使农户动迁等不少急难问题得到了较好的解决。成立村民巡访团，由党小组长和年长的村干部组成，不定期挨家挨户检查环境卫生，包括杂物堆放、垃圾分类、五棚处理等，每户情况记录在册，作为最美村组、星级文明户评选的重要依据，有力地促进了美丽乡村的建设。

村两委会还十分重视发掘当地的红色文化资源。这个村的姚弼将军在抗日战争、解放战争和抗美援朝中，身经百战，屡立战功，曾受到毛主席、朱总司令等中央领导的接见。为了传承老一辈的革命精神，赓续红色血脉，在区、镇的大力支持下，村里修复了将军6间共230多平方米的故居,建成了姚鼐故居。馆内展现了这位英雄的光辉事迹,还介绍了崇明涌现的诸多革命先贤,成为对村民尤其是青少年进行爱国主义教育的基地。自 2021 年 7 月开放以来,线下已接待参观者 54 批次共计 846 人。去年下半年开辟线上观展后,又吸引了不少新的参观者,产生了良好的社会反响。

“颜值,颜值,有颜才有值。”村庄改造和美丽乡村等方面的建设,增强了桃源村的显示度和示范性。2020 年,在全区 13 个区级振兴乡村示范村的评选中,桃源村名列第二,被认为在生态建设、产业发展、基层治理等层面“作出了卓有成效的探索”。2021 年,这个村又被评为上海市美丽乡村示范村,还申报入围 2021—2023 年全国文明村。“这里的环境比我老家漂亮多了!”不久前,国内一家高端医疗企业的负责人实地考察后,欣然表达了投资的意愿。

二、农旅融合,注重开局、错位和提升

桃源村的农旅融合,是与村庄改造特别是美丽乡村建设紧密联系在一起的。村庄改造制定的发展目标是:依托区位优势和农业基础,打造农旅融合发展的特色村。近 8 年来,这个村的农旅融合,主要体现在农业合作社的扩大与升级,以及民宿的创办与发展。

村内现有 14 家农业合作社,村庄改造之前正常、健康运转的并不普遍,美丽乡村建设之后情况有较明显的改观。最典型的是上海锦英果蔬专业合作社,经营面积由原来的 200 亩扩大到 530 亩,超过全村合作社总面积的四分之一;种植的蔬菜从娃娃菜、青菜扩大到生菜、芹菜、小菠菜等 10 多个品种,已成为上海市蔬菜标准园和农业农村部绿色优质高效示范点。经过这些年精心经营,这个合作社目前主打的 5 个蔬菜品种都已通过国家权威机构审核,被认定为 A 级绿色食品;2020 年完成高标准农田项目建设,建有仓库、管理房、道路、沟渠等配套设施;2021 年完成都市集群项目建设,配置了现代化的包装机械、保鲜库、储存库和包装车间并已投入使用;2023 年政府又投资近 4 500 万,完成设施菜田建设项目,建有排水沟、GSW8430 连栋薄膜温室等,创全镇合作社之最,在村内形成了明显的带动力。2022 年 3 月下旬至 5 月,这个合

作社承担了全镇保供点的重任，通过集采集购、统一配送，全力保障全镇封控期间老百姓的菜篮子，为抗击新冠疫情发挥了重要的作用。

村内第一家民宿创办于 2018 年，现已发展到 8 家，其中区星级民宿 4 家（五星级、四星级各 1 家，三星级 2 家）。全镇现有民宿（含农家乐）52 家，平均每村不到 3 家；区星级民宿 19 家（五星级 2 家，四星级 4 家，三星级 13 家），平均每村约 1 家。由此可见，这个村民宿和星级民宿的数量都明显高于全镇的平均值。

这些农业合作社与民宿优势互补，相互交融。合作社为游客提供了土特产和观赏、体验的场景，也为民宿提供了丰富、新鲜的食材；民宿为游客提供了休闲娱乐的居所，也为合作社的农产品打开了销路，双方相互促进，共同发展。

调查发现，桃源村农旅融合进展较快，不仅得益于区位优势和村貌的改善，还在于抓了下面三个要素。

一是重开局。这主要体现在民宿的创办上。美丽乡村建设开始后的第一年，从中央到地方都已鼓励办民宿，但是这个村的农户普遍担心没有客源，不敢涉足。到了第二年，来自上海市区的一位旅游经营者，在村里照管其朋友承租的 200 多亩粮田时，看到附近有 3 间农舍，虽破旧不堪，周围环境却不错，他觉得这是办民宿的风水宝地，于是果断地提出租赁这些农舍。但农舍的主人怕受骗上当，不愿出租。村主任得知消息，及时上门做村民的工作，反复说明利害关系，还主动提供担保。村民终于答应了，可又怕夜长梦多，只同意出租 5 年，而承租方为确保收益，要求租赁 10 年。村主任知道经营民宿投资不少，收回成本再盈利需要一定的年限，就又亲自出面积极协调，耐心劝说村民，最后按承租人的要求签订了合同。

这家以“元桃”命名的民宿，坚持继承与创新并重：本地瓦房的标志性配置不变，即保留两只山尖原有的“观音兜”；同时融入主人喜欢的徽派建筑元素，将屋面的红瓦改成黑瓦，内外墙壁全部翻白，营造出素朴、简约、静雅的独特风格。庭院的设计和布景，突出“回归”的理念，将 20 世纪五六十年代的老物件，巧妙地分置在不同的区间，与桃树、蔷薇、竹子和松树、吊兰等盆景相映成趣。民宿虽不大，但配置齐全，除了客房，还有厨房、餐厅、接待室、棋牌室、阳光房和公共卫生间。这种留乡愁、接地气的风格,让村民有亲近感,游客有新鲜感。

村委会鼓励这家民宿创品牌,帮助改建了休闲花园:入口搭起了门楼,周边围上了竹篱,园内铺设了草坪,绿地增添了木亭,令人满目一新。这家民宿开张后,不断有游客前来打卡,成为村内第一家星级民宿。“开头难”解决了,村民办民宿的积极性被激发了出来,不到一年就增加到3家,领先全镇。

二是重错位。桃源村不论是农业合作社还是民宿,都比较注重各寻其位、错位发展。以合作社为例,有种植蔬菜、水果、芋艿之分,有养殖白山羊、崇明清水蟹之别,也有的以种植水稻为主,兼种果蔬和芳香植物,以扬长避短。就民宿而言,经营者都力求在外观与内景、食材与烹饪、休闲与娱乐等方面形成特色。这样做有效地规避了同质竞争,给各个民宿提供了发展的空间。酒香民宿和桃花源墅的成功是最有说服力的案例。

酒香民宿的主人原在本镇一家酒厂工作,曾两度赴日本进行酒类研发,有40多年的酿酒经验。他退休后翻新了自有住宅,与老伴一起开办了民宿。他发现市区来的游客,很喜欢自己纯手工酿制的米酒和甜酒酿,就将此作为主打产品。他在餐桌上经常向游客介绍个人经历和米酒的酿造方法,教会他们怎么做,深得游客好评。这家民宿不仅多有回头客——有的一年来了四五次,也因口口相传的可信度,吸引了不少慕名而来的新客户。

桃花源墅的主人曾在市区五星级酒店工作多年,她将丈夫在村里的老宅改建成欧式田园风格的度假小屋。室外有花坛花镜和小型草坪,还有供10多人烧烤的天鹅棚;室内有开放式厨房,有学习的书吧,还有简易的运动器材及卡拉OK,可进行亲子美食交流活动。这种把多种体验融为一体的轻松、健康之旅,别有一番情趣和风味,受到爱好时尚的中青年游客的青睐。这家民宿后来居上,2021年被评为区五星级民宿,成为村内第一家。

三是重提升。桃源村的一些经营主体注重产业和服务项目的拓展与升级,认为这是农旅增值的不二选择。这方面做得好的,除了前面提到的上海锦英果蔬专业合作社,还有艺蓝农社和上海宜加粮食专业合作社。

艺蓝农社是村休闲农业的先行者，创办起点比较高——瞄准当地稀少的高端水果蓝莓，经营了 50 亩，与旅游有机地结合起来。经营者从国外引进适合的种源进行培育、筛选，基质采用东北黑土加入当地有机物质调制而成，用环保袋盆栽种植，人工除草，蜜蜂授粉，确保了天然品质，获得了绿色认证。同时，研发蓝莓浆果加工产品，聘请知名文化传播公司设计品牌，用于产品深加工销售及未来产品的开发。2016 年 3 月至 11 月，举办了区首届蓝莓文化旅游体验系列活动，从入园赏花、采摘鲜果、亲子夏令营，到迎国庆养生健康和民宿体验；从销售蓝莓种苗、盆景、蓝莓及其饮品，延伸到促销本地大米和草鸡蛋，满足了游客和客户的分层需求。2018 年，与知名公司合作尝试研发蓝莓果酒，将蓝莓浆果加工进一步工艺化、市场化。2019 年，推出果粒大、香味浓的蓝莓晚熟品种，还为孩子们提供海洋城堡、室外蹦床、秋千、金鱼捕捞等游乐活动。在建设美丽乡村示范村期间，村委会为该社进行河道保坍和景观廊道的建设，助推其发掘“农业、农耕、农食、农宿、农游”文化，打造集生产种植、亲子娱乐、田园风光、生态体验、科普教育一体的现代农业生态园。艺蓝农社不断探索休闲农业的培育与发展，被区农委专家称之为“乡村振兴产业升级的新亮点”。经营者认为农业领域商机无限，因而对未来农业的发展充满了热情和梦想。

上海宜加粮食专业合作社走的是多元经营的道路。2009 年创办时曾打算种植优质稻米，但由于土地分散，也没有大型农机，不适合大规模种植，最终决定尝试生态农业，立体种养水稻和清水蟹。为了打出品牌、促进销售，3 年后注册了商标。生态种养获得成功后，增加了绿色蔬菜的种植，又因销售渠道不畅，损失较大。合作社积极向农业部门争取，成为当地首批与上海菜篮子工程签约的蔬菜基地，加之精耕细作，管理规范，较快地扭亏为盈，2013 年被评为市级优秀合作社。随着村庄改造的推进，2017 年开办了中西结合的民宿。前些年，当发现种植芳香植物可以满足人们日益增长的健康养生的需求，经营者系统地学习了芳香学知识，参加了世界中医药学会联合会举办的高级植物精油疗法的培训，取得了中医药专项技术能力证书。在此基础上，合作社去年种植了 10 多亩、20 多种芳香植物。此外，开辟芳香植物科普园，用实物和图片向游客和学生普及相关知识，并且凭借加工器械的现场操作,使他们了解精油提炼的原理;举办润香生活节、芳香交友会和篝火晚会,通过手工制作香草饼干等活动,让游客边交流、边学习、边玩耍,沉浸在轻松与快乐的氛围中。这些举措的叠加,提升了合作社的吸引力和效益。经营者坚信:“只要认准目标踏实干,地里也能刨出金。”

桃源村过去与周边其他村一样,由于务农受自然灾害影响大,成本又逐年增加,收入微薄,不少年轻人纷纷外出打工挣钱,以致承包地耕种粗放甚至出现了抛荒。农业合作社的巩固和扩大,民宿的创办和发展,不仅为一部分村民提供了就业机会,增加了收入来源,而且使全村95%以上的土地得到了流转,绝大多数村民从中获得了稳定的租金收入。2020年,全村人均可支配收入26 000多元,比6年前提高了近18 000元,增长了1.25倍。

三、化解瓶颈,推进农旅融合持续发展

桃源村的农旅融合起步不晚,成果不少,但目前的优势还不是十分明显。主要原因是:缺乏有足够竞争力的产业和农产品,民宿小而分散,资源的潜在价值还没有充分发掘出来。为了改变这种状况,镇村两级领导正在集思广益,研究突破的路径;合作社和民宿的经营者也在积极探索,寻求解决的门道。他们的思路和对策,归纳起来主要有三点。

一是优农。靠山吃山,靠农吃农。堡镇现任党委书记先后担任过两个镇的镇长,对乡村和农业情况十分了解,他深有感触地说:乡村振兴,产业兴旺是第一;农旅融合最关键的是提升产业能级,提供优质的农产品,为发展旅游夯实基础。

根据桃源村的产业振兴规划,全村分为六大功能区:高标准设施粮田、无公害蔬菜、标准化水产养殖、生态果园、特色水果培育基地、畜禽养殖。镇村一些领导和经营者建议,桃源村目前供给侧可以优先考虑的选项,是提升稻米的品质和拓展、优化以桃为主的果品。

科学研究表明,富硒米营养价值高,有提高免疫力、保护血管和抗衰老等功能。因此,富硒米的市场价格优势明显,一般比普通大米高出一倍。崇明土地基本不含硒元素,但可以通过水稻生物富硒及有害因子减施,生产富硒营养米,为百姓健康提供餐桌佳品。2021年至2022

年，在上海有关高校和农科院指导下，宜加粮食专业合作社连续两年试种了20多亩生物富硒水稻，经权威机构鉴定均获得成功。因先后以优质的南梗46号和最新品种太安1号水稻培育而成，产出的富硒米口感好，受到消费者欢迎。专家认为，随着人们生活品质的不断提高，富硒米的市场前景看好，不仅可以促使农产品增收，也有利于吸引旅游者前来产地消费，值得推广。当然，抓住这个发展机遇，除了需要经营主体的投入，还需要政府层面给予必要的扶持，帮助解决种植、加工、存储、推广和销售等方面的难题。

桃源村以桃冠名，却并不是桃林众多，果品丰富，与不少游客的想象和期待存在一定的落差。为了突出桃源特色，应该抓紧落实村产业振兴规划中建设生态果园和特色水果培育基地的设想，在“桃”字上做足、做好文章。要有观赏为主的桃花景点，也要有可供采摘的桃树群落；不能限于黄桃、蓝莓、甘蔗，也可开发本地能够种植的猕猴桃、水蜜桃、油桃、樱桃和蟠桃，以及青枣、无花果、柚子等其他水果。在此基础上，应尽可能提高水果加工的比例和质量。更进一步，还可举办以桃源命名的丰收节等活动，展示以桃果为主打的绿色农产品，创造和满足游客多样化的需求。区首批市级美丽乡村示范村城桥镇聚训村依托“甜芦粟之乡”的产业底蕴，推出自有品牌“吉吉甜”，深入推进商品化加工等产业链延伸，以及芦穄公园、芦穄优品示范田、芦穄优品采摘等配套设施建设，促进了农旅兴旺。这个经验对桃源村具有一定的启示和借鉴意义。

发展以桃为主的果品产业是一个综合性大项目，需要通过招商途径，积极引进有投资意愿的企业，发挥其资本、管理和技术优势，促使“一产接二连三”，形成果品生产、加工和销售产业链，打造名副其实的“桃源”品牌，使之成为旅游的核心吸引物。村党组织或两委会可以领办果品专业合作社，采用股份制形式，除了招投双方合作之外，还可积极吸纳村民入股；通过建立利益联结机制，激发多元主体活力，以增强集体经济造血功能，让村民更好地享受农旅融合带来的红利，从而使党建引领更接地气、更有示范性和说服力。

二是强联。加强农旅经营主体的联合，畅通内外循环，以互补共生求互利共赢，是促进农旅发展的必由之路和当务之急。

桃源村内部的民宿之间、合作社之间,以及合作社与民宿之间,前些年已经开始互帮互学、互通有无,改变了单打独斗的局面。最常见的是微信群内分享供需信息,采购和推介合作社的农产品,民宿自制特色食品的流转,以及调剂游客余缺等等。不过,这些合作还缺乏整体组织的优化和规模效应。

针对这一状况,桃源村现任党总支书记、村委会主任提出了“党建引领经营共同体”的思路,即党总支加强村内合作社与民宿以及部分在村企业之间的联络、对接,促进本村农文旅产业交流,发挥各产业带头人先进性,提升产业的联农带农效能。2022年3月中旬,村两委会支持合作社和民宿经营者组织起来,成立了农旅志愿服务队。他们开展的首项活动就是参与区妇联、文旅局等组织的“游在崇明、学在路上”亲子游学设计大赛,通过集中讨论,精心创设了“抱田拥江、探闻桃源”的游学路线方案,巧妙地将村内各主要合作社、民宿和旅游景点串联起来,有利于增强吸引力,形成集聚效应。对于学生和家长而言,这可以使他们既能观景、采摘和品尝农家风味,又能学到科普知识和英雄事迹,融汇自然体验和文化体验,提高旅游的获得感。这种合作的创新尝试,得到了镇有关部门的肯定。在抗击新冠肺炎疫情期间,这个志愿服务队积极参与核酸检测、道口执勤和分发物资等,赢得了良好的口碑,提升了农旅的社会声誉。

桃源村与周边旅游资源的联动,目前是一个薄弱环节。实际上,周边可圈可点的资源是不少的。比如,享誉崇明的名人王清穆和杜少如的故居,就在这个村的附近。王清穆为光绪“钦赐翰林”,曾创立我国第一家商会——上海商会,并参与筹建复旦大学,还开办了崇明第一家轮船公司、第一家银行。杜少如信奉“实业救国”,创立了崇明为时最早、资本最多、规模最大的纱厂,后又相继开办了轮船公司、电气公司和银行等。两位先辈不仅对地方经济贡献至伟,而且在抗战期间都拒绝与日伪合作,彰显了大义凛然的民族气节,值得游客瞻仰。又如,在同镇的四滧村有一棵崇明最老、最大的银杏树,距今近500年,高30米、胸围达4.5米,被称为崇明的树王,是上海市一级保护古树,前来观赏的游客不少。如果创造一定的条件,对接这些知名的人文和自然资源,可以进一步提升本村旅游的磁性和品位。

前些年，堡镇成立了农创旅协会，联结了全镇80多家合作社、50多个家庭农场、20多家民宿和农家乐，抱团取暖，携手发展。桃源村可以更积极主动地借助这个平台，了解和研究游客的需求、结构、动向与变化，以便及时地调整、拓展和优化农旅游览圈及其经营产品与项目。

三是创核。调查发现，“近水楼台先得月”的现象，在崇明区的旅游业中也表现得比较明显：但凡紧靠著名景点的村落，其农旅发展往往较快，反之亦然。堡镇远离区内著名景点东平国家森林公园、明珠湖公园、西沙湿地和东滩候鸟区，这在一定程度上制约了包括桃源村在内的全镇农旅的发展。镇村不少有识之士认为，要改变这种局面，需从堡镇的资源禀赋出发，创造乡村旅游的核心竞争力。他们联系崇明建设世界级生态岛的大背景，建议开发、强化本镇三大优势资源。

第一，构建港区观景平台。堡镇港南沿江面开阔，潮来潮往一览无遗，日出日落尽收眼底，江边丁字坝也成为年轻人的网红打卡点。这种别致的自然景观是区内其他港口都难以企及的。堡镇港码头历史悠久，周围配套设施良好，与市区又有水陆交通之便。在这里构筑观景平台，唤醒优质的“沉睡资源”，可以吸引岛内外广大旅游爱好者前来摄影赏景，怡情养性。

第二，拓展国防体育运动场所。国防体育运动寓军魂于健身、益智和娱乐之中，越来越受到广大群众的喜爱，不少大中小学已将它列为开展国防教育和爱国主义教育的活动项目，参与规模日趋扩大。2017年，在靠近堡镇镇政府的花园村，一位民宿经营者开辟了国防体育运动场所，成立了上海崇明锦佰野战运动俱乐部，吸引了大量该项目爱好者。他是国防体育运动国家级裁判和区人大代表，也是崇明此项运动的发起人和先行者。2017年至2022年，这个俱乐部先后承办了第四届与第六届中国野战运动（2020年正式更名为国防体育运动）冠军赛（上海赛区）、上海崇明野战运动冠军邀请赛、上海市第三届市民运动会野战运动总决赛、长三角野战运动挑战赛等各级赛事。2021年，俱乐部还挂牌成立了崇明区大学生退役军人创业就业服务站。更令人瞩目的是，经他亲自培训的崇明区两支中学生参赛队，先后两年在全国野战运动冠军赛总决赛中夺得青少年组团体总冠军的喜人成绩。

国防体育运动具有正能量和比较广泛的群众基础，本地又有领军人物和先发优势,可以将这一项目做强、做优。但是目前这里的运动场地不大,难以适应潜在的旺盛需求。因此,建议政府部门给予用地、用房等方面的扶持,将本镇打造成创新旅游体验的国防体育运动基地,未来也可融入崇明生态岛具有优势的体育旅游领域。

第三,开发镇区存量资源。堡镇是老的工业重镇,上棉三十五厂、崇明电力公司、崇明化肥厂等曾是岛上数一数二的企业,谱写过辉煌的发展篇章,其中有100多年历史的上棉三十五厂(含前身),已被列为上海首批工业遗产。20世纪八九十年代产业调整之后,这些企业的厂区都保存至今,目前闲置土地面积达648亩,闲置厂房面积近10万平方米。作为区规划中崇明中东部的副中心,堡镇应该依托综合服务功能完善的比较优势,挖掘历史文脉,积极招商引资,开发这些宝贵的存量资产,引导科创、文创等新兴产业发展,提升区域服务能级,让老树绽放出美丽迷人的新花。

调查者认为,观景平台的构建、国防体育运动场所的拓展和镇区存量资源的开发,有画龙点睛的功效,可以激活镇区和其他村的旅游资源,也有利于桃源村吸引游客前来沉浸式旅游,进一步释放农旅融合的潜能,推进可持续发展。

(校对:曲广为、李新华)

注

① 长期以来,堡镇的教育和医疗条件、工业基础以及老街风貌仅次于县城所在地城桥镇,此间的上棉三十五厂和崇明电力公司等企业领先全岛。随着20世纪八九十年代产业调整和21世纪崇明世界级生态岛的建设,堡镇失去了传统工业优势;东部的陈家镇因上海长江大桥的落成和东滩建设的蓬勃兴起而后来居上。

② 这里特指崇明岛新河镇以东、陈家镇以西的区域。

③ 2016年7月22日,崇明撤县设区。

④ 乡居“小三园”是指村民自己的小花园、小果园和小菜园。

长三角科技工作者状况调查研究分析

陈伊南　安俞静　陈　雯　卢　晟　周梅佳佳*

[摘　要]　科技工作者是国家创新体系的核心要素，在创新发展、科技进步中的作用和地位日益突出。为深入了解科技工作者在成长发展、创新创业等方面面临的问题、需求与期盼，本文采用问卷调查、深入访谈与专家座谈等方法，对长三角科技工作者状况展开专项调研，深入了解长三角科技工作者的科研与工作状况、职业发展状况、管理体制状况与创新创业状况。根据调查结果，提出深化科技体制改革、构筑高质量人才集聚高地、完善多元分类评价体系、推进产学研协同发展、优化创新创业环境等意见建议。

[关键词]　科技工作者　长三角　科研活动　状况调查

* 陈伊南，江苏省苏科创新战略研究院科研助理；安俞静，江苏省苏科创新战略研究院科研人员；陈雯，中国科学院南京地理与湖泊研究所研究员、中国科学院大学教授、江苏省苏科创新战略研究院理事长；卢晟，江苏省苏科创新战略研究院科研助理；周梅佳佳，南京大学信息管理学院硕士研究生。

一、引 言

党的十八大以来,科技创新成为引领发展的第一动力,实施创新驱动发展战略是推动我国经济转型、保持经济长期稳健发展的必然选择。作为科学技术的主要生产者、传播者和维护者,科技工作者是支撑创新发展的主力军,也是推动经济转型和社会进步的中坚力量。科技工作者的工作、生活和思想状况等直接影响创新活动的过程、质量和成效。因此,引导和重视科技工作者的作用,稳定科技工作者队伍,充分调动科技人才的创新创业活力,是我国推动经济社会高质量发展、建设社会主义现代化强国的关键所在。

科技工作者状况的调查分析可追溯至21世纪初,早在2003年,中国科学技术协会调研宣传部,开展了首次全国科技工作者状况调查,随后,依托逐步完善的科技工作者调查站点体系,中国科协每五年一次,在全国范围内开展科技工作者状况调查,取得了一批影响广泛的调研成果(中国科协,2009)。在学术研究方面,科技工作者的调查研究成果丰富,研究内容集中于科技工作者的创新环境评价、工作满意度、职业发展需求(宋子阳等,2022)、生活待遇、身心健康状况与创新创业等方面(翁章好、李荣志,2021);研究对象包含全体科技工作者、海外归国人员、青年科技工作者、女性科技工作者、基层科技工作人员等不同群体(王雅芯等,2019;尚宇菲,2022);研究范围涵盖国家、区域、省市等不同尺度(王炎,2014;张洋、肖佳琪,2020;王文玲,2010)。如李慷、张明妍等基于第四次全国科技工作者调查数据,对科技工作者的科研活动、职业发展、生活状况、观念态度等作出全面分析,从加强思想政治引领、深化科技体制改革、高度关切科技工作者利益等方面提出了政策建议(李慷等,2018);基于地方调查站点报送信息,部分学者以省域、市域科技工作者为研究对象,对地方科技工作者状况展开专项调查与分析(杨兴峰等,2022;秦定龙等,2021)。研究发现,科技工作者的创新活力与积极性受到人才政策、创新环境、评价体系与激励机制、生活条件等诸多因素影响(江希和、张戌凡,2017;邓大胜等,2016)。此外,不同群体的科技工作者具有不同的发展诉求,如青年科技人才对生活待遇、创新条件的要求更高，个人发展与职务职称晋升是其关注焦点（陈晶环，2014；黄园淅，2022）；女性科技工作者的工作与生活平衡压力较大，迫切需要更为宽松、公平的学术环境（韩晋芳、吕科伟，2015）。

综上所述，围绕科技工作者状况这一主题，现有研究从不同视角、不同层次展开了诸多探讨，并取得了具有一定价值的研究成果，这为后续研究提供了重要支撑。但有必要指出的是，既有文献对于区域科技工作者状况的调查还不够系统和深入，特别是作为经济发达地区的长三角，其科技工作者不仅规模较大，且非常活跃。在加快向高质量发展转变的背景下，有必要进一步对该区域的科技工作者状况进行更加多样和有针对性的调查，以获取最新动态并为政策设计提供参考。基于此，本文以长三角区域科技工作者为研究对象，对高校、科研院所、企业以及基层科协组织等机构中的科技工作者展开专项调查，梳理总结了长三角科技工作者的基本现状与存在问题，在此基础上提出改善科技工作者状况的几点建议，以期为决策制定提供参考。

二、研究方法

本文理论与实际相结合，定性与定量相结合，综合采用文献资料、深度访谈、专家座谈和网络民族志等研究方法，开展全方位的调研工作。

1. 文献资料。通过知网、万方等数据库进行文献资料搜集，梳理关于科技工作者状况调查这一主题的研究脉络，以准确把握相关研究的现状。

2. 深度访谈。在系统梳理长三角科技工作者所在机构名录的基础上，结合专家咨询意见，形成了详细的科技工作者调查对象清单。聚焦重点机构和群体开展广泛调研，组织开展了对上海市、江苏省、浙江省和安徽省高水平研究型大学、国家科研机构、科技领军企业和国家（重点）实验室、基层科协组织、基层党委政府等不同类型工作单位的科技工作者代表，以及相关科技管理与科技服务工作者的全方位多层次专项调查。

3. 专家座谈。为全面了解长三角科技工作者发展现状、存在问题及相关主体的政策需求等。在中国科协创新战略研究院指导和江苏省科协领导下,江苏省苏科创新战略研究院牵头开展长三角地区科技工作者现状调查。座谈会采取“线下+线上”形式,主要参会对象为各地科协负责人、典型科技工作者代表以及政策研究专家等。

4. 网络民族志方法。民族志是一种定性研究方法,主要采用田野调查、实地调查等形式,在参与式观察和深度体验的基础上,对人类社会活动展开描述性研究,该方法在社会学、传播学等领域应用广泛。网络民族志是在互联网和大数据背景下兴起的新的调查范式,其借助手机、社交软件等网络媒体,扩展了个人和群体书写、表达、参与实践的机会与可能性。本文采用网络民族志方法展开线上调查,对访谈结果辅以补充。

基于深度访谈、专家座谈、网络民族志等形式,本次调查共形成访谈记录45份,访谈对象包含高校院所、企业、科协组织和政府部门等不同类型工作单位的科技工作者。同时,通过函询各省市科协,获得相关省市国家(重点)实验室、省市实验室、高水平研究型大学、国家科研机构和科技领军企业等机构科技工作者的典型案例,为深入分析长三角科技工作者状况提供了详细素材。

三、长三角科技工作者状况的基本现状

(一) 科技工作者的科研与工作状况

1. 创新环境持续向好

(1) 科技创新投入不断加强。依据《长三角区域协同创新指数2021》报告,[①]2020年,长三角区域研发投入强度高达2.84%,研究与开发经费增速高于国内生产总值增速;财政科技拨款占政府支出的比重为4.84%,超过全国平均水平近两成;每万人拥有研发人员67.97人,科技创新人才的规模不断扩大,集聚效应不断加强。此外,《2021长三角41城市创新生态指数报告》[②]指出,长三角区域创新生态建设正在稳步向前,科研创新环境得到明显改善,为科技工作者参与创新创业提供了良好的环境支撑。

（2）创新管理制度不断完善。近年来，长三角三省一市在科技创新管理体制上不断改革突破，相继出台多项政策意见，着力破解制约科技创新的体制性障碍、结构性矛盾和政策性问题，如上海市发布科改“25”条，江苏省出台《关于深化科技体制机制改革推动高质量发展若干政策》，浙江省发布《关于完善科技计划体系、优化资源配置机制的改革方案》等，进一步纾解了科技工作者创新创业的手脚。

2. 科研管理行政化的惯性作用依然存在

（1）科研项目管理上繁文缛节仍较多。调研访谈中，部分科技工作者认为，现有的科研项目管理体制仍较为繁琐，科研项目申报的行政化、经费报销限制较多、经费审计流程复杂、经费申报周期过长等问题仍普遍存在。行政化的科研管理体制打击了科技工作者的积极性，很多科技人才的科研工作无法得到应有的重视。此外，部分青年科技工作者表示，申请项目时专家评审制度不够完善，评审活动中仍存在看人情、看关系现象，影响评判客观性公正性。

（2）科技工作者的科研投入时间相对不足。科技工作者尤其是高校科研人员的事务性工作繁重，会议、检查、报表、申报等工作对科技工作者的时间、精力耗费明显。高校青年教师除教学任务外，还承担班主任、本科生实习及毕业论文指导等相关工作，用于创新性科研的投入时间相对不足，而职务晋升中发表学术论文、承担科研课题的分量要求远高于教学任务，“非升即走”的考核压力较大，导致对大学教育质量和科研成果质量产生不利影响。

（二）科技工作者的职业发展状况

1. 科技工作者职业发展需求强烈

（1）科技工作者个人成长与发展需求旺盛。多数科技工作者表示，工作中参与业务学习交流的机会较少，知识更新与技能提升条件不足是阻碍个人发展的一大困扰，尤其是新冠肺炎疫情以来，国际、地区间各类交流活动大幅降低，科技工作者普遍期待形式丰富的跨学科、跨领域学术交流。

（2）科技工作者面临工作与生活平衡问题。单位工作任务、科研学术产出与家庭生活之间的平衡问题，是科研工作者面临的一大难题。

尤其对于女性科技工作者而言，其所面对的家庭、工作和社会压力更大，工作与生活之间的矛盾更为突出，此外，受到生育制度的约束，女性科技工作者在职业发展中面临更为困难的局面。访谈中有科技工作者提到：“骨干科技工作者年龄在 30—45 岁左右，上有老下有小，科研工作加班、外出调研频繁，导致照顾家庭不足，对小孩的教育等不足。”

2. 科技工作者自由流动加速明显

(1) 科技工作者双向流动机制逐步建立。为进一步构建更加开放、更为有效的人才流动环境，长三角三省一市研究制定了多项人才发展政策，不断完善人才多样化双向流动机制。如鼓励高等院校、科研院所与科技企业之间的人才流动，鼓励科技人才向经济薄弱地区、基层一线和特殊行业流动等，这些举措有力破除了人才二元体制障碍，为科技工作者创新创业、科技成果转化等提供了政策支撑。

(2) 科技人才一体化探索稳步推进。自 2018 年 11 月长三角一体化发展上升为国家战略以来，长三角地区间加快互联互通，区域内 41 个城市已实现医保一体化统筹结算，身份证、驾驶证、行驶证等 21 类电子证照共享互认，人才服务环境不断改善。“十三五”期间，科技工作者在长三角三省一市跨区域流动达到 165 万人次，区域内人才自由流动的雏形逐渐形成。

(三) 科技工作者的管理体制状况

1. 人才培养模式有待优化

(1) 科学家精神有待弘扬。科技创新尤其是原始创新要有创造性思辨的能力、严谨治学的求实精神和淡泊名利、潜心研究的奉献精神，基础研究往往需要科学家保持数年乃至数十年专注于某一课题。访谈中，部分科研工作者认为，在现有的人才培养模式中，对论文成果的过度奖励容易引发科研人员急功近利，为了达到职称评聘条件而开展重复性、低质量的科研工作，不利于培养原创性科研思维。

(2) 创新人才教育培养有待加强。当前，一些科研单位在人才引进方面很下功夫，但是在培养和使用人才方面缺乏作为，尤其对于青年科技人才的培养不足。部分青年科技工作者表示，申报获得的国家课题与现实研究领域不符，考核期过后存在与社会需求脱节的问题，不利于科研事业的长期发展。此外,基础研究人才和青年科技人才缺少长期稳定的项目支持,难以形成系统性研究。

2. 人才评价方式有待完善

(1) 人才评价体系滞后、创新性不足。虽然相关部门已经注意到单一评价体系带来的弊端,纷纷出台多项政策文件,对考核评价中涉及"四唯"的内容作出清理。但在实际操作过程中,各部门和单位缺乏具体实施细则的指导,多元分类的考核评价体系仍未形成。如用人单位对引进人才等级的划分依旧沿用之前的评价体系,评价倾向、标准以及资源配置过多倾向于利益群体;人才考核评价仍强调短期、量化成果的考评制度,导致科技工作者无法坐住"冷板凳"潜心专注研究。

(2) 知识价值导向的收入分配制度没有很好落地。部分科技工作者认为,科研人员的薪资水平较低,薪酬收入与生活支出之间的缺口较大。除了正常的薪酬外,缺少额外奖励或股权激励等更大力度的激励措施,现行分配激励机制不能充分体现知识性劳动成果的价值。尤其对于青年科技工作者而言,普遍面临住房、结婚、生子、教育等压力,而与同龄的其他青年人员相比,青年科技工作者的薪酬收入没有明显优势,因此感受到的生活压力更大,导致青年科技工作者对薪酬收入的满意度较低。

(四) 科技工作者创新创业状况

1. 创业意愿强但创业选择慎重

(1) 科技工作者离岗创业有后顾之忧。在调查访谈中,部分高校院所的科技工作者表示,有意向借助知识成果或技术专利进行创业,尤其是在维持原单位工作不变的情况下创业或与企业相结合,但实际参与创业的科技工作者比例较小,存在创业热情较高但创业行动慎重的现象。进一步访谈发现,科技工作者的创业顾虑主要体现在三个方面,即担心离岗创业后原有工作不稳定、担心离岗创业后原有待遇降低、担心离岗创业影响职称职务晋升等。

(2) 创业环境有待改善。一方面,科技工作者对于地区创新创业政策了解不多,对创业优惠政策的认识不够;另一方面,地区双创平台对科技工作者创业的支撑服务不足。此外,科技创业融资难、成果转化不畅、经营管理具有风险等问题也是影响科技工作者进行创业的主要因素。

2. 科技成果转化仍存在痛点

(1) 科技成果转移转化中高校、科研机构与企业需求脱节。部分科技工作者认为产学研的融合发展不够紧密,企业与高校、科研机构之间的合作存在脱节情况,尚未建立企业技术创新的主体地位。如企业科技工作者认为高校不理解市场的真实需求,而高校则认为企业方提出的问题太过具体,成果转化应用成效有待提升。

(2) 科技成果转化动力不足、合作机制有待完善。一方面,科研成果的经济效益在高校和科研机构的评价体系中未能充分体现,科研人员的积极性在一定程度上受到影响,企业大多因投资高、风险大而对此类高科技成果望而却步;另一方面,产学研主体围绕项目进行的短期合作较多,围绕产业链协同创新进行的重大合作相对较少,不利于解决制约产业创新发展的关键问题。

四、政策建议

(一) 深化科技体制改革,推动科技政策扎实落地

1. 优化科技资源配置方式。当前项目申请中的人情关系、学术垄断、排资论辈等现象,导致科技资源配置不公平,不利于新生科研团队和青年科技人员成长。建议在人才项目中控制大科学家团队的人才数量,提高青年人才担任重大科技任务、重大攻关课题负责人比例。在国家研发计划项目中,减少部门力量干预,削弱部门科研单位对科技创新资源的垄断。

2. 完善项目评议制度。科研立项是科技工作者科研活动的重要任务之一,但现有立项评审制度仍存在较大改进空间。一方面,要精简申请流程,完善二审制度、健全同行评议制度、建立评审专家信誉记录等,提高项目立项评审的公开透明度;另一方面,在项目申报和评审过程中,应综合考虑项目负责人和团队实际能力,不把人才帽子、发表论文、获奖情况等作为限制性条件,在科技项目中加大对青年人才的支持

力度。

3. 推进科研项目管理放权赋能。科研项目管理僵化、程序繁琐等现象是科技工作者反映突出的主要问题，为充分释放科技工作者创新活力，需深入推进科研管理“放管服”改革。尊重科研规律，进一步扩大科研项目经费管理自主权，完善科研项目经费拨付机制，简化科研仪器设备采购流程等，切实减轻科技工作者事务性负担。此外，应加强科技人才激励，在经费管理制度中给予科研人员一定比例或额度的劳务费，充分激发科研人员积极性。

（二）创新人才培育模式，构筑高质量人才集聚高地

1. 加强战略科学家培养。当前，单边主义、保护主义盛行，围绕科技制高点和高端人才的竞争空前激烈，大力培养战略科学家是强化我国战略科技力量的紧迫任务。长三角区域应立足国际高端和全球视野，以基础前沿重大科学问题突破为导向，重点选拔和培养战略科学家队伍。依托国家科研机构、高水平实验室、大科学装置等创新平台，探索设立科学家工作室，加大对基础研究、前沿技术研究的长线支持。对开展原创性、探索性研究的科学家，在项目支持、科研经费、财政补贴等方面给予倾斜，提供经费稳定、专班服务等特殊保障。

2. 加快培育青年科技人才后备军。加快落实省、市青年工作发展规划，通过实施万名博士集聚行动、卓越博士后计划专项、青年科技人才创新专题项目等，加大青年人才引进和培养力度。完善用人单位集聚青年人才的支持机制，健全青年科技人员长期稳定支持机制，提高省级人才计划对青年人才的支持比例，鼓励设立青年专项。营造宽松的创新环境和社会氛围，鼓励青年科技工作者自由探索、勇于试错，鼓励青年人才敢于质疑和超越权威，鼓励持续研究和长期积累，强化青年人才成长激励。

3. 充分激发女性科技人才活力。坚持性别平等、机会平等，支持女性科技人才获取科技资源，建立有利于女性科技人才发展的评价机制，更好地发挥女性科技人才在科技决策咨询中的作用。充分考虑性别差异和女性特殊需求，探索设立女性科研回归基金、延长评聘考核期限、实行弹性工作制等，帮助女性科技人才不因孕哺期而中断科研事业，切

实解决女性科技人才的后顾之忧。

4. 切实关注科技人才成长需求。一方面,结合不同职业类型、不同专业领域科技工作者的知识更新需求,完善脱产学习、外出研修、岗位培训等制度,积极组织跨领域、跨学科的学术、技术交流,为人才终身教育给予更多关爱与支持。另一方面,加大科技人才国际化培养力度,推动青年科技人才的国际交流与学习,引导和鼓励科技人才与世界顶尖团队合作,加强国家化科技人才和科研团队的培养。

(三) 尊重人才成长规律,完善多元分类评价体系

1. 建立分类评价机制。以职业属性、岗位需求和人才特点为基础,加快落实对从事基础研究、应用研究、技术开发、科技辅助与科技管理等不同活动的人员实行分类评价。坚持德才兼备,建立健全以科研诚信为基础,以创新能力、质量、贡献、绩效为导向的科技人才评价体系,注重过程评价与结果评价、短期评价与长期评价相结合。改革职称评审制度,精简人才"帽子",改变片面将"帽子"、评价结果与薪酬待遇、职称评定等直接挂钩的做法。

2. 创新多元评价方式。注重引入社会评价和市场评价,充分发挥政府、市场、专业组织、行业协会、用人单位等多元评价主体作用。基础研究人才以同行学术评价为主,加强国际同行评价;应用研究和技术开发人才应强化市场评价,完善用户、市场和专家等第三方评价机制;哲学社会科学人才评价重在同行认可和社会效益。遵循不同类型人才成长规律,适当延长基础研究人才、青年人才、孕哺期女性科技人才等评价考核周期。

3. 完善人才激励机制。注重精神激励与物质激励相结合,深入落实以增加知识价值为导向的分配政策,尊重和实现人才价值。提高科技人员基础性工资占比,推动科技人员薪酬制度结构性改革,强化岗位工资、薪级工资、政策补贴等基础性工资的功能和比重,破除结构倒挂。加大对从事基础研究、核心技术攻关科研人员的薪酬激励,加强科技成果产权对科研人员的长期激励,建立健全青年人才评价激励机制。

(四) 构建科技成果转化体系,推进产学研协同发展

1. 完善科技创新平台体系。一方面,统筹布局科技研发平台,聚焦集成电路、人工智能、先进材料、生物医药、高端装备等重点领域建设一批高端研发平台,着力突破关键核心技术和产业共性技术。另一方面,以市场需求为核心,强化企业的创新主体作用,加快构建龙头企业牵头、高校院所支撑、各创新主体相互协同的创新联合体,积极推动前端创新供给和终端市场需求直接互动。推动实施"揭榜挂帅""赛马制""军令状"等关键核心技术攻关政策,强化人才在产学研协同发展中的核心要素功能。

2. 强化科技成果转移转化服务体系。支持高校、科研院所和企业联合组建科技成果转移转化共同体,搭建政府主导、市场化运作的科技成果交易转化平台。积极扶持、培养生产力促进中心、评估咨询机构、科技信息中心、知识产权法律中介机构等一批服务机构,建设成果发布、供需对接、转化指引、人员培训等公共服务体系。加快整合科技资源共享平台,构建多层次、广领域、网络化的科技资源共享平台体系,完善创新资源开放共享机制。

3. 健全多主体创新联动保障机制。建立健全科技成果信息发布与共享机制,围绕重点产业和关键领域,加快打造一体化科技项目管理平台,加强数据资源共享。完善产学研一体化利益链接机制,考虑社会增益和市场影响,将技术转移和科研成果转化纳入考核评价体系。健全成果转化收益分配机制,加大对科技成果主要完成人和成果转化主要贡献人员的奖励份额,积极引导科技工作者投身产学研融合发展一线。

(五) 优化创新创业环境,激发科技人才创业活力

1. 加大创新创业政策落实力度。加强科技人才创新创业政策宣传工作,及时对创业优惠政策进行宣传和解读,为科技工作者充分享受创新创业优惠政策提供咨询指导。多渠道引导、激励、支持高层次人才、青年人才、高校毕业生等投身创新创业实践,加大力度扶持具有显著特色的、高知识和高技术水平领域的创业项目。

2. 营造宽松创新创业氛围。支持、鼓励承担科研项目的高校、科研

院所、医院等单位的科技工作者离岗创业、兼职创新或在职创办企业。从绩效工资、收益分成、税收优惠和荣誉激励等方面,加大对科技人才创新创业的支持力度。以科技成果转化收益权政策为突破口,鼓励科技工作者以技术入股方式参与创新创业,推动技术资本化。培育容错双创文化,激发人才创新创业热情,健全创新尽职免责机制。

3. 完善创新创业生态建设。依托国家级高新技术开发区、大学科技园、产业园、创业服务中心等产业化平台为基础,加快构建"众创空间-孵化器-加速器"创业孵化链条,推动创新链对接产业链。建立健全科技金融支撑服务体系,发挥政府引导基金作用,充分撬动天使投资基金、创业投资基金等社会资本全面支持科技创新活动,构建多渠道、多层次的科技金融投资体系,完善"孵化投资+创业投资+产业投资"全过程科技投融资模式。以市场主体需求为导向,持续优化营商环境,支持知识产权服务、法律服务等创新创业服务发展。

(校对:李新华、曲广为)

注

① 资料来源:https://baijiahao.baidu.com/s?id=1725011876057151387&wfr=spider&for=pc。

② 资料来源:https://baijiahao.baidu.com/s?id=1716757317315136778&wfr=spider&for=pc。

参考文献

陈晶环:《青年科技工作者职业观的调查分析报告》,《中国青年研究》2014 年第 5 期。

邓大胜、史慧、李慷:《科技工作者普遍关注的几个问题——全国科技工作者状况调查站点报送信息汇总分析》,《科协论坛》2016 年第 7 期。

韩晋芳、吕科伟:《女性科技工作者成长与发展影响因素调查分析》,《科学学与科学技术管理》2015 年第 9 期。

黄园淅:《青年科技人才在世界科技强国建设中的作用》,《中国国情国力》2022 年第 7 期。

江希和、张戌凡:《科技工作者状况分析及对策建议——基于江苏省科技工作者调查》,《科技管理研究》2017 年第 24 期。

李慷、明妍、于巧玲、邓大胜、史慧:《全国科技工作者状况调查研究分析》,《今日科苑》2018 年第 11 期。

秦定龙、邱磊、向文、刘兰、张欣、张雨竹:《第二次重庆市科技工作者状况调查报告分析》,《今日科苑》2021 年第 9 期。

尚宇菲:《女性科技人才的成长经验:一个文献综述》,《山东女子学院学报》2022 年第 2 期。

宋子阳、邓大胜、张静:《科技工作者的职业发展需求现状及政策建议——基于安徽省的调查》,《今日科苑》2022 年第 2 期。

王文玲:《宁波市科技工作者状况与需求调查分析》,《宁波经济》(三江论坛)2010 年第 4 期。

王雅芯、郭菲、刘亚男、陈祉妍:《青年科技工作者的心理健康状况及影响因素》,《科技导报》2019 年第 11 期。

王炎:《福建省科技工作者状况调查的统计分析》,福建师范大学博士论文 2014 年。

翁章好、李荣志:《科技工作者时间分配和身心健康的现状及建议——基于长三角地区调查的实证分析》,《今日科苑》2022 年第 6 期。

杨兴峰、王怿超、邹慧:《江西省科技工作者状况分析》,《科技中国》2022 年第 1 期。

张洋、肖佳琪:《基于调查站点报送信息的山东省科技工作者状况分析》,《今日科苑》2020 年第 6 期。

中国科协会:《中国科技工作者状况调查》,《科技导报》2009 年第 13 期。

海国图志

中美关系：特点、风险与趋势*

黄仁伟**

［摘　要］ 从奥巴马政府以来，美国对华政策发生了巨大变化。从强调中美关系中的"竞争性"的亚太再平衡战略，到特朗普政府将中国界定为美国的主要战略竞争对手乃至安全威胁，美国两党已形成对华共识，开启了"全政府"对华竞争战略。不过，尽管如此，在全球化经济大潮下，中美经济合作有利于实现双赢的结果。由于经济互补和气候变迁等领域的需求，中美两国依然有机会持续合作。作者指出两国需要在宏观经济政策领域进行协调，从而更好稳定双边关系并推动世界经济可持续和健康增长。

［关键词］ 接触战略　新型大国关系　竞争性伙伴　气候合作

---

* 本文收稿于 2022 年 2 月 12 日，成文于俄乌冲突前，尽管这场冲突的发生给中美关系和地缘政治带来了格局性变化，但本文在帮助读者更深入地把握中美关系发展脉络和理解地缘政治现实方面仍具有很大的启发。——编者注

** 黄仁伟，复旦大学特聘教授，"一带一路"及全球治理研究院常务副院长。

一、引　言

自中美建交以来,美国对华政策与中美关系经历了发展变化的过程。在尼克松政府时期,美国确定了对华“接触”(engagement)战略。当时在美苏交恶的背景下,美国希望拉拢中国,共同对抗苏联。冷战后,中美于1997年共同承诺致力于建立面向21世纪的建设性伙伴关系。1999年,在中美建交20周年之际,李肇星大使发表《中美建设性战略伙伴关系》的演讲。2011年,中美两国发表联合声明,确认将共同努力,建设相互尊重、互利共赢的“合作伙伴关系”(秦亚青,2021)。尽管在这几十年的时间中,两国关系也曾经历过1989年美国对华制裁、克林顿政府将人权问题与“对华最惠国待遇”挂钩、1995年李登辉访美以及1999年美国炸毁中国驻南联盟大使馆等考验。但事实证明,中美只要本着相互尊重的态度,即便两国间存在社会制度、意识形态和价值观念的差异,也能够实现互利共赢。然而,在奥巴马政府时期,美国采取“亚太再平衡”战略,开始着重强调中美关系中的“竞争性”,“伙伴关系性”有被明显淡化的趋势。特朗普上台后,中美关系则出现了重大转折,美国基本否定了“伙伴关系性”。2017年的《美国国家安全战略报告》将中国界定为美国的主要战略竞争对手,以及首要安全威胁来源,这在中美关系历史上是前所未有的。此外,在这两个定位后面美国又给中国扣上了一个“修正主义”国家的帽子,即所谓中国是当前世界秩序的挑战者。美国不少人认为过去几十年所坚持的对华接触战略已经宣告失败,在中美合作中,中国占了便宜,而美国吃了亏。因此,美国要重塑中美关系,以加强对中国的遏制。2020年,新冠肺炎疫情的暴发成了中美矛盾的催化剂,特朗普政府甚至不惜要彻底推翻中美关系的已有架构。拜登政府上台后,美国对华外交中的语气有所缓和,但基本上维持了对华不合作的态度。

二、中美关系形势的主要特点

第一,中美关于两国关系的定位存在错位问题。围绕着两国关系性质的界定,中美存在着明显的分歧。美国目前坚持称中美是"战略竞争关系",而中国则反对使用"竞争"一词。中方坚持这一态度的目的是为了防止掉入美国的关系定位"陷阱"。实际上,美国正企图以"竞争"之名,掩盖其战略的"对抗"之实。众所周知,竞争可以是良性的竞争,也可以是恶性的竞争。良性竞争类似于竞技比赛,角逐仅仅是为了赛出更好的水平,并不以伤害对手为目的。但带有攻击性,甚至以将对方置于死地的较量也可以被称为竞争,而这种竞争本质上却是对抗。美国现在恰恰是在假借竞争之名,掩盖其企图与中国全面对抗的真实目的。党的十八大以来,中国一直坚持中美之间是"不冲突,不对抗,相互尊重,合作共赢"的"新型大国关系"。① 如果中国接受中美是"战略竞争关系",实际上就等于否定了"新型大国关系"。同时,从特朗普执政后期开始,中美合作领域已经大幅缩减,如果再继续强调竞争,那么双方合作的空间将会变得更加狭窄。因此,中国拒绝接受美国对中美关系的定位。不过,需要强调的是,由于美国当前已经拉开了对华竞争的架势,中国因此也必须做好必要的准备,灵活应对美国可能实施的对抗性举措。与此同时,更重要的是中国要抓住机会,努力将中美关系拉回到正确的轨道上。

第二,美国民主党和共和党已经形成了一致对华的基本共识。近些年来,美国两党政治对立日趋极化的问题越来越引人关注。两党几乎在所有重大国际和国内问题上都势不两立。然而,在中国问题上,两党却表现出了异乎寻常的相近立场,即都主张推行强硬的对华政策。美国反华的政治气候是由特朗普政府一手制造,但拜登上台后也延续了前任政府的基本政策方向。2021 年 6 月 8 日,美国参议院通过了由 13 名参议员共同发起的《2021 年美国创新与竞争法案》,内容涉及科技、产业链、中国软实力和地区安全等。该法案旨在提高美国的技术优势以应对中国的竞争,被称为未来对华全面竞争的基本大法。法案的发起者包括七名共和党议员和六名民主党议员,突出体现了在对华问题上两党态度的一致性以及对华立场的日趋强硬。②

第三,美国坚持"全政府"对华竞争战略。2020 年 5 月,白宫公布了《美国对中华人民共和国的战略方针》,其中明确提出将以"全政府"方法应对中国的"经济挑战""价值观挑战"和"安全挑战"等。③"全政府”战略的提出表明,美国对华的竞争并非局限于某一个特定或单一领域,而是涉及所有领域,政府中的各个部门都将为与中国展开竞争而采取行动。基于此,美国的贸易代表办公室联合财政部和商务部等部门共同发起对华贸易战;国务院、国防部、中央情报局与经贸部门密切配合,共同阻挠中国科技、安全和文化等领域的发展;此外,美国学界、商界、媒体等社会部门也在以不同形势配合美国新的对华政策(侯海丽、倪峰,2019)。

第四,美国正在实施一项覆盖全球的全方位对华竞争战略。近几年来,我们不仅看到美国在刻意挑唆台湾、南海、新疆以及香港等问题,同时,美国还试图从更广泛地意义上在中美关系之间制造对立。概括而言,凡中国所到之处,美国必定要在此与中国展开竞争之势。凡中国所举之事,美国也必定要针锋相对地与中国相争。例如,在 2021 年 6 月的七国峰会期间,拜登与其他六国首脑共同提出了“重建更美好世界”计划(B3W)。该项计划的目标是支持发展中国家进行基础设施融资,以作为中国“一带一路”倡议的“替代方案”。为与中国在全球范围内展开竞争,美国还加紧构筑覆盖全球的网络来围堵中国,即建立一致对华的联盟体系。美国视这一联盟网络为“反华”统一战线。该体系网络不仅包括欧盟、日本和澳大利亚等美国在全球的传统盟友,同时,美国也在设法将所有与中国存在矛盾的国家纳入其中。未来,为达到围堵中国的目的,美国还很可能会采取楔子策略,离间与中国关系友好的国家,使之倒向美国,或至少确保其在中美竞争中保持中立姿态。

第五,与特朗普政府相比,拜登政府更加注重对华战略的灵活性和精准性。在特朗普政府时期,美国企图全面打压中国,在率先启动了对华贸易战后,又逐渐发展出科技战和舆论战,并在军事上向中国施加了较大的压力。拜登上台后,反思了特朗普竞争策略的低效特征,开始转向对华更加精准的对抗和打压策略,以提高政策效率,企图在降低美国战略损失的同时,增加中国方面的损失。

第六,美国突破了中美关系中的部分“禁区”。自中美建交以来,两国关系虽然经历过起伏,但以往美国在行动上基本能够守住底线。例如在台湾问题上,美国过去一直坚持不公开与台湾保持“官方”往来,双方的互动仅限于非官方层次。在对台售武方面,美国也恪守不向台湾出售进攻性武器的准则。然而,特朗普政府却打破了这些习惯性做法,公然与台湾"官方"展开部长级互访,并突破了有关对台出售武器性质的限制。④此外,美国还在南海以航行自由为由,悍然侵入中国领海。

三、中美关系中的风险与挑战问题

(一) 中美冲突:既不符合现实,也不符合两国利益

从特朗普政府开始,美国不仅挑起对华贸易战,在科学技术领域围堵中国,还大肆抨击中国共产党,将中国执政党妖魔化,对华舆论战达到了前所未有的规模。在台湾问题上,美国处心积虑地掏空"一个中国"原则的做法严重损害了中国的核心利益。在南海地区,美国也在不断挑衅中国。这些对抗行为导致了地区安全形势的急剧变化,针对台海和南海冲突的担忧不断上升。但在中美冲突风险不断上升的同时,美国也表明了要避免使竞争滑向冲突的态度。2021 年 11 月 16 日,中美两国领导人举行视频会晤,其间,拜登强调了管理战略风险的重要性,提出需要有理性的"护栏",确保竞争不会转为冲突。美国必须避免中美竞争演化成热战,主要基于以下几点原因。

第一,美国难以克服远距离作战的困难。客观来讲,一旦中美在台海或南海等热点地区爆发冲突,美国必然面临远距离作战的问题。为此,美国不得不动员亚洲国家与其进行军事合作,由这些国家为其提供基地,协助美国运转战争机器。然而,这样的战争动员难度是非常大的。第二,美国的经济和财政状况不足以支持战争。目前,美国国内经济正面临极大的风险。自新冠肺炎疫情以来,美国不断加印美元,导致通货膨胀愈演愈烈。美国劳工部发布的数据显示,2022 年 1 月,美国消费者价格指数(CPI)同比上涨 7.5%。⑤美国经济正面临骑虎难下的尴尬局面,提升利率可能会连累股市暴跌。但如果不采取措施,美元会大幅贬值,股市同样难以逃脱暴跌的命运。同时,美国还存在债台高筑的问题。截至 2022 年 1 月末,美国未偿联邦政府债务余额高达 30 万亿美元。2021 年美国的国内生产总值(GDP)为 23 万亿美元左右(Omeokwe, 2022)。一般而言,政府债务占国内生产总值总量超过 30%—40%已经

属于高债务水平。美国的债务明显已经接近极限。在美国的财政支出中,国防开支是重要的组成部分,约为 8 000 亿美元。这仅是美国在没有对外战争的情况下,维持国防系统日常开支的水平。一旦爆发战争,国防开支势必迅速翻倍。美国在发动阿富汗和伊拉克战争的过程中,军费支出巨大。仅阿富汗战争就耗资近 2.3 万亿美元(Patricia Sabga,2021)。如果美国与中国这样的大国爆发冲突,其军费开支将会远远超过这一数字。因此,美国从财力上就无法支撑对华开战。第三,美国在军事上缺乏必胜的把握。随着中国国防实力的快速上升,中国已经大大缩小了与美国的军事差距。中国在武器、技术和作战能力等方面都有了长足的进步。再考虑到中美冲突必然是美国远距离作战,因此美国并无军事上对华制胜的把握。

在中美关系中,中国提出"新型大国关系"的首要一点就是"不冲突,不对抗"。当今世界正处于百年未有之大变局,中国也正在为实现中华民族的伟大复兴而奋斗。世界经济重心的转移、国际格局的变化以及新科技革命浪潮等因素所创造的机遇正在深刻地影响着世界的未来。在百年未有之大变局中,机遇与挑战并存,中国完全有机会赢得更好的发展局面。维持和平、稳定的国际环境与对外关系是实现中国发展目标的重要外部条件。并且,以发展促进各类问题的解决也更符合中国的利益。中国《孙子兵法》的核心精神就是"不战而屈人之兵"。对当前的中国,增强国家综合实力就是战胜对手的最好方法。以台湾问题为例,当中国的综合实力占据绝对优势时,其他国家自然也就没有了利用台湾问题挑衅中国的空间。

(二) 社会及意识形态安全风险:未来需谨慎防范

依据现实主义理论流派的观点,国际政治研究主要聚焦于国家以及安全等高政治(high politics)领域,社会和文化意识形态则属于低政治(low politics)范畴,因而对相关问题的关注存在不足。但在现实世界中,社会因素也往往与政治高度相关。例如,2020 年以来暴发的新冠肺炎疫情原本是一个单纯的公共卫生事件,但却被赋予了高度政治化的意义。某种程度上,防疫变成了国家间一场没有硝烟的"战争"或政治角力。防疫成功的国家意味着政权的全面胜利,而防疫不利的国家,则似乎会被视为是国家总体的失败。同样地,移民这一原本属于社会层面的问题已经给欧洲造成了严重的政治挑战。此外,表面看来非政府组织(NGO)都是社会性质的组织,但不少非政府组织都具有政治属性,甚至直接充当一些国家的代理人。因此,社会因素事实上与政治安全高度相关。

在社会因素中,意识形态安全尤其需要引起我们的关注。全体国民对国家主流意识形态的信仰,将决定国家的凝聚力和向心力。意识形态问题不仅影响一个国家对内的经济社会发展,也将决定在国家处于危险时期,特别是在遭遇战争冲突的极端状态下,是否能够动员起民众为国家挺身而出。一旦国家中的大量群体不再信仰国家的主流意识形态,国家则将处于危险之中。并且,国家意识形态凝聚力丧失所造成的损失往往也很难依靠经济或技术手段来弥补。苏联的解体留给我们的正是这样的历史教训。苏联解体首先是民众在意识形态方面受到了西方价值观的影响,年轻一代和大量知识分子不再坚持苏联的国家政治信仰,军队中甚至出现了不愿意保卫国家的情绪。另外,东欧国家"颜色革命"过程中也有西方意识形态输出的影子。近几年来,"港独"的出现折射出的是相同的问题。香港回归后,年轻一代继续接受西方价值观的熏陶,国家观念淡薄,其中不少人甚至无视"一国"的底线。香港回归后二十年的教育培养出一批企图分裂国家的青年人,这一点非常值得我们警惕,必须反思我们的国家认同教育。同样,台湾的"台独"势力也通过不遗余力的教育和思想灌输,在台湾培养出了一代"天然独"的年轻群体。

不可否认的是,美国凭借强大的经济实力和强势的文化,一直在全世界大搞意识形态输出,并将其作为对外政策中的一项锐实力。自特朗普政府时期起,美国大肆鼓吹中美意识形态竞争,《国家安全战略报告》和《印太战略报告》都提出了所谓"自由"秩序和"压制性"秩序之间的竞争观点。拜登政府上台后继续将意识形态竞争作为对华政策的重要手段之一。拜登认为,中美之间的竞争是更广泛的全球意识形态竞争的一部分,坚持称中美之间的竞争是所谓专制与民主之间的较量,而美国的目标是要证明民主相对于专制的优越性。2021 年 12 月,美国召开了全球"民主峰会",邀请了约 110 个国家、地区领袖和市民社会组织。西方国家一直没有放弃在意识形态方面对中国的渗透,互联网和社交媒体的兴起更是为此提供了便利。上述趋势警示我们,在对外关系中必须重视相关问题,防范风险,有力保障政治和意识形态安全。

(三) 气候合作:机会与挑战并存

在美国不断在中美关系中制造紧张和对立气氛的情况下,气候问题已成为少数能够为中美维持合作提供机会的领域。气候问题是拜登政府施政纲领中的核心议题之一。拜登上台后第一时间宣布重回《巴黎协定》(The White House, 2021),⑥提出到2050年实现净零排放的目标,以及在2030年前把温室气体排放量减少到比2005年的水平少50%至52%。⑦拜登政府正在积极推动国会通过相关立法,计划利用大规模就业计划来实现气候目标。利用气候政策,拜登政府不仅希望重振国内经济,并且还希望巩固美国的全球领导地位。众所周知,中国在气候议题上有着举足轻重的地位。目前,中国是世界第二大经济体、第一大石油进口国,据中国海关总署发布的数据显示,2021年中国进口原油约5.1亿吨(中华人民共和国海关总署,2022)。⑧中国领导人深刻地认识到气候问题影响未来,关系全人类的共同命运。中国已经将去碳化作为国家治理蓝图中的一项重要目标。2020年9月,中国领导人提出"力争2030年前实现二氧化碳排放达峰,2060年前实现碳中和"的目标(孙秀艳,2020)。中国也正在全球气候治理领域越来越广泛地体现领导价值。中美两国在气候领域的合作符合两国以及全世界人民的共同福祉。美国气候目标的实现也缺少不了与中国的合作,因此拜登政府上台后重启了中美气候对话。在2021年11月的格拉斯哥联合国气候变化会议上,中美两国共同发布了《中美关于在21世纪20年代强化气候行动的格拉斯哥联合宣言》,并表示将共同并与其他各方一道努力实现《巴黎协定》的控温承诺。⑨

在与美国一道应对气候挑战的同时,中国也必须预防其中存在的风险。一方面,在气候问题上美国两党存在显著的分歧。由于共和党掌握着巨大的化石能源利益,去碳化目标严重威胁了传统能源企业,因此他们希望拖延新能源的普及。拜登政府提出雄心勃勃的碳达峰和碳中和计划后,遭到了国会共和党人和石化能源企业界的反对。未来,如果共和党再度上台,中美气候合作还会面临比较大的变数。另一方面,中国也要警惕美国利用气候合作限制中国的发展。拜登政府上台后,既希望通过对华气候外交提升其气候领导地位,又企图利用气候来打压和限制中国。在这方面,美国可以通过各种气候外交手段来制定气候以及能源新规范和新标准,并以提升气候雄心为借口,向中国施压,要求中国加速减排。这意味着,中国的发展空间会受到挤压,发展的成本也将大大提升。目前,中国约60%的能源来自煤炭,中国也是仅次于美国的第二大石油消费国。如果没有充足的替代能源,中国的经济发展将受到严重影响。同时,在"一带一路"倡议中,中国目前已经承诺将不再投资与煤相关的项目。未来,美国仍然可以以气候为由,继续限制中国的对外投资和开发项目。美国完全可以不断以气候为借口给中国发展设限,以此达到降低中国对美国霸权的威胁。因此,尽管气候问题是中美利益的交汇点,但美国并非简单地要在气候问题上实现中美双赢,而是会在实现其气候目标的同时,将气候作为打压中国的又一种手段。

四、中美经济合作有利于实现双赢

客观来看,中美不仅在经济领域有着非常显著的互补性,而且美国企业在与中国的经济往来中也获得了丰厚的经济利润。这是中美经济在过去三十年中相互依赖不断加深的主要原因。

就中低端消费品和农产品而言,长久以来美国消费者一直受益于中国制造所提供的大量物美价廉的商品。相较于美国,中国在人工、用地和原材料成本等方面均具有明显的优势,消费中国制造商品大大降低了美国居民的生活成本。由于中国有着制造业成本低和效率高,以及供应链安全稳定等综合优势,中国在制造业领域的地位很难被其他国家所替代。与此同时,美国的农产品也高度依赖中国市场,中国对美国农产品有着旺盛的需求。中国是美国大豆、棉花、高粱和猪肉的重要出口市场,也是美国最大的大豆出口贸易国。

在高端产品领域,一方面,中国需要美国的技术。依据世界贸易组织(WTO)的数据,近年来中国每年自美国的知识产权进口额一直维持在50亿美元以上,超过中国知识产权进口总额的20%(黄宁,2022),其中,进口主要涉及计算机、医疗、发动机、药品和基础材料化学等技术领域。另一方面,美国也同样需要中国的市场。目前,美国直接在华投资的企业已达7万多家。对于美国企业而言,中国市场有着巨大的潜力和成长空间。预计到2035年中国中等收入群体人数将增加到8亿人,到2060年,中国绿色金融市场规模将达到100万亿美元。以美国航空业巨头波音公司为例,中国是波音公司最重要的海外市场之一,其交付客机的四分之一销往中国,贸易额高达600亿美元。在未来十年,中国将有望超过美国成为全球最大的航空市场。未来二十年,中国对飞机的需求将达7 700架,总价值约1.2万亿美元。[10]多年来,波音一直在与空客竞争包括中国在内的亚洲市场。中美贸易战严重威胁了波音的在华业务,一旦中美经济彻底脱钩,波音在华业务将遭受毁灭性打击。事实上,尽管美国一些官员鼓噪与中国"脱钩",然而2020年,三分之二的受访美国在华企业均表达了在华扩大投资的意愿。从数据来看,2021年,中国对美出口总额也是不降反升。

目前,美国最迫切希望在高科技领域与中国全面脱钩。美国认为科技竞争是中美之间最关键的竞争,必须阻止中国取代美国在技术研发和新兴产业中的领导地位。美国计划利用其所建立的技术优势,通过阻止相关技术流向中国,使中国陷入"低端锁定"。为此,美国政府不断制造障碍,千方百计地阻挠中美两国间的科研数据共享、学术软件应用互通与科研人员之间的交流等,破坏中美之间技术、资金、数据、标准和人才等的自由流通(渠慎宁、杨丹辉,2021)。由于数字技术将成为引领智能工业革命,重塑世界格局的关键要素,因此是中美科技竞争中最重要的领域。美国已经采取措施,利用芯片垄断来遏制中国。美国还在联合欧洲、日本等发达国家一道对中国采取技术"封锁",建立所谓"民主科技联盟",希望利用这一联盟,推动科技的联合研发,共同制定技术标准和应用规范,利用科技外交来制衡中国,形成以美国主导的西方国家技术治理多边体系(赵明昊,2021)。

然而,在中美以及全球供应链高度相互依赖的情况下,各自重新建立新的供应链体系,发展独立的技术标准和科技生态系统对双方来讲成本都是非常高昂的。并且,从几个方面来看美国的这一策略都将得不偿失且很难取得成功。第一,由于在一些高科技领域的价值链中,中国处于价值链相对底端的位置,而美国则处于顶端,因此,一旦脱钩,美国大量科技企业蒙受利益损失的规模要远远超过中国。中美在科技方面的联系建立在两国互补和互利的基础上。美国拥有技术、人才和资金方面的优势,并且依靠其良好的创新环境,不断创造新技术。而中国则在产品实现、规模生产和资金支持方面具有优势,能够迅速将美国一些符合市场需求的技术实现商业化。中国庞大的市场需求及巨额的商业利润反过来又激励美国在前沿技术领域继续探索,成为推动美国技术创新的强大动力(李峥,2020)。与中国的技术脱钩不仅将使美国失去利润回报,也可能造成美国在尖端技术领域创新动力的锐减。

第二,中国拥有利用举国体制优势部分突破美国科技围堵的能力。当前,美国的科技"小院高墙"给中国所造成的困境恰恰可以成为倒逼中国主动进行科技研发,发挥自主性、突破技术难题的最好动力。在过去几十年中,中国已经在科技人才培养和技术研发方面累积了一定的成果和基础。通过营造良好的环境,以及提供适当的激励政策,中国将有能力在一些技术领域取得突破。一旦中国科技发展到可以与美国分庭抗礼的水平,那么中国就可以利用自身在成本以及市场方面的优势,全面赶超美国。事实上,部分美国企业也非常担心,一旦中国独立实现技术突破,这些西方企业的技术就会彻底失去中国市场。正如美国发动对华贸易战所增加的关税最终由美国消费者买单一样。美国中断对中国高新技术供应所造成的代价最终也会由美国企业来承担。因此,西方对中国技术出口的禁令,虽然将在短期内给中国造成一定的困难,但随着我国利用原创科技实现对美国围堵的突破,中国不仅将解决技术"卡脖子"的问题,并且中国还有机会在国际科技研发领域建立自己的优势。最终,美国也会意识到切断与中国的技术联系是一种非常不理智的行为。

第三,美国构筑科技围堵中国的联盟策略阻力重重,且难以长期持续。一方面,联盟围堵策略将会遇到强大的市场阻力。西方各国企业都很难抵挡中国市场巨额利润的吸引力。即便短期内这些企业的对华业务会受到美国的阻挠,但资本逐利的本性将会驱使它们寻求各种方法去突破美国的所谓"小院高墙"。另一方面,美国技术围堵中国的策略缺乏可靠的联盟保证。与冷战时期的团结一致不同,西方联盟在经历了几十年的发展后,内部已经出现了越来越明显的裂痕。特朗普政府坚持“美国优先”原则,将美国的联盟视为是美国的负资产,指责盟国“搭便车”,要求盟友承担更多联盟义务。这些行为得罪了盟友,损害了美国在盟国中的信誉,也加剧了西方联盟内部的危机(刘丰,2021)。拜登政府上台伊始积极修复与盟国的关系,并在盟友中间宣布“美国回来了”。但拜登很难彻底恢复美国受损的信誉和形象。未来,特朗普也仍然有可能通过选举重回白宫。有鉴于此,欧盟等美国盟友在与美国联合对华的问题上肯定会有所保留。另一个趋势是,冷战结束以来,欧盟的自主性正在不断增强。战略自主已经成为欧盟政策讨论中的重要议题之一。随着战略自主性的上升,欧盟在对华问题上也很难与美国保持完全一致。

五、结论:中美宏观经济政策协调的必要性

2021 年 11 月 16 日,习近平主席在与美国总统拜登的视频会晤中强调,中美应“展现大国的担当,引领国际社会合作应对突出挑战。在这方面,中美合作也许不是万能的,但没有中美合作是万万不能的”[11]。同年 12 月 20 日,国务委员兼外交部长王毅在出席 2021 年国际形势与中国外交研讨会期间再次强调,中美“合则两利,斗则俱伤”。这是中美半个多世纪交往得出的最主要经验教训,今后的历史必将继续证明这一真理。美国对中国所采取的竞争,甚至对抗的策略其结果将会是损人不利己的。中美两国同为世界大国,两国之间关系不仅影响两个国家,也将会影响世界。在中美利益高度不可分割,以及中美利益与世界的安定与繁荣利益高度不可分割的情况下,双方之间应避免不理性的打压和遏制政策,积极寻求维持良性的竞争与合作关系。

其中,两国宏观经济政策协调是关键。这种重要性主要体现在两个层面。其一,中美保持宏观经济政策协调是维持两国关系安全与稳定的最重要一环。在开放经济条件下,宏观经济政策具有明显的溢出效应,这意味着国与国之间的经济政策会相互影响。中美作为全球两个最大的经济体,相互影响尤为显著,这是由两国的经济体量与相互关

系所决定的。中美两国经济体量庞大且规模相当，还具有显著的互补性。当今世界，任何其他两个国家间都不具备这样一种特殊的经济关系。例如，尽管韩国对中国经济的依赖性突出，但是中韩经济规模具有明显的不对称性。即便是日本，也只有中国经济总量的三分之一左右。唯独中美两大经济体同样都既有依存的深度，又有经济规模的广度。双方在宏观经济政策方面突出地体现了“一荣俱荣，一损俱损”的关系特征。如果中美两国在宏观经济政策方面缺乏协调性，甚至双方以此为武器相互攻击，金融冲突将极有可能演化为热战。

其二，中美做好宏观经济政策协调是推动世界经济可持续和健康增长的前提。中美两国是世界经济发展的重要驱动力。目前，世界经济正处于复苏的关键时刻，形势依然严峻，中美在宏观经济政策方面的协调将为世界经济复苏提供重要支持。自新冠肺炎疫情以来，美国正面临着因大水漫灌式的经济刺激措施所引发的高债务率、高失业率和高通胀等问题，这正是美国不负责任的宏观经济政策导致的结果。在尊重市场规律的前提下，中美两国需共同维持人民币和美元之间数量的平衡，共同就宏观经济政策问题加强沟通和讨论，避免在财政、货币和汇率政策方面发生冲突。

（校对：陆祎璐、谢百盛）

注

①《习近平：为构建中美新型大国关系而不懈努力》，2016 年 6 月 6 日，http://www.xinhuanet.com//politics/2016-06/06/c_1118996126.htm。

② The United States Innovation and Competition Act of 2021, https://www.congress.gov/bill/117th-congress/senate-bill/1260/text.

③ "United States Strategic Approach to the People's Republic of China," U.S. Department of State, May 20, 2020, https://trumpwhitehouse.archives.gov/wp-content/uploads/2020/05/U.S.-Strategic-

Approach-to-The-Peoples-Republic-of-China-Report-5.24v1.pdf.

④《专家评卫生部长访台:危险的政治操弄注定失败》,2020 年 8 月 11 日,http://www.xinhuanet.com/politics/2020-08/11/c_1126355056.htm。

⑤ "Consumer Price Index-January 2022," U.S. Department of Labor, https://www.dol.gov/newsroom/economicdata/cpi_02102022.pdf.

⑥ 特朗普政府于 2017 年 6 月宣布将退出该协议,称协议给美国带来"苛刻的财政和经济负担",并于 2020 年 11 月 4 日正式退出。

⑦ "President Biden Renews U.S. Leadership On World Stage At U.N. Climate Conference (COP26)," The White House, November 1, 2021, https://www.whitehouse.gov/briefing-room/statements-releases/2021/11/01/fact-sheet-president-biden-renews-u-s-leadership-on-world-stage-at-u-n-climate-conference-cop26/.

⑧《2021 年 12 月全国进口重点商品量值表(美元值)》,中华人民共和国海关总署,http://www.customs.gov.cn/customs/302249/zfxxgk/2799825/302274/302275/4122074/index.html。

⑨《中美关于在 21 世纪 20 年代强化气候行动的格拉斯哥联合宣言》,中华人民共和国生态部,2021 年 11 月 11 日,https://www.mee.gov.cn/ywdt/hjywnews/202111/t20211111_959900.shtml。

⑩《把握机遇,维护和推进中美经贸合作与地方交流》,中华人民共和国外交部,2021 年 11 月 30 日,https://www.fmprc.gov.cn/web/ziliao_674904/zyjh_674906/202112/t20211201_10460659.shtml。

⑪《习近平同美国总统拜登举行视频会晤》,《人民日报》2021 年 11 月 17 日。

参考文献

侯海丽、倪峰：《美国“全政府-全社会”对华战略探析》，《当代世界》2019 年第 7 期。

黄宁：《科技与贸易摩擦对中美高技术经贸往来的影响及展望》，《中国科技》2022 年第 2 期。

李峥：《美国推动中美科技“脱钩”的深层动因及长期趋势》，《现代国际关系》2020 年第 1 期。

刘丰：《秩序主导、内部纷争与美国联盟体系转型》，《外交评论》2021 年第 6 期。

秦亚青：《美国对华战略转变与中美关系走向》，《人民论坛》2021 年第 15 期。

渠慎宁、杨丹辉：《逆全球化下中美经济脱钩风险的领域与应对策略》，《财经问题研究》2021 年第 7 期。

孙秀艳：《减碳，中国设定硬指标》，《人民日报》2020 年 9 月 30 日。

赵明昊：《统合性压制：美国对华科技竞争新态势析论》，《太平洋学报》2021 年第 9 期。

Omeokwe. Amara., 2022, "U.S. National Debt Exceeds $30 Trillion for First Time," *The Wall Street Journal*, February 1st, https://www.wsj.com/articles/u-s-national-debt-exceeds-30-trillion-for-first-time-11643766231.

Sabga, Patricia., 2021, "The US Spent $2 Trillion in Afghanistan-And for What," *AL Jazeera*, August, 16th, https://www.aljazeera.com/economy/2021/8/16/the-us-spent-2-trillion-in-afghanistan-and-for-what.

新形势下的中欧关系现状及前景分析*

丁　纯　王理鹏**

［摘　要］　在新冠肺炎疫情和地缘政治变动影响下，中欧双边关系遭遇到严峻挑战，出现了“政冷经热”的局面。在国际关系上，美、欧对华政策虽然存在差异，但联合和趋同趋势在逐步加强。在传统经贸领域，欧盟对华政策也在一定程度上转冷，力图摆脱在供应链上对华的严重依赖。在欧洲经济遭遇能源危机、通胀高企和衰退风险的情况下，我们宜从战略高度出发，应对当下“政冷经热”局面，求同存异，继续推进中欧经贸合作。

［关键词］　地缘政治　供应链　经贸合作　战略自主

自新中国成立至今，中欧关系经历了从零星接触到全面战略伙伴关系持续发展的70多年。虽有曲折，但中欧关系总体上是平稳健康、不断向上的(丁纯、纪昊楠，2021)。尤其是改革开放40多年来，随着中国综合国力的增强和欧洲一体化的发展，中欧双方在平等相待、互利共赢的原则下，审时度势、务实合作，中欧不断发展成和平稳定、增长繁

---

* 本文为国家社科基金地区与国别重大研究专项(项目编号20VGQ012)的阶段性成果。

** 丁纯，复旦大学欧洲问题研究中心主任、欧盟让-莫内讲席教授；王理鹏，复旦大学经济学院硕士研究生。

荣、改革进步、文明共荣的伙伴。不过，由于近来新冠肺炎疫情暴发以及地缘政治的巨大变化，双边关系遭遇到严峻挑战，中欧关系目前处于什么样的状态？未来走向如何？针对上述问题，本文分四个部分逐层论述。本文首先指出中欧目前存在“政冷经热”的现象，部分原因在于欧洲越来越强调意识形态和价值观在双边关系中的重要性。但与此同时，中欧在经济上越发紧密，中国成为欧盟第一大贸易伙伴。其次，本文认为欧盟出于维持高科技领域领先地位和供应链安全的考虑，在某些产业领域上对华采取了限制措施，在对华政策上也越发趋同美国。尽管如此，欧洲面临能源危机、通胀高企和衰退风险，依然需要进一步推动中欧经贸关系。最后，本文认为中欧之间在地缘政治方面没有矛盾，在经贸方面更是有巨大合作空间，因此，中欧双方应该站在战略高度上，求同存异，继续推动双方的经贸合作。

一、中欧双边关系近来遭遇严峻挑战，出现“政冷经热”局面

近年来，中欧关系日益复杂，主要表现为：其一，不同的意识形态、社会理念与价值观冲突成为欧洲对华政策调整的突破口，特别是拜登上台后，在美英牵头构建所谓的“民主联盟”的背景下，欧洲强化对华“人权外交”“人权制裁”，其中涉疆、涉藏、涉港、涉台等议题日益成为欧洲对华“人权外交”的重点，出现了欧盟对华关系定位的根本性转变。其二，经济问题政治化日趋严重，最为明显的例子就是欧洲议会以人权问题等为由冻结中欧双边投资协定的审议。其三，美欧联手对华限制的倾向加剧。其四，通过制定系列政策，欧洲强化了对华经贸政策工具，目的是增强其经济弹性、促进供应链多元化摆脱对华市场和供应链的所谓过度依赖，以及应对所谓来自中国的“经济胁迫”。近期较为突出的有：2019 年德国工业联合会称中国为制度性竞争对手，也是德国高技术工业的竞争者。同年，欧委会正式将中欧关系定位为既是合作和谈判伙伴，也是经济竞争者和体制对手。2020 年，瑞典、意大利、法国等国拒绝华为参与其 5G 建设。2022 年 5 月欧洲议会更是以所谓新疆人权问题等为由，冻结了《中欧全面投资协定》审读和批准进程。近期，作为中欧经贸中占双边贸易规模三分之一、经贸关系最为密切的德

国,其来自社民党的总理肖尔茨公开呼吁德企摆脱对华过度依赖,来自绿党的经济部长哈贝克则更号称德国不再天真,明确表示,德国政府正在制定一项新的对华贸易政策,以减少对中国原材料、电池和半导体的依赖。同时德国政府拒绝为德企提供对华投资担保的事例屡屡发生,出现了明显的政冷的境况。与之相反,近年来,即使遭遇新冠肺炎疫情的巨大冲击,中欧经贸合作却呈现一片如火如荼的景象,呈现经热一片景象。从数据上看,中欧贸易出现持续稳步增长的趋势,双方的经贸关系日益紧密,在货物贸易、服务贸易及直接投资等领域均有新斩获。2020 年中欧贸易在新冠肺炎疫情影响下逆风上行,中国首次超过美国,成为欧盟第一大贸易伙伴,双方还正式签订了《中欧全面投资协定》和《中欧地理标志协定》(方元,2020)。在全球新冠肺炎疫情反复、世界经济复苏放缓的 2021 年,中欧双边贸易规模继续呈现快速增长势头,中国海关总署数据显示,以美元计算,2021 年中国与欧盟双边贸易总额达 8 281.1 亿美元,比上年增长 27.5%。① 中国继续保持欧盟第一大贸易伙伴地位,欧盟则成为中国第二大贸易伙伴。再看德国,尽管德国政府和一些企业联合会一再警告德国经济对中国“过于依赖”的风险。但是根据德国《商报》报道,德国企业 2021 年在华直接投资不降反升,已占欧盟在华投资的 46%,而且由于中国经济持续复苏,71%的德资企业计划增加在华投资。同时,德国联邦统计局公布的数据显示,即使受新冠肺炎疫情影响,德国对华贸易额在 2020 年也增长了 3.5%,并未像德国与其他国家的贸易那样在 2020 年出现负增长。中国已连续第六年成为德国最重要贸易伙伴,作为同中国双边贸易额最高的欧盟国家,2021 年德国和中国双边贸易额升至 2 454 亿欧元,较 2020 年增长 15.1%。② 此外,疫情期间逆势上扬的中欧班列则是中欧经贸密切合作,互利共赢的最为生动的写照。作为“一带一路”重要载体,中欧班列在保障国际物流、防疫物资运输畅通以及维护全球供应链稳定等方面发挥着重要作用。截至 2021 年 10 月底,中欧班列已开辟了 73 条运行线路,通达欧洲 23 个国家 175 个城市。2021 年中欧班列共开行 1.5 万列,增长 22%,③ 助力中国生产的生活必需品和生产资料及时送达欧洲,也为欧洲企业对华出口提供便利。作为全球第一贸易大国,中国在稳定全球供应链、抑制通胀方面发挥积极作用,为中欧经贸发展注入更多稳定性。

二、欧盟对华态度转冷，趋同美国对华政策

探究中欧关系所呈现的政冷经热的原因，可以从如下层面进行分析。中欧双方在思想理念、意识形态、政治制度、发展阶段等明显不同；随着欧债危机、难民危机、英国脱欧、疫情等一系列危机冲击；美国推行对华战略遏制政策和对欧洲的诱导胁迫；以及欧盟对中国发展崛起带来的竞争加剧等的不适应；加上欧洲民意对华的不友好的攀升，欧盟对华认知和政策也发生了显著变化。取代以前全面战略合作伙伴关系的是对中欧关系的合作伙伴、经济竞争者和体制对手的新“三重定位”，且上述定位已被欧盟国家所广泛接受。而新冠肺炎疫情和俄乌冲突，则更进一步加剧了欧盟对中国市场和供应链过度依赖的担忧（胡子南，2022）。作为对这种认知的结果和反映，2016 年以来，欧盟制定和出台了一系列经贸、科技管制政策举措来摆脱所谓的对华高度依赖，包括引入有关 5G 建设参与的安全规定、关于出口两用商品的管制新规、投资审核框架、强化公司尽职调查规定、更新关键原材料清单、制定弹性供应链计划、起草外国补贴法草案、推出反经济胁迫法、制定和公布《芯片法案》、作出反强迫劳动决议等。其中，欧盟收紧外商投资安全审查政策广受瞩目，2020 年 10 月，《欧盟外商直接投资审查条例》正式生效，通过协调欧盟和成员国收紧外商投资监管审查政策，以限制并阻止外资企业投资收购优势企业和先进技术，维持欧洲在经济科技领域领先地位和国际竞争力。在审查范围上，条例规定欧盟委员会和各成员国有权对关键基础设施、尖端技术、原材料以及敏感信息进行审查。尽管从表面上看，该机制似乎针对所有域外国家和机构，但考虑到这与近些年中资企业在欧投资收购的领域和方向高度重合，其遏制中国投资的意图不言而喻了。另一个就是欧盟在高技术领域对华强化防范举措，欧盟于 2022 年 2 月颁布的《芯片法案》强调：欧盟将汇集来自欧盟、成员国和现有联盟相关第三国的力量，运用 430 亿欧元打造具有弹性的芯片供应链，用于支持芯片生产、试点项目和初创企业，并制定措施来预防、准备、预测和迅速应对任何未来的供应链中断。确保欧盟在半导体技术等多个领域的供应安全，对华警惕和防范的意味格外浓重。

在推动欧洲各国形成合力,力图摆脱所谓对华依赖的同时,欧洲还寻求与美国协调立场。欧盟和美国就所谓的中国日益增大的国际自信所带来的战略挑战具有相应共识,特朗普时期双方就创建了旨在针对中国的所谓"贸易和技术理事会"(TTC),随着美国建制派拜登政府的上台,在"美国回来了"的口号下,竭力胁迫利诱拉拢欧盟盟友,对华进行战略遏制,美欧在此领域合流趋势有所加强。美国视中国为最大威胁并对华实施长期、全面和彻底的遏制和打压,而欧盟此举的核心目的是所谓在加强美国和欧盟对核心战略技术的协调,维护供应链的安全和减少对中国的经济依赖。2022年5月,"贸易和技术理事会"在巴黎举行了第二次会议,欧盟和美国政府就加强在投资审查、出口管制、人工智能、半导体以及应对全球贸易挑战(非市场贸易行为)五个方面的合作达成了初步共识。这种机制性的协调反映出欧美对华政策靠近和联手的一面。

三、欧洲经济当前遭遇能源危机、通胀高企,衰退风险持续加大

当下,随着俄乌冲突的持续以及美欧与俄罗斯间制裁反制裁博弈加剧,欧盟和欧元区国家遭遇了空前的能源危机。当前,欧洲的一次能源消费中化石能源占比超过70%,其中石油和天然气在一次能源中的占比分别为33.79%和25.25%。④根据2021年《BP世界能源统计年鉴》显示,2020年欧洲煤炭、石油和天然气的净进口占消费的比重分别高达39%、77%和59%,而欧盟能源进口中,有45%的天然气、25%的石油和45%的煤炭都来自俄罗斯。⑤俄乌冲突爆发后,出于国际社会对能源生产、交易和运输的担忧以及对未来的不稳定预期,全球石油和天然气价格呈现出加速上涨的态势。截至2022年6月底,布伦特原油价格从俄乌冲突爆发前的95美元/桶涨至139美元/桶。伦敦石油国际交易所(IPE)英国天然气价格最高涨到501便士/色姆,⑥加上炎热的天气刺激了能源需求,整个欧洲能源供需失衡局面进一步加剧,推升天然气价格大涨。受此影响,欧洲多国电价创下历史新高。荷兰TTF天然气期货(10月合约)从6月初的约80欧元/兆瓦时,最高涨至8月26日的339.2欧元/兆瓦时。德国电价也从2月23日的99.4欧元/兆瓦时暴涨至8月末的595.6欧元/兆瓦时。⑦欧洲经历了"昂贵"的夏天后,

极有可能再经历一个"昂贵"的冬天。同时,俄罗斯和乌克兰是全球重要的粮食产区,乌克兰又是全球重要的葵花籽油产区,俄乌冲突直接导致了欧洲食品价格上涨。

新冠疫情暴发后,欧洲实施了扩张的货币政策和财政政策加以应对,叠加近期能源和粮食价格飙升以及前期疫情导致的生产延误、运输不畅等供应链错配问题的影响,欧元区通胀水平持续处于高位,9 月欧元区通胀率按年率计算已高达 9.9%,⑧(见图 1)超出市场预期,再创历史新高。其主要推手,毫无疑问就是能源和食品,数据显示:其各自对 CPI 的贡献分别为3.95%和 2.25%⑨(见表 1)。

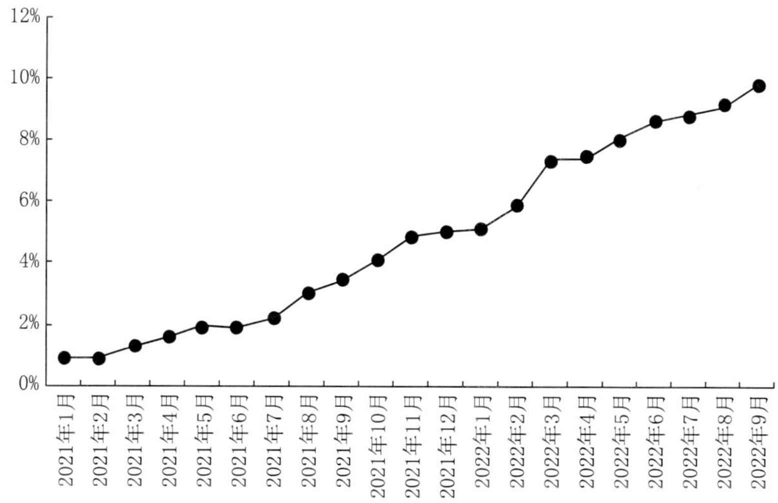

数据来源:欧盟统计局,https://ec. europa. eu/eurostat/databrowser/view/prc_hicp_manr/default/table?lang=en。

图 1 欧元区 CPI 走势

表 1 主要板块对欧元区 CPI 的贡献(单位:%)

		2021 年 8 月	2022 年 3 月	2022 年 4 月	2022 年 5 月	2022 年 6 月	2022 年 7 月	2022 年 8 月
食物、酒精和烟草		0.43	1.07	1.35	1.59	1.88	2.08	2.25
其中	加工食品、酒精和烟草	0.29	0.68	0.89	1.14	1.33	1.53	—
	未加工食品	0.14	0.39	0.46	0.45	0.55	0.55	—
能 源		1.44	4.35	3.70	3.87	4.19	4.02	3.95
非能源工业品		0.65	0.90	1.02	1.13	1.15	1.16	1.33
服 务		0.43	1.12	1.38	1.46	1.42	1.60	1.62

数据来源:欧盟统计局,https://ec. europa. eu/eurostat/databrowser/view/prc_hicp_manr/default/table?lang=en。

俄乌冲突导致的能源价格波动是全球性的,但其带来的供给冲击对欧洲通胀的影响更加突出,爱沙尼亚、立陶宛、拉脱维亚通胀甚至超过了20%(见图2)。在欧洲经济尚在努力摆脱疫情影响的情况下,持续大幅上升的通胀率无疑会令其经济雪上加霜。

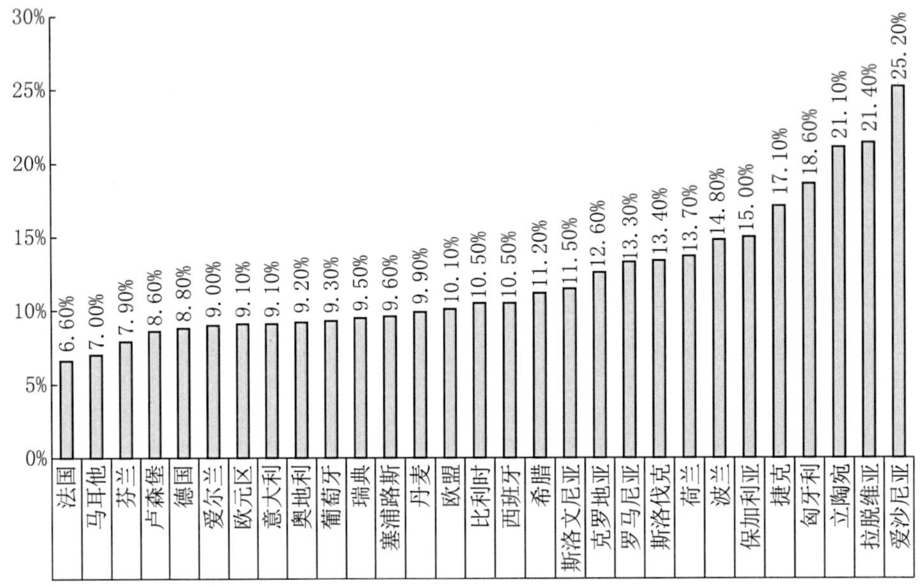

数据来源:欧盟统计局,https://ec.europa.eu/eurostat/databrowser/view/prc_hicp_manr/default/table?lang=en。

图2 欧洲各国8月份年化CPI

此外,从欧洲生产企业角度看,生产者物价指数(PPI)与CPI之间的剪刀差呈现出不断扩大的态势(见图3)。这说明,对欧洲生产企业而言,来自上游原材料的压力(PPI)目前还未完全转嫁给消费者(CPI),意味着欧洲通胀率或许还有进一步上行空间。

为抑制通胀,欧洲央行被迫将欧元区三大关键利率上调75个基点,创1999年欧洲货币联盟成立以来首次最大单次加息幅度。经济周期自身运行节奏叠加俄乌冲突带来的供给不确定性,给欧洲经济带来了双重压力。一方面,有可能就此恶化本已令人担忧的欧洲债务状况,再度衍生欧债危机。由于抗疫、应对俄乌冲突带来的对民生和经济的冲击以及反俄援乌,宽松的货币和财政政策,让各国公共债务不断上升。目前,欧元区19个成员国中有12个国家政府债务占国内生产总值(GDP)比例超过欧盟《稳定与增长公约》警戒线60%。而曾经爆发

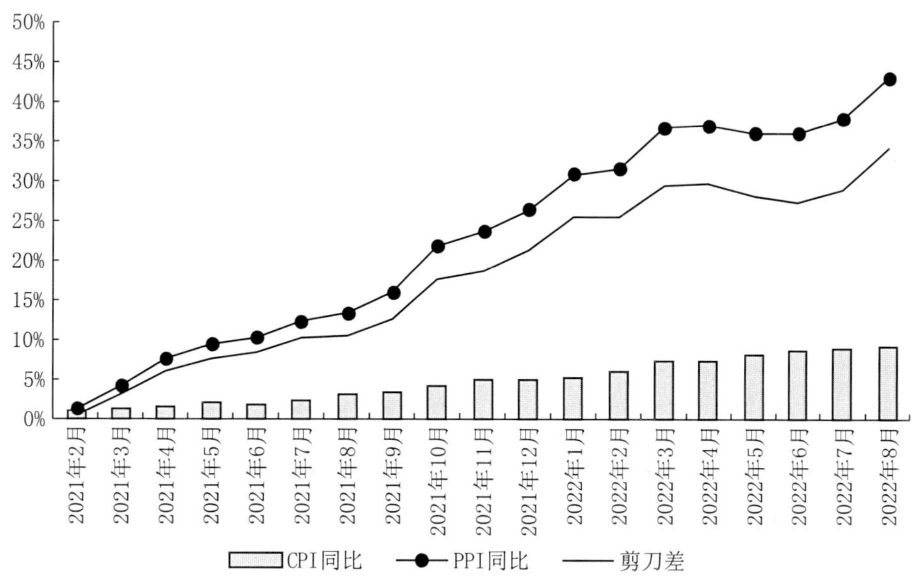

数据来源：欧盟统计局，https://ec.europa.eu/eurostat/databrowser/view/sts_inpp_m/default/table?lang=en。

图 3　欧元区 PPI 与 CPI 走势及剪刀差

过债务危机的国家意大利、西班牙、葡萄牙和希腊债务率更是居高不下，甚至超过欧债危机时期。导致其国债利率也出现显著的大幅上涨，10 年期国债利率与德国 10 年期国债利率的利差从 2021 年第四季度就开始上升，这体现投资者对这些欧洲国家经济风险的担忧。而伴随目前欧洲央行的激进加息和缩表模式，债务危机爆发的风险不容小觑。另一方面，这样的货币政策对消费者和投资者信心的打击和对经济的收缩作用不言而喻。HISMarkit 公布的数据显示，欧元区 8 月综合 PMI 初值为 49.2，[10]创下 18 个月新低，已跌至枯荣线以下，欧盟消费者信心指数在俄乌冲突爆发后也出现暴跌，欧洲衰退风险迫在眉睫。因此，国际货币基金组织在 2022 年 7 月版的《世界经济展望》中再次下调欧洲经济增速预期。国际货币基金组织预计 2022 年和 2023 年欧盟经济增速分别为 2.6％和 1.2％，相较于前一版降低了 0.2 个和 1.1 个百分点，对欧盟 2022 年经济增速下调幅度大于其他国家或地区。欧委会也一再下调 2022 年和 2023 年欧盟和欧元区国家经济增速，前景不容乐观。显然，面临极大经济衰退风险的欧洲经济更加需要欧盟以及其主要成员国的领导人审时度势，摒弃冷战思维，发扬“开放性战略自主”精神,深化和中国的经贸联系,强化双边合作,而非摆脱所谓的对中国市场和供应链的过度依赖。

四、中国宜从战略高度出发,继续推进中欧经贸合作

展望中欧关系前景,我们仍持谨慎乐观态度,我们应该从战略高度出发积极做好工作。首先,尽管当前中欧经贸关系面临欧方经济问题政治化、过度强调经济安全所带来的市场扭曲的影响,形势空前严峻,但是目前中欧的经贸往来还未受到实质性的重大影响,中欧双边没有直接战略对冲,没有地缘政治直接矛盾,与美对华战略遏制和脱钩政策不同,欧对华政策迄今也只是强调摆脱过度依赖,有明显差异,且强调欧方的“战略自主”,故对中欧经贸的前景应持谨慎乐观态度。其次,中欧在经贸领域的竞争无疑会持续加剧,这是由当前中欧实力对比变化,竞合态势所决定的。再则,欧盟、美国对华政策、美欧经贸关系均会影响中欧经贸关系。最后,面对中欧经贸关系发生的新变化,中欧需要本着求同存异的态度,在传统经贸领域,要持续深化合作,让中国广阔的市场潜力、完整的供应链达致中欧双边共赢,符合中欧各自利益。与此同时,中欧双方在观念、机制和政策上需要努力实现创新,积极开拓新的合作领域,挖掘服务贸易、第三方投资和绿色产业、数字产业等新兴产业的合作潜力。此外,中欧要勇于、善于在世界贸易组织、国际货币基金组织等国际机构框架下,参与国际规则的更新和完善,推动经济全球化,积极争取有利的国际经济环境,以维护中欧关系的健康发展。

(校对:谢百盛、陆祎璐)

注

① 数据来源:中国海关总署。
② 数据来源:中国海关总署。
③ 数据来源:国家铁路局。

④ 数据来源:根据国际能源机构(IEA)公布的数据计算。

⑤ 数据来源:根据联合国贸发会(UNComtrade)公布的数据计算。

⑥ 数据来源:伦敦国际石油交易所。

⑦ 数据来源:欧盟统计局。

⑧ 数据来源:欧盟统计局。

⑨ 数据来源:欧盟统计局。

⑩ 数据来源:Wind 数据库。

参考文献

丁纯、纪昊楠:《中欧关系 70 年:成就、挑战与展望》,《世界经济与政治论坛》2019 年第 6 期。

方元:《〈中欧地理标志协定〉落地,释放了哪些信号?》,《中国对外贸易》2020 年第 10 期。

冯怡然:《欧盟对华政策三大新变化及中欧关系发展趋势》,《国际论坛》2021 年第 4 期。

胡子南:《欧盟强化对华经贸防御工具的动因、举措、影响及中国应对》,《太平洋学报》2022 年第 3 期。

马力:《中欧班列:疫情下的"钢铁驼队"》,《今日中国》2022 年第 7 期。

张健:《大变局下欧洲战略取向及其影响》,《现代国际关系》2021 年第 1 期。

文史纵横

上海小三线建设史述论*

徐有威　张程程**

［摘　要］　上海小三线建设是在20世纪60年代紧张的国际形势下，根据中共中央和毛泽东关于加强备战、巩固国防的战略部署，在安徽南部和浙江西部山区建设起来的以生产常规兵器为主的后方工业基地。从1965年选点筹建开始，到1988年调整结束，在这24年中，共建成81个全民所有制独立单位，涵盖工厂、运输队、医院、防疫站、中学、农场等不同单位。上海小三线逐步发展成为全国各省市自治区小三线中门类最全、人员最多、规模最大的一个以军工生产为主的综合性后方工业基地。在1988年调整结束后，部分上海小三线企业通过改造、改革、改制等方式进行转型并得以生存和发展，对区域经济社会发展发挥了重要作用。

［关键词］　上海小三线建设　后方基地　生产生活　调整转型

---

* 本文是国家社科基金重大项目“三线建设工业遗产保护与创新利用的路径研究”(17ZDA207)；四川三线建设研究中心基金项目(项目编号：SXZ22-04)的阶段性成果。

** 徐有威，上海大学历史系教授、博士生导师；张程程，上海立达学院马克思主义学院讲师。

一、背景与决策

(一) 严峻复杂的国际国内背景

20 世纪 50 年代末期至 60 年代末期,我国面临错综复杂的国际国内环境。战争因素增长,在中国周边地区出现了直接威胁中国安全的情况。在中国的南面,美国插手越南的侵略战争逐步升级,中国对越南的支持使美国领导人加紧了对中国的封锁和敌视。在中国的北面,形势也愈发严峻。1962 年苏联在中国新疆伊犁、塔城地区策动了大批中国居民外逃事件。在中国的西南面中印边境地区,自 1962 年中印自卫反击战之后,双方互存戒备。

(二) 决策的形成

面对上述国际国内环境和紧张局势,1964 年 6 月中央工作会议提出:要搞三线工业基地的建设,一、二线也要搞点军事工业。所谓一、二、三线,是按我国地理区域划分的。一线指东北及沿海各省市;三线指云、贵、川、陕、甘、宁、青、豫西、晋西、鄂西、湘西等 11 省区;一、三线之间为二线。三线又有大小之分,西南、西北为大三线,中部及沿海地区省、区的腹地为小三线。1964 年 10 月 22 日,毛泽东看到广东省委建设本省三线的报告,十分赞同地批示说:是否可以将此报告转发第一线和第二线各省,叫它们也讨论一下自己的第三线问题。10 月 29 日,周恩来和罗瑞卿联名起草了《关于一二两线各省、市、区建设自己后方和备战工作的报告》。这里说的一二两线各省、市、区自己的后方,就是后来所说的小三线。1965 年 2 月 7 日,罗瑞卿给中央《关于安排一二线省市后方建设的报告》确定一二线省市对后方建设提出的初步规划:华北、华东、东北、中南四大区,规划了 14 个后方基地。其中苏皖浙赣边区,就是上海和华东地区的小三线所选地区。1965 年 3 月 12 日,周恩来向中央书记处汇报了"三五"计划设想原则,指出要抓紧小三线的建设。

1964 年 8 月,党中央、国务院、中央军委开会专题讨论三线建设问题。会议决定，要集中力量建设三线，在人力、财力、物力上给予保证；凡新建的项目都要摆在第三线，并要立即进行勘察设计；在三线地区进行大规模新建和扩建时，第一线能搬的项目要搬迁，不见效的续建项目一律缩小建设规模；在不妨碍生产的条件下，有计划有步骤地调整第一线，以尽快建成战略后方基地，完成备战任务和改善工业布局。

遵循党中央、国务院、中央军委的指示精神，以及南京军区、华东局的总体部署，中共上海市委、上海市人民委员会（简称市人委）对后方建设进行过多次研究，逐步形成了在皖南、浙西地区建设上海自己的后方的思路和方略。1965 年 5 月 6 日，中共上海市委、市人委给党中央、国务院的报告中，提出的基本设想是：华东的小三线也是上海的小三线，上海本身要在皖、浙、赣边区建设后方，要求是搬迁部分科技单位，没有必要再搞军工。按照华东局指定的地方，拟在皖南黄山和浙江天目山一带建立上海后方基地，在充分利用原有空关房屋的基础上，盖一些房屋，搞一些仓库，造一个医院，把市内的一些重要档案、文物、技术资料和一部分重要物资运去妥为保存；同时打算筹建若干研究所和实验工厂，在后方基地继续从事科学研究，保证在战时仍旧能够少量地生产一些同国防军工、三线建设有关的新材料、新设备等产品；上述科研单位，在战后可以作为恢复和发展上海工业生产的骨干力量。总之，要“保存精华、发展精华”。

上海建设小三线后方基地的设想，经党中央、国务院、中央军委和南京军区、华东局原则同意后，中共上海市委、市人委立即举全市之力，组织力量进行建设项目布点的规划和推进工作。

二、领导机构与管理体制沿革

（一）领导机构的变迁

为了加强对上海小三线的指挥和管理，1966 年 2 月中旬，中共上海市委、市人委批准在安徽屯溪成立由罗白桦任组长的“上海市后方领导小组”（又称“229”工程指挥部），对施工区域的政治、基建、生活、安全、保卫、保密和工农关系的协调等实行统一领导。1969 年初,“229”工程指挥部改名为“812”指挥部,由韩克辛等主持工作。

上海后方“507”工程项目建设计划下达后,为了加强领导,上海市革命委员会(简称市革委会)于 1969 年 12 月批准在安徽贵池成立“507”工程指挥部。

1972 年初,上海小三线有 42 个工厂建成投产,职工三万余人,各级党政工团机构也基本建立,初步形成了常规兵器的生产和配套能力。原来基本建设时期建立的机构体制,已明显不适应新形势的要求。形势的发展提出了成立后方统一的党政领导机构的问题。为了加强战备发展军工生产,1973 年 4 月,“812”指挥部与“507”指挥部合并,建立上海市后方基地,党委名称改为中共上海后方基地委员会,定为市局一级机构,韩克辛任党委书记。1975 年 3 月 21 日,经市委批准,王祥举任后方基地党委书记。

粉碎“四人帮”后,中共上海市委对后方基地党委进行了调整。1977 年 4 月 12 日经中共上海市委批准,王祥举任党委书记。1979 年 3 月 5 日,中共上海市委决定成立上海市后方基地管理局(又称上海市第五机械工业局),任命苏博为市后方基地管理局党委书记兼局长。1984 年 12 月 13 日,中共上海市委任命王昌法为市后方基地管理局党委书记,王志洪任市后方基地管理局局长。

这一领导机构此后未曾变动,直至 1988 年上海小三线调整交接工作全部完成后,经上海市人民政府批准,市后方基地管理局于 1991 年 9 月 30 日撤销。

(二) 管理体制的沿革

在管理体制方面,1973 年之前,后方企事业单位政治思想、基本建设、生产、后勤等都由上海有关工业局、公司、基层等包建单位统一领导;后方两个工程指挥部,主要负责后方基地建设的选点、定点、组织协调和监督检查等工作。1973 年 8 月 6 日市革委会工交组、市国防工办联合发出《关于上海后方基地所属单位组织领导关系问题的通知》(以下简称《通知》)。《通知》规定:(1)后方基地党委对小三线所属单位的革命和生产建设实行统一领导。(2)小三线生产、计划和物资供应渠道，仍由上海有关工业局归口管理；年度生产、财务计划，以有关工业局为主编制，与后方基地共同商定下达。(3)后方基地建立机电、电子、化工、轻工四个工业公司，分别管理有关基层工厂，贵池钢厂、群星材料厂、新光金属厂、胜利水泥厂、培新汽车修配厂作为后方基地直属厂。

为了实现后方的统一领导，1974 年 3 月后方基地党委和市轻工业局，对轻工系统在皖南单位领导关系的归属问题进行了协商并分别发文。从 4 月 1 日起后方轻工公司、光明机械厂、万里锻压厂、光辉器材厂、燎原模具厂、红星材料厂、海峰印刷厂划归后方基地党委统一领导，有关生产业务、协作关系等也均由上海电池厂继续负责。经市革委会领导同意，1974 年 6 月 6 日，红光材料厂改建为子弹厂，从化工局划归后方基地党委统一领导，并由后方轻工公司直接领导。接着，后方基地党委又与市机电一局协商，双方同意机电一局在皖南的小三线单位划归后方。从 1975 年 1 月 1 日起，后方机电工业公司、胜利机械厂、前进机械厂、永红机械厂、五洲机械厂、火炬机械厂、协作机械厂、协同机械厂、联合机械厂、跃进机械厂、卫海工具厂和战斗汽车队的党的工作、干部管理、生产计划、协作配套、物资供应以及财务基建、劳动工资等各项工作均由后方基地党委统一领导。

1975 年 6 月 23 日，后方基地党委常委向市委、市革委会上报《关于后方交通运输系统划归基地党委统一领导的报告》。鉴于已划归后方管理的轻工、机电两公司在供、产、销等方面遇到困难，而后方基地党委难以管理行业复杂的后方生产，市革委会对交运系统划归后方基地管理没有一刀切，而只将培新汽车修配厂、683 汽车运输场的政治工作、干部管理划归后方基地领导，生产业务工作仍由交运局管理，后来上海仪表、冶金等工业局又陆续将其所属的后方单位的政治工作划转后方基地党委领导。

上海小三线建设从 1965 年开始选点筹建，至 1988 年调整结束，历时 24 年。大致分为四个时期：1965 年 5 月至 1971 年底是基本建设时期；1972 年至 1978 年是军工生产发展时期；1979 年至 1984 年 7 月是军品民品生产相结合时期；1984 年 8 月至 1988 年底是调整与交接时期。

三、主要建设阶段

(一) 基本建设时期(1965年5月—1971年底)

从1965年5月到1971年底，是上海小三线基本建设第一时期。从1965年到1975年，上海小三线先后经历了六次规划。第一次和第二次规划是从1965年5月到1967年2月间，在上海市委、市人委领导下进行的，这两次规划的指导思想是："从备战的需要出发，按照保存精华的原则，将本市有关'四新'和尖端技术研究工作中的精华部分以及基础工业安置在上海后方，以上海现有企业一分为二，以老带新；项目的规模力求小而精，先设立足点，然后由小到大，逐步发展。"在这一指导思想下，经市委、市人委批准，上海小三线在皖南山区和浙西地区规划新建单位54个。上海小三线第三、第四、第五、第六次规划和调整，是在1967年3月到1975年期间由上海市革委会领导下进行的。这四次规划的指导思想是："上海后方建设必须坚决地贯彻执行毛主席的'备战、备荒、为人民'战略方针，从备战出发，建立一个能够坚持战争，支援战争，为战争服务的打不烂，拖不垮的后方基地。当前应当以备战、军工为主，进行相应配套，首先要把枪、炮、弹、药等常规武器和通讯设备迅速搞起来。同时迁建一些必要的相应配套项目。"在这一指导思想下，经市革委会批准，上海小三线在皖南山区新建46个独立单位，改建13个单位，撤点下马19个单位。

其规划项目的总平面设计，总体上是按照"靠山、隐蔽、分散"的战略要求，由南京军区决定，设计经上海市计委(后市革委会工交组)下达给各包建局后，由各包建局组织设计、测量，施工人员和包建单位的领导干部及技术、管理人员奔赴皖南山区规划点进行现场设计。设计方案经工程指挥部审查后，报市人委(后市革委会)批准实行。上海小三线建设的施工力量主要由上海建工局所属建筑公司、安徽地方建筑公司和地方民工等三方面的人员组成。上海小三线基本建设从1966年3月开始到1971年结束，除6家单位基建处于扫尾以及1971年以后零星规划的8家单位外，60多家单位基本建设全部竣工，其中42家工厂陆续投产，以军工为主的上海后方基地在皖南山区已粗具规模。

（二）军工生产发展时期(1972—1978年)

从1972年起，随着基本建设任务的完成，上海小三线进入军工生产发展时期。这一时期，战备局势比较紧张，后方各级党组织遵照中央、市委的指示，从战备需要出发，以军为主，大力发展军品生产。1973年11月后方基地党委明确提出：为了做好反侵略战争的一切准备，尽最大努力，加速三线建设，抢在战争前面，迅速形成一个打不烂、拖不垮、巩固的小三线基地，形成一个平时加强战备，战时保卫上海，保卫国家的可靠后方。

在上海小三线的军工生产历程中，相继生产过以新40火箭筒和火箭弹、五七高炮和五七高榴弹为主体的军工产品，并生产出黑索金炸药、八二无后坐力炮、木柄手榴弹和钢珠手榴弹、7.62枪弹、305炮瞄雷达、光学测距机、数字指挥仪等其他军工产品。这些军用产品，不同程度地武装了部队和民兵，为保卫边疆、援越抗美作出了贡献。

就以最为典型的新40火箭筒和火箭弹来看，1968年10月，在协同、协作两厂党委的领导下，技术人员和职工开始试制56式40毫米火箭筒和火箭弹(亦称老40)的工作。“珍宝岛”事件后，根据形势需要，于1969年4月又接受试制生产“69式40”火箭筒、火箭弹(亦称为新40)的任务。经过通力协作努力奋战，1969年7月1日生产出样品，同年11月8日经上级批准召开产品鉴定会。通过鉴定符合图纸设计要求。1969年底试产新40火箭弹868发，经靶场验收合格。

1970年起，根据兵器工业部下达的计划，新40火箭筒、火箭弹正式投入批量生产。从1970年至1980年共生产69式40毫米火箭筒52万具。1970年至1985年共生产69式40毫米火箭弹194万余发。1981年1月起停止生产69式40毫米火箭筒，开始正式成批量生产69-Ⅰ式40毫米火箭筒。1985年8月起，停止生产69式40火箭弹，正式生产69-Ⅰ型40毫米火箭弹。截至1986年10月，共生产69-Ⅰ型40毫米火箭筒2万余具、火箭弹10.5万发。1986年10月经国防科工委批准撤销军品生产线，正式停止生产。

在上海市委、市政府、兵器工业部、部队系统的支持帮助下，上海小三线新40系统的干部、工人在皖南、浙西山区奋战了18个春秋,共生产火箭筒7.2万具,生产火箭弹297万发。1972年为支援柬埔寨人民的抗美救国斗争,生产5 000发援柬火箭弹,1979年生产18万发火箭弹,直接提供给在云南、广西参加对越自卫反击战的部队,1983年和1984年又生产4万发火箭弹援外。

除此以外,其他军品生产同样也在援外方面发挥了重要作用。如钢珠手榴弹、钢珠枪榴弹、水雷这三个军工产品是1968年在抗美援越期间,后方联合机械厂在有关单位配合下,按越南的要求和战术指标,在仅有几张越文蓝图资料的情况下研制出来的产品。钢珠手榴弹和水雷于1968年当年就完成研制任务,钢珠枪榴弹于1969年研制成功。以后累计生产钢珠手榴弹157万枚,钢珠枪榴弹31万枚,水雷50万枚。这三个产品在国内属于独家生产,为援越抗美作出了贡献。

在1972年至1978年的这七年之中,上海小三线军工生产发展的速度是快的,大部分产品质量是好的。到1978年工业总产值达4.654 3亿元,19个主要军工产品,除五七高炮外,都较好地完成了国家下达的计划任务,实现利润6 263万元。在军品生产发展时期,上海小三线累计创造工业总产值22.24亿元,实现利润1.92亿元,累计上缴国家税金6 102万元,为国家常规兵器的生产,为国防建设的发展作出了应有的贡献。

(三) 军品民品生产相结合时期(1979年—1984年7月)

1976年10月,“四人帮”被粉碎,终止了十年动乱的“文化大革命”,结束了政治上长期动乱的局面。1978年底,中共十一届三中全会的召开,迎来了改革开放的全面篇章,中国的政治、经济、社会开始发生广泛而深刻的变化。在强调以经济建设为中心的工作方针下,三线建设开始面临调整转型。从上海小三线的情况来看,随着形势的变化,后方开始出现军工生产任务骤降,企业出现生存危机。据统计,1981年全后方54家工厂,处于停产、缓建和基本停工状态的占17%,生产任务只有30%或60%左右、处于半停产企业占28%,生产任务在70%左右的企业占31%,任务充足、能正常开工的企业仅占24%。由于任务不足而造成的停工,据1980年不完全统计,机电公司、轻工公司亏损800余万元。[①]在这种军品生产艰难的背景下，上海小三线建设由原先的军工生产发展时期进入了军品民品生产相结合时期。

1. 积极转型，面对市场

在1980年7月14日召开的党委会议上，后方基地管理局党委进一步分析小三线建设历史和现状，总结经验教训，确定了“稳定巩固，统筹安排，军民结合，整顿提高”的工作方针。为贯彻这一方针，局党委又于同年8月提出广开门路，大上民品实现“四个转变”的具体措施，即从组织上落实专门力量抓民品的生产和销售；经上级批准及有关部门同意，从体制上普遍加强同上海各归口局、公司的挂钩关系，使民品生产的供、产、销纳入前方局、公司的渠道；从政策上对军工单位的民品实行减免税、核定盈亏、增收分成和按质数上交计算民品利润分成的办法等。十六字工作方针和四项措施的提出，体现了党的实事求是思想原则，符合后方实际情况和企业职工的切身利益，也为小三线企业近期的建设指明了方向，明确了目标，带来了生机。

面对生产任务不足的困难，小三线企业广开门路，“找米下锅”；使军民结合迈出了新的步伐。如前进机械厂1979年因军品下马，民品无方向，军民品计划任务均为“零”，生产局面十分困难，该厂领导发动干部职工四方奔波，千方百计承接了30种（套）产品的生产任务，组织职工努力奋斗，逐步形成了适合本厂技术、设备特点的以结构件为主、机加工为辅的煤机、电梯、纺织机等三个“拳头”产品。到1983年，产值翻番，不仅扭转了亏损，而且还盈利近百万元。七一医疗器材厂原来生产的交流心电图机只能用于有交流电供应的地区，广大农村需要心电图机却因缺电而无法使用，该厂就积极生产交直流两用心电图机，从而使这一产品开辟了广阔的市场。

向东厂把生产、经营与销售结合起来，把参与竞争同为用户服务结合起来，采取代客调剂产品，烧“小锅菜”、提供技术服务等办法，千方百计争取用户，开辟销售渠道，与遍及全国28个省市的624家用户建立了购销业务联系。

1981年10月，根据《国务院、中央军委批转国防工办关于调整各省市自治区小三线军工厂报告的通知》，以及国务院、国防工办《下达小三线军工厂调整方案》的精神，按照“着重进行生产结构的调整，适当保留军品生产线,变单一军品生产为军民结合的生产结构"的原则,上海市政府对上海小三线17家军工厂进行了调整,其中撤销5家。在保留的12家中,只有3家保留军品生产任务,其余均转产民品。后方通过广开门路、"找米下锅"、挖掘潜力,在军民品结合初期确实缓和了上海小三线一部分企业生产任务严重不足的矛盾,民品产值也有了相应的增加。1982年全后方完成工业总产值28 013万元,比1981年实际完成数增长了3.99%,其中民品产值3 946.64万元,占50.73%。全后方上交企业盈亏相抵后,盈余了196万元,全后方43种主要民品都完成和超额完成了生产任务。②

2. 困难重重,难以为继

通过调整产品生产结构,上海小三线企业部分实现了扭亏增盈。但是由于受制于各种不利条件的影响,如生产成本过高、运输成本增大、企业自身负担过重等等不利因素都在影响着小三线企业的生存与发展。尽管上海给予了政策上和事实上的双重"照顾"。但这种"照顾"由原来政府买单完全转嫁到企业身上,让企业日益陷入无法自拔的泥潭中,也让政府背上了沉重的包袱。同时,这种"照顾"让后方企业对前方公司产生很强的依赖性,企业一旦脱离上海前方的"保护"根本无法生存下去。由于自身竞争能力差,独立生产能力弱,企业的转型可谓步履维艰。③

在这种困难的情况下,小三线干部和职工要求进行调整搬迁的呼声日益高涨。1982年小三线企业干部在各级召开的多次会议上纷纷呼吁,"军工厂建在偏僻的山凹中,布局分散,生产点孤立,远离原料产地和工业城市,成本大,能耗高,转产民品也无竞争能力,利少弊多",根本解决问题,还是要走联营的路子。1983年4月29日,八五钢厂党政主要领导致信给国务院、五机部,建议实施对该厂进行拆迁或与长江三角洲经济发展配套的方案;同年5月14日,该厂党政12名领导同志再次联名给中央、市和上级领导部门写了《关于迁建并入崇明拆船轧钢联营公司的建议》,《建议》指出:"国家拟在崇明岛筹建一个大型的拆船轧钢联营公司,势必投资。""如利用我厂现有的设备、人员,国家只要投资三千万元,两年内即可上马产钢,三年见效益"。上海市人民政府对八五厂的迁建问题发了通知(沪府办[1983]89号),《通知》要求八五钢厂不宜考虑迁往崇明去建设，积极与马鞍山钢铁厂实现一定形式的联合，充分利用生产能力更好地发挥经济效益。仪表、物资系统不少单位积极大胆探索，分别在上海设立了生产过渡点，产品销售部和修理部等，摸着石子过河，谨慎地迈开了改革的步伐。

1983 年 4 月 22 日，参加市八届一次人代会大会的后方系统十一位人民代表（黄彪、陈锁锁等）联名向大会提案，提出四点建议，呼吁有关部门迅速组织调查研究，提出切实可行的调整方案。与此同时，社会各界也对小三线进行了研究和探讨。安徽省领导及有关部门的专业技术人员，上海社会科学院以及国内的一些新闻单位也就小三线的建设和发展问题分别发表了一些讲话文章。这些讲话和文章如实地反映了小三线的历史和现状，探索和研究了小三线建设的基本经验与教训，在上海小三线企业和上级有关部门中引起了反响和重视。

1983 年 8 月 27 日，市政府国防工业办公室以《上海小三线存在的主要问题和我们的建议》为题向李肇基副市长作了书面报告，报告说："对小三线存在的问题，就我办多次调查研究，深感当前急需从发展方向、鼓励政策、管理体制三个方面进一步明确和调整。"报告建议："小三线是上海市的工业组成部分，最好能按照市郊工厂的办法，实行同样的奖励政策，即户口按沪革(79)77 号文件精神，在工作单位登记为市区户口，工资按八类地区，并提高进山津贴。同时，在保持小三线经常有六万名左右职工的前提下，实行轮换制，从上海到小三线去的职工，在工作七、八年后，要求回沪的可以调回来，允许人员有进有出。""对一些进山太深的工厂，提出向沿铁路、长江城镇适当集中的方案（包括关停并转的方案），必须改变目前小三线各企业多种管理体制和隶属关系、职责不明的局面。"

（四）调整与交接时期（1984 年 8 月—1988 年底）

从 1984 年 8 月到 1988 年 4 月，是上海小三线调整交接时期，即最后的一个时期。在这一时期，上海小三线根据国务院对小三线调整、改造、发挥作用的指示精神和经国务院办公厅 1985 年 19 号文件批准的上海市人民政府与安徽省人民政府商定的协议进行分期分批地全面调整。

1982年9月，遵循党中央提出的“改革、开放、搞活”的方针，上海市国防工办经过反复研讨和筹划，于1984年7月提出了《关于上海小三线调整情况及其调整方案》。总的设想是：引导和组织上海小三线企业主要与郊县工业企业实行联合，与市属有关企业协作或者支持技术力量、劳动力，也可以与上海经济区内的各省市或其他省市实行联合；采用“收、交、关、改、撤”五种方法区别处理全部上海小三线企事业单位；上海小三线职工和家属中原从本市动员去的部分原则上可回本市郊区落户；由征地进厂的安徽当地农民和不宜进大城市的人员，拟请安徽省就地安置。

对上述调整方案，中共上海市委于1984年8月8日召开了常委会，听取了上海市国防科技工业办公室主任李晓航的汇报，研究了上海小三线的调整问题，确定了调整要“保护和发展生产力”“要走联营的道路”“帮助地方搞活一批企业”“人员要分批返回市郊，确保社会安定”的指导思想。会议确定由李肇基副市长分管小三线调整工作(1985年1月后，由朱宗葆副市长分管；1986年7月以后，由黄菊副市长分管)。会后组成了由16个委、办、局参加的联席会议，负责研究确定上海小三线调整的具体政策和实施步骤，研究解决有关的重大问题，并由市国防科工办、计委、经委、农委、劳动局以及后方局抽调人员组成上海小三线协调办公室，负责处理日常工作各方面的协调事宜。协调办公室主任由上海市国防科技工业办公室主任李晓航担任(1986年1月起改由李传卿担任)。

1984年8月14日至19日，经国务院、中央军委批准，国家计委和国防科工委召开了全国小三线工作会议。会议提出，全国28个省、市、自治区拥有小三线军工企业250家，现有职工28万人，各种设备4万多台。20年来，国家为建设小三线投资33亿元，已累计实现利润11亿元。对小三线的调整，“要因地制宜，因省制宜”“怎么能快点搞活就怎么管理，由省、市、区人民政府决定”。会议期间，会议领导小组专题听取了上海市关于小三线调整意见的汇报，对中共上海市委8月8日会议确定的上海小三线调整方案表示同意，决定上海在皖南小三线的12家军工厂全部转产民品。

上海市政府于1984年9月14日召开了有关委、办、局负责同志参加的联席会议，传达了全国小三线工作会议精神。10月22日，李肇基副市长主持召开了有关局、公司和郊县负责人参加的会议，进行具体部署。10月23日，由上海市国防科工办召开了上海小三线企事业领导干部会议，分层次地传达贯彻了全国小三线工作会议精神，以及上海市委对上海小三线的调整决定。

1985年1月24日，上海市市长汪道涵、副市长朱宗葆率领市计委、经委、国防科工办、财政局、工商银行、劳动局、后方基地管理局等单位负责同志组成的政府代表团抵达合肥市，与安徽省省长王郁昭、副省长邵明以及省计委、经委、省国防工办、省财政厅、工商银行、劳动局的负责同志商谈上海在皖南小三线调整事宜。1月28日签订了《上海市人民政府安徽省人民政府关于上海在皖南小三线调整和交接的商定协议》，并上报国务院。

当年4月国务院办公厅批复同意上海市、安徽省人民政府关于调整和交接的商定协议，明确"上海市将皖南小三线企业交给安徽省时，要办理财政划转手续"。此后，上海在皖南小三线80家企事业单位即开始进行移交工作。

1985年5月，由安徽省方面陆庭植、刘彭仁、马素英、陈兰志、耿树谷与上海市方面李晓航、杨志华、鲍友德、王昌法、黄彪组成的联合领导小组根据"分类规划、调整改造、择优搞活、分期移交"的原则，确定上海在皖南的53家工厂、27家事业单位分三批进行交接。即于1985年内先交接一批，大多数应放在1986年再交接，1987年全部交接完毕。同时还对组织领导、企业分类、交接条件、人员安置、军品生产任务、财务交接、加强组织性纪律性、保护国家财产等问题，商定后分别提出了具体意见，并签署了《关于贯彻上海在皖南小三线调整和交接协议的实施意见》。

在安徽省、上海市联合领导小组的主持下，于1985年9月开始，双方召开多次会议，商定移交事宜。第一批交接工作始于1986年10月8日，时至1988年4月，上海小三线在皖南的80家企事业单位全部移交给安徽当地。随着唯一一家位于浙江临安县的上海小三线企业——协作机械厂也移交给浙江省，长达4年的上海小三线交接工作至此宣告结束。

四、企业的转型与发展

1988年上海小三线建设在完成移交和回沪工作后，完成了其历史使命，上海小三线建设也由此成为一段历史。但是在这其中，作为上海小三线的主体，部分小三线企业通过调整转型不仅得以生存下来，而且在市场经济制度下通过各种办法，顺势而为，至今仍活跃在各行各业中，取得了令人瞩目的成绩。

根据国务院关于对小三线"改造利用，发挥作用"的方针，上海小三线在与当地政府的交接工作中，严格按照省市协议精神，在技术、资金、设备、产品、劳动力培训等方面努力支持地方，择优搞活一批企业，为发展皖南山区的经济发挥了一定的作用。截至1987年11月17日，上海在皖南小三线的80个企事业单位，已有56个移交安徽。在安徽地方，为改造利用上海小三线，使其充分发挥作用，做了大量工作。各有关县(市)对接收的固定资产抓紧利用改造。整个皖南小三线1987年改造利用约完成产值7 000万元，实现利税1 000万元。

各县在利用改造小三线中，开展了多种形式的横向经济技术合作。一是动态交接，同上海原生产厂合作，把资产交接过程，扩大为生产、技术、经营交接的全过程，基本上做到了交接生产不中断，交接手续办完后仍与原经营单位联营一段时间。二是由生产、技术经营力量强的同类型大企业承包经营。三是组织对口生产技术合作，帮助小三线企业恢复生产。四是引进技术和人才，开发市场需要的新产品。按照上海市委、市政府关于小三线调整要为上海服务，回沪走同市属郊区工厂联营的路子，以及有些产品无发展前途的工厂，可撤销建制，采取支援技术力量和劳动力的办法，将职工调配到市属在郊区需要技术力量和劳动力的单位的原则，上海在皖、浙两地的54个小三线企业回沪以后，在各主管局的统一规划和帮助下，两个与郊区企业联营建厂，四个在市郊独立建厂，二十个整体或分散消化在市属郊区工厂，二十八个与市属郊区企业联营，至1990年已有十七个并入联营厂。[④]据笔者调查，上海小三线五洲电机厂、卫海机械厂、永红机械厂是三家整体搬迁回沪的小三线企业。据原五洲电机厂党委书记王银生回忆，"我们这个厂因为有基础、有效益、有利润，而且我们有埋头苦干的优秀员工”，所以成了为数不多的整体搬迁回沪的小三线企业。⑤

安徽皖南各县在利用改造小三线中，还发挥本地区的资源优势、产品优势发展产品生产，扩大生产能力。绩溪、旌德、祁门和屯溪市利用小三线厂的现有条件，发展丝绸、印染、苎麻加工、扩大建筑陶瓷、国药、高压阀门、出口机床的生产能力，投资普遍节省三分之一以上，建设周期可缩短两至三年，特别是高压阀门、出口机床、国药等产品做到当年利用，当年见效。屯溪制药厂利用原红光材料厂扩大国药生产能力，小三线厂资产利用率达 89%以上。根据国务院办公厅 1985 年 19 号文件精神，按照第四次省市会谈的要求，到 1988 年底，上海在皖南的 81 个企事业单位，全部移交安徽地方，共移交给地方固定资产 56 103 万元，国拨流动资金 7 876.96 万元，按政策留皖的职工为 1 568 人，拨给地方留皖职工安置费 1 404.9 万元。

经过省市的共同努力，移交给安徽的单位，通过继续办厂，办旅游康复基地，兴办学校等等，基本上得到了利用，发挥了作用，取得了经济效益和社会效益。改革开放初期，安徽解放思想，开拓创新，主动寻求机遇，加快开放步伐，紧抓上海小三线调整交接的机遇，制定优惠扶持政策，鼓励全民、集体、乡镇企业利用改造小三线企业，大力发展地方工业企业，发挥了小三线原有资产在经济建设中的作用，初步实现了地方经济的发展与腾飞(李云、徐有威，2022)。值得一提的是，在安徽不仅可以看到原上海小三线企业对安徽地方经济建设发挥着重要作用，安徽本省的原小三线企业同样在为安徽地方经济发展贡献着力量。安徽省国防科工办有关专家表示，小三线调迁至少让合肥增加了 5 万人口，也为合肥带去了将近 20 亿的企业资金，为合肥工业化注入了新的血液(张胜、徐有威，2022)。

近年来，部分原小三线企业更是乘势而上，在地方经济社会发展中扮演着更加重要的角色。如安徽海螺集团就是在位于安徽宁国的上海小三线企业原胜利水泥厂的基础上逐步扩大发展起来，进而成为一家在香港和上海同时上市的公司，享有“亚洲水泥之王”的美誉(徐有威，2022:204—211)。此外，2021 年，安徽原上海小三线企业华尔泰化工股份有限公司在深圳证券交易所主板上市，成为全国小三线企业转型成功的重要标志。

五、历史意义与思考

上海小三线建设,从1965年由上海工业、物资、建材、交运、卫生、电力等14个局所属65个单位包建开始,到1984年7月进行调整与交接前,在皖南徽州、宣城、安庆3个专区和浙西临安县境内建成81家全民所有制独立单位。其中有55家工厂、2家运输队、1家变电所、3家物资供应站、5所医院和防疫站、5所中学、7家管理机关、1家计量所、1所干校和1家农场。另外,上海小三线还建有厂附设小学39所和厂办集体事业单位38个。共有在册职工54 437人,家属17 000余人。共投资7.52亿元。占地面积245万平方米,其中生产占用面积106万平方米。

上海小三线的建设和发展,受到中共中央、国务院、南京军区、华东局、安徽省和上海市委、市政府的亲切关怀和支持。许世友、饶子健、江渭清、李任之、张劲夫、曹荻秋、韩哲一、宋季文、李干成、张承宗、朱宗葆等省市和军级以上领导曾先后来到上海小三线,对上海小三线的基建、生产和调整提出过重要意见。

上海小三线建设,对于加强国防现代化建设和国民经济发展,都具有重要历史意义。

第一,对全国性的战略后方国防工业生产和科研基地的建设贡献良多。小三线先后共建成以"57"高射炮(弹)、新40火箭筒(弹)为主体的12条军品生产流水线,一些军品质量和工艺被评为部、市级优质产品,有的获得重大科技成果奖。小三线生产的军品,在支援越南、柬埔寨等国人民反侵略战争和我国对越自卫反击战以及对外贸易中发挥了积极作用,受到了兵器工业部的奖励。

第二,区域性、有限度地调整了不合理的工业布局。上海小三线在军工生产的同时,也生产了一批民用产品。包括钢材、水泥、汽车、家用电器、轻工机械、煤矿机械等13大类24种民品分别获国务院、委、办级嘉奖,有不少产品属于国内首创和独家生产。一些产品被评为部、市级优质产品,有的质量和工艺达到了国际先进水平。

第三，推动了内地经济发展和技术水平的提高。小三线先后在皖南山区和浙西临安县境内建有冶金、轻工、机电、化工、通信、运输、汽车制造、电力、建材、仪表和文教卫生等十个行业，并都已具备一定的规模和生产能力。这对合作开发工业比较落后的皖南山区促进内地经济的发展和文明程度的提高发挥了较大作用。

上海小三线造就了一支能出征、肯吃苦、顾大局、守纪律的干部职工队伍和科技队伍。历年来被评为上海市劳动模范、先进人物的干部职工有13人次，通过办学、上学和自学等多种途径培养大专以上学历毕业生500多名，有工程师、主治医生、经济师等以上职称的工程技术、经济管理、医务教育人员800多人。按小三线调整人事政策回沪参加上海经济建设的广大干部、职工和工程技术人员，成为上海建设的一支重要力量。

在上海小三线建设和发展期间，由于受到当年“左”的思想影响，加之受到林彪集团的干扰，小三线建设不可避免地留下了许多不易解决或无法弥补的缺憾，给国民经济建设造成一定损失。这些问题主要表现在：一是急促上马，缺乏科学性。有些项目是边勘探、边设计、边施工，建成投产时因布局不合理不得不进行改建或扩建，造成浪费；有些项目为了追求速度，忽视工程质量，致使成为“豆腐渣”工程。二是顾此失彼，投资比例不协调。沿海老工业基地得不到更新改造投资，影响了其发挥带动、辐射作用；沿海港口设施陈旧落后，亦不能适应经济发展和对外贸易发展的需要。三是远离城镇，依托山区，生产和生活设施不配套。小三线企业为了独立生存和发展，不得不追求自成体系，拨出资金建设商店、学校、医院等；同时，加之条件艰苦，管理不善，职工生活中出现的矛盾和困难越积越多，职工难以安居乐业。

上海小三线的建设和发展，在它短暂的24年春秋里，深深地印上了各个历史时期的痕迹。同时，上海小三线这个建设在外省市的军事工业基地，也是沿海大城市加强战备和国防建设的一次伟大实践，经历了沿海经济文化发达地区和内地欠发达地区各方面的交流交融的过程。最后，在1978年召开的党的十一届三中全会提出的改革开放的方针指引下，它以全面调整作为结局，走完了自己不平凡的历程。

正如三线建设是公认的共和国史上空前的壮举，上海小三线的调整则是全国范围内三线建设调整最成功的范例之一。它在建设和发展中留下的许多宝贵的历史经验和教训,对于促进当今的中国工业布局和产业结构的调整,以及沿海和内地之间的合作和交流,完善区域协调发展机制等方面具有一定的启示意义,值得继往开来的人们回顾和借鉴。上海小三线广大干部、工人、知识分子、解放军官兵和民工在建设过程中表现出的不避艰险勇往直前的精神,尤其是一笔值得发扬光大的宝贵精神财富。

(校对:曲广为、李新华)

注

①《一九八〇年广开门路发展民品生产情况的小结》,1980 年 12 月 15 日,档案号:B67-2-572,上海市档案馆馆藏档案。

②《一九八二年工作总结和一九八三年工作意见》,1983 年 1 月 6 日,档案号:83-1-3-4,上海重型机械厂档案室室藏档案。

③ 参见李云:《上海小三线建设调整研究》,上海大学 2016 年博士学位论文。

④《后方局关于小三线调整工作总结报告》,1991 年 9 月,档案号:B67-1-312,上海市档案馆馆藏档案。

⑤ 采访王银生,采访人:徐有威,时间:2022 年 3 月 1 日,采访地点:漕河泾开发区。

参考文献

李云、徐有威:《后小三线建设时代的企业与地方经济——以安徽池州为例》,《学术界》2022 年第 1 期。

徐有威:《口述上海:小三线建设》,上海教育出版社 2013 年版。

徐有威:《开拓后小三线建设的国史研究新领域》,《浙江学刊》2022 年第 1 期。

张胜、徐有威:《后小三线建设时代的安徽企业发展研究》,《江淮论坛》2022 年第 1 期。

人物专访

岁月如歌踔厉行，伏枥老骥志犹在

——朱威烈教授学思探

穆春唤采访整理*

朱威烈，上海外国语大学教授、博导，中阿改革发展研究中心专家委员会主任，中东研究所名誉所长，上海高校中东研究智库主任。主要学术兼职有教育部社会科学委员会综合研究学部委员，约旦、埃及和沙特等学术研究机构通讯院士或荣誉研究员等。1965 年毕业于北京大学阿拉伯语专业，在上海外国语大学执教近 60 载。1978—1980 年国家公派赴开罗大学进修，1980—2015 年任《阿拉伯世界(研究)》期刊主编，1991 年起享受特殊津贴。历任上外阿拉伯语系主任、社会科学研究院院长、中东研究所所长等职，主要从事阿拉伯语言文化和中东与伊斯兰问题的教学和研究工作，完成国家部委和上海市课题多项，发表出版论文专著译作等学术成果数十种。被评为上海市优秀教育工作者、劳动模范、中国译协"资深翻译家"等，荣获"翻译文化终身成就奖"等荣誉，获埃及高教部、文化部表彰，此外还曾得到"沙特阿卜杜拉国王世界翻译奖"等国内外多项荣誉。

* 穆春唤，上海市现代管理研究中心研究人员、《现代管理》编辑。

一、国家需要,走上阿拉伯语学研之路

1960年,当时的朱威烈正在上海读高三年级,临毕业填报高考志愿一开始,学校医务室的老师就通知他:“朱威烈,你患有十二指肠溃疡,不能报考第一类和第二类专业院校,只能读第三类文科院校。”这个突如其来的消息让朱威烈一下慌了神。当时的他是年级数学小组组长,那时“学好数理化,走遍天下都不怕”的口号流传甚广,对他也有影响。再说,他上面的姐姐哥哥们读的是清华大学、山东青岛医学院、华中工学院和西安交通大学,他心里一直以来想的也是准备走理工科道路。虽说他得过全校作文比赛一等奖,英语也不错,但真的要从文史哲中选专业,还是茫无头绪。他甚至一度“异想天开”,想过是不是可以去学一下编导。

由于有文体方面的特长,并曾获得过区中学生跳高冠军和篮球赛冠军,因而朱威烈也尝试着在提前招生的艺术、体育院校中东问问、西试试。正当他犹豫不决的时候,一天班主任老师叫住了他,要他别胡思乱想瞎忙乎,等着参加听校长的讲话。朱威烈记得,不久后的一天晚上,学校召集了高三年级四个班中的部分同学开会,由校长宣布动员大家报考的学校和专业。其中,准备要读文科的只有朱威烈和高三(1)班的一个男生两人。校长告知他们二人可以填报的11个文科学校,专业都是外语类中不熟悉的亚非拉国家语言和欧洲除了英、法、德、俄等语种以外的小语种。这就是当时的“保考”做法:中学的校领导保证考生的政治条件,包括家庭出身、社会关系和个人表现等,并推荐所读相关专业,考生只要考分达到标准就有望录取。尽管对这些外语专业不熟悉,但当时朱威烈的想法很简单,跟大多数学子一样,就是要听党的话,校长兼校党支部书记,所以当然要听校长的话。

这一时期的大背景是中国要着力搞好亚非拉外交。20世纪五六十年代以来,中国陆续开始与亚非拉国家建立外交关系。但相关外语人才紧缺成了大问题。依据周恩来总理的建议,以及邓小平指示,国务院外事办、高等教育部党组起草了《关于解决当前外语干部严重不足问题应急措施的报告》,提出由于国际形势发展很快,外语干部培养和成

长，无论在数量、语种和质量方面，都同国际国内形势发展的需要距离很远，矛盾很大。1964 年，中共中央和国务院发布《外语教育七年规划纲要》，提出要大力改变学习俄语和其他外语人数的比例，需要扩大外语教育的规模。

高考结束后，朱威烈如愿考取了北京大学东方语系，那时的系主任是季羡林先生。在新生填报专业动员会上，季主任语重心长地对同学们说："阿拉伯语很难，我过去也学过，不过现在都忘了，但国家很需要！"阿拉伯语是 22 个阿拉伯国家的官方语言，全球约 10 亿多穆斯林的宗教语言，也是联合国的六种通用语言之一。但在当时的中国，阿语却不折不扣地是一门极其"冷门"的外语。1956 年，新中国先后与埃及、叙利亚和也门等国建立外交关系，开启了中阿交往的历史篇章，国家迫切需要培养阿拉伯语人才。经过季先生的介绍说明，结果，150 名新生几乎都报了阿拉伯语专业。朱威烈当时作为两名上海学生之一幸运入选，他的人生也就此与阿拉伯结下了不解之缘。

"急国家所急，想国家所想"以及"练好基本功，掌握地道外语"是那一代阿语师生共同的心声。一句"国家很需要"，简单的几个字，但却需要皓首穷经，日夜苦读。人人都知道阿拉伯语难学，几年的学习岁月虽充实，但学习的过程却非常枯燥，要投入大量的精力去背诵和记忆。为了学好阿语，那时候的朱威烈不得不整日浸淫在他"零起点"的阿语学习中。一天早上起床时，同宿舍的同学对他说，"朱威烈，你昨晚说梦话了！"

"说什么了？"朱威烈问。

"没听懂，你说的都是阿语！"周围同学都笑了，朱威烈自己也是觉得又尴尬又好笑。学阿语真还离不开花死功夫，在接下来的几年里这样的事儿又发生过多次。也正是凭着这么一股做梦都要讲阿语的学习劲头，他将这门世界上最难的外语之一学到了精深。

到 1990 年海湾战争时，已经在阿语系从教多年的朱威烈开始从过去单纯的阿拉伯语言学研究转向了阿拉伯-伊斯兰国际政治问题研究。多年的研究与观察让朱威烈深刻地感受到我国在对阿拉伯-伊斯兰研究方面的滞后。缺乏深入的了解会使我们对中东地区的重要性认识不足，也会不利于我们相关对外政策的制定。面对中东地区与中国大异其趣的文明和完全不同的语言,我们的中东研究迫切需要像朱威烈这样能够深入掌握阿拉伯语并真正理解伊斯兰文化的学者,这为朱威烈研究的转向提供了非常强有力的支撑,也是对他学习阿拉伯语初衷的最好回应。

二、"是时代造就了我!"

2022年已是朱威烈在上海外国语大学工作的第57个年头,译作、著作、工具书、论文和时评等学术成果积了厚厚一大沓。回忆往昔,他不胜感慨,"是时代造就了我! 如果不是遇上这么好的时代,我哪里敢讲个人奋斗啊! ……你们今天看到我参加会议时滔滔不绝、侃侃而谈,'文革'期间,我是不吭声的。读大学时我是校合唱队指挥,但在班级里开会也是不发言,因为许多题目我都不知道该怎么讲话、表态"。在时代的洪流里,个人是一叶扁舟,一搞政治运动就像遇到狂风恶浪,很容易被人抓住一点上纲上线挨批受整,不能不小心谨慎,少说话多做事。改革开放以来,知识分子遇到了好时代,才有了可以充分发挥个人才能的机会。

(一) 筚路蓝缕,开创阿拉伯语学科建设新局面

1965年,从北大阿拉伯语专业毕业后,朱威烈被分配到上外阿语系工作。最初的那些年,朱威烈只是一心一意地搞好阿拉伯语教学,培养了一批又一批的学生。至于研究工作,"那时候,没有人敢搞人文社会科学研究,万一搞得不好是要被批斗的"。朱威烈感慨地说。在那段压抑的岁月中,大家不敢有太多的想法,行动上自然也是畏首畏尾。1978年,中国改革开放的大幕徐徐拉开。邓小平同志讲"尊重知识、尊重人才"时,朱威烈正在埃及进修。谈及听到邓小平讲话的感受,朱威烈只说了四个字:"振奋至极!"那时候,大家都知道,知识分子的好时代终于来了!

除掉了外在的桎梏后,全国各高校及学科的发展也就有了打开新局面的可能。1984年,上外阿语专业独立建系,朱威烈开始任系主任。彼时的中国正是百废待兴,大破大立之时,只是路该怎么走,也都是在

“摸着石头过河”。此时的朱威烈心里最要紧的事就是思忖如何推动阿语学科建设。学科发展，人才是关键。当时阿语教师队伍单薄是面临的主要问题。带着上外胡孟浩院长的嘱托，朱威烈亲赴母校北大，希望能够邀请刚刚退休不久的阿拉伯语大学者、他自己的老师刘麟瑞先生南下坐镇。只可惜刘先生因赴沪困难，不得不婉拒了邀请。遗憾拜别刘先生后，面带愁容的朱威烈在北大校园里偶遇了季羡林先生。得知朱威烈的来意后，季老说，“回去给你们胡孟浩院长带句话，没有大菩萨，就自己培养几个小菩萨，积以时日，小菩萨不就成为中菩萨、大菩萨了吗！”深受季老建议的启发，返沪后，朱威烈向胡院长作了汇报，胡院长据此制定了关于设立教师学术梯队建设的计划上报国家教委高教司，获得批准。由此，阿语系的教师队伍建设也有了制度保障。1985年，上外阿语系自1960年建专业以来，评出了首批三位副教授，具备了申报硕士点的条件，并于1987年开始招生。这一年，季羡林先生应胡院长之邀，到上外接受名誉教授聘书。朱威烈陪胡院长进入会场时，胡院长迎上季先生说：“今天我们有幸聘请您为名誉教授，希望您以后多多关心支持上外的发展建设。”季老一面拍着朱威烈的肩膀，一面说：“我把这样的学生都送到上外来了，还不关心支持吗！”1988年，朱威烈被破格晋升为教授。当时，《光明日报》头版关于上外教师梯队建设的文章专门提及了46岁的朱老师升任为教授的事例。1998年，上外阿语又成功申请了博士点，不过此时朱威烈已经离开了阿语系。2007年，教育部开展国家重点学科评审，上外获得三个名额，除英语和俄语外，学校同意阿语也参与申报。尽管当时已经不在阿语系工作，但朱威烈仍然负责了主报告的定稿。11月，教育部正式下发批文，将上外阿语列入了国家重点（培育）学科，这在迄今国内各高校阿语专业中仍是独一。朱威烈在上外阿语系工作逾三十年，亲身参与阿语建设，见证它成长为全国高校排名第一的专业。他个人也收获了上海市优秀教育工作者和上海市劳动模范等荣誉称号，并成为第一批受到国务院表彰，享受政府特殊津贴的专家。

（二）开拓进取，推进国际关系专业发展

1996年，在阿语系已经连任三届主任的朱威烈，依规定不能再继

续连任,因而被调到新建的上外社科研究院任院长。自这时起,朱威烈又开始积极推动上外国际关系专业的蓬勃发展。依赖上外良好的俄语学科基础和原有的苏联研究室,当时社科院的国际关系专业已经有了硕士点。同时,马列主义教研室也具有不错的师资,并创办了国际关系学的专业期刊《国际观察》。可以说,那时的国际关系专业的发展已经初具规模。不过,尽管改革开放以来,重视知识的社会风气已经形成,但人文社会科学的地位还是不高,社会上、高校和科研机构中重理轻文的现象依然存在。在上外这样的外语高校推动国际关系专业和政治学建设,主观条件和客观环境都还需加强和营造。

世纪之交,中国的人文社会科学研究领域发生了质的巨变。1995年,江泽民同志提出,“要在实现中国社会主义现代化的伟大事业中,加强自然科学和社会科学的紧密结合”,人文社会科学的重要性开始受到更多的关注。更令人感到振奋的是,2001年,江泽民同志又高瞻远瞩地提出哲学社会科学与自然科学“四个同样重要”的著名论断,即“在认识和改造世界的过程中,哲学社会科学与自然科学同样重要;培养高水平的哲学社会科学家,与培养高水平的自然科学家同样重要;提高全民族的哲学社会科学素质,与提高全民族的自然科学素质同样重要;任用好哲学社会科学人才并充分发挥他们的作用,与任用好自然科学人才并发挥他们的作用同样重要”。江泽民同志从国家发展战略角度强调哲学社会科学发展的重要性,定性定位之高,阐释之全面前所未有。“四个同样重要”论断对人文社会科学的发展具有划时代的重要意义。用朱威烈的话说,那时“只觉得风和景明,一片新气象,真到了可以认真读书钻研做学问的好时代”!

在国家哲学社会科学建设的大环境转暖的形势下,朱威烈对学院国际关系专业的发展更加充满了信心。依靠外语高校在国际关系学科发展方面的先天优势,以及不拘一格引进人才等策略的实施,上外国际关系专业很快就进入了发展的快车道。由于2001年“9·11”事件的发生和伊拉克战争在随后爆发,中东问题的关注度持续上升。朱威烈当时带领下的上外中东研究所撰写了大量内参、报告,产出了不少研究成果,在政策层面以及学界和社会中都引起了不小的反响,进一步充实了国际关系专业的学科成果。同时随着国际知名的国际关系学者张曙光教授加盟上外，专业实力又大大增强。凭借实力的累积，2003 年，国际关系专业顺利获得了博士学位授予权，迈出了政治学学科建设过程中的重要一步。2009 年，朱威烈在北京出差时听说教育部最新政策允许具备条件的高校二级学科博士点直接申请一级学科博士点。欣喜不已的朱威烈返沪后，立即向上外曹德明校长汇报了此事。在经过上海市教委通过后，由分管科研的张曙光副校长领衔，朱威烈负责填表和召开专家会开展自评，申报工作正式启动。申报工作不仅有上外国际问题研究院副院长苏长和教授以及中东所副所长刘中民教授的共同协作，也得到了其他高校教授们的鼎力支持，申报书十易其稿，并由张曙光副校长亲赴答辩，终获成功。政治学一级学科申报的成功是上外发展历史上一件具有里程碑意义的大事，标志着上海外国语大学这所外语高校在向多学科发展的进程中迈出了重要的一步，它也使朱威烈在上外几十年的工作生涯又增添了浓墨重彩的一笔。

（三）智库建设方兴未艾

尽管上外阿语专业是全国同专业中的翘楚，然而朱威烈早已意识到，作为小语种，阿语专业想要拓展发展空间，还需要转变思路，发挥小学科的大内涵，方能突破学科发展的瓶颈。新千年以来，随着综合国力的快速提升以及加速融入国际体系，中国的国际舞台大大延伸，国家对区域国别研究的需求与日俱增，这恰恰给外语学科内涵的提升创造了前所未有的机遇。使外语更好地服务于国家外交政策和对外战略，将极大地提高外语专业在国家发展战略中的价值和地位。中东研究所建设的成功则验证了上述发展思路的正确性。始建于 1980 年的上外中东研究所其前身是中东文化研究所，依托上外良好的阿语学科基础逐渐发展起来。1999 年，教育部提出了推进建设“普通高等学校人文社会科学重点研究基地建设计划”，目标是建设百家教育部直属重点人文科学研究基地。2000 年 12 月，凭借独具特色和优势的中东区域国别研究，上外中东研究所成功跻身重点研究基地之列，成为当时上海市入选的三所国际关系研究单位之一，其他两个分别是复旦大学的美国研究中心和华东师范大学的俄罗斯研究中心。中东所也是唯一由外语学科孵化出来的重点研究基地。朱威烈开始担任中东研究所主任，全面领导国家重点研究基地的科研工作。国家对重点研究基地提出了“面向各级政府及社会各界开展咨询服务,提高解决重大实践问题的综合研究能力和参与重大决策的能力,成为全国知名的思想库和咨询服务基地”的建设要求。自此,中东所研究重心全面集中在中东国际政治领域,而不再是传统阿拉伯语言、文学研究。

在领导中东所工作的十余年时间里,朱威烈带领研究团队将政策研究和基础研究有机结合,与中央有关部委保持经常性联系,将相关咨询服务作为了一项最重要的工作。中东所持续向各级领导呈送《情况简报》和《中东问题专报》,通过撰写调研报告,完成国家有关部委多项委托课题。有时一年内获得领导采用和好评的调研报告以及咨询建议多达 20 多份。朱威烈本人以及中东研究所的咨询工作多次受到党和国家以及上海市政府部门的肯定。同时,中东所的研究人员还积极探索中国特色的中东学、阿拉伯学与伊斯兰学学科建设之路,在学界树立了坚实的地位和良好的口碑。2006 年,朱威烈将他担任主编 20 多年,以通俗内容为主的刊物《阿拉伯世界》全面改版为学术期刊,并更名为《阿拉伯世界研究》,这本期刊也很快成为国内中东伊斯兰研究的重要核心期刊。

2011 年,已近古稀之年的朱威烈卸下了中东研究所主任的重任,只作为名誉所长。但他仍然对智库建设与发展工作充满热忱。2016 年 1 月,在习近平主席访问阿拉伯国家联盟总部取得了丰硕成果后,为进一步加强中阿在改革发展和治国理政方面的经验交流与合作,习近平主席亲自倡议建设中阿改革发展研究中心,并将这项重要的任务交给了上海外国语大学。据此,2017 年 4 月由外交部、教育部和上海市人民政府主办的中阿改革发展研究中心在上外落成,朱威烈见证并参与了中心建设的全过程,被聘为中心的专家委员会主任。中阿中心选择落户上外是综合多重因素考虑的结果。除了朱威烈的个人因素外,众所周知,上海一直是中国对外开放的先行者、排头兵,也是阿拉伯各国人民喜爱和愿意造访的城市;上外阿语专业是全国高校同专业中唯一的重点(培育)学科;而上外中东研究所也是全国中东研究领域中唯一的国家重点研究基地。看来,正是由于这些因素的叠加,才使上外荣幸地承担起这样重要而光荣的中心建设任务。

朱威烈没有想到,自己竟会在七十五岁生日的前一天,到北京去联系接受这样一项任务。早年在北大求学时,朱威烈就知道马坚先生给毛主席当翻译,万隆会议时又是刘麟瑞先生担任周恩来总理的阿语翻译。朱威烈感慨地说,“我这一辈子能为总书记的项目忙活,真是感到无上光荣,也可以说是不负所学啊!”

中阿中心自成立后,在对阿拉伯国家中高级官员和学者研修培训、阿拉伯国家人才培养、智库研究以及对外宣传交流等方面取得了积极成果。2018 年 7 月,习近平主席在中国-阿拉伯国家论坛第八届部长级会议上发表讲话时专门提到:“我倡议成立的中阿改革发展研究中心运作良好,已成为双方交流改革开放、治国理政经验的思想平台。今后,中心要做大做强,为双方提供更多智力支持。”

三、中阿友好互联、文明互鉴的践行者

2010 年,上海世博会举世瞩目。其间,沙特场馆“月亮船”以其全球最大的异形巨幕影院和独特的“沉浸式”展示方式成了最具人气的场馆之一。据悉,该馆曾创下观众排队时间 9 小时的记录,总共吸引约 438 万人次参观。但鲜有人知的是朱威烈曾参与见证了“月亮船”的诞生。当初,沙特对参与上海世博会非常重视,在场馆筹建前,朱威烈恰好到沙特开会,负责世博会筹备工作的沙特城乡事务部的副大臣特意派出专车邀请朱威烈,当面请他帮助他们建好世博会场馆。场馆设计第一稿完成后,沙特方面又派人专门到上外征询朱威烈的意见。在认真看过全部设计稿后,朱威烈发现对方的设计只是突出了伊斯兰特色,设计本身虽然好,但显然是“跑题”了,于是他便直言不讳地指出了场馆设计者没有抓住上海世博会主题精髓的问题,并解释称,“‘城市使生活更美好’主题,强调的是城市建设和人的社会文化生活,你们这个设计介绍的是宗教生活,显然是跑题了”。朱威烈后来又应沙方要求,组织了专家研讨会,并向沙方提供了会议纪要。听取了朱威烈等专家的意见后,沙特方面重新进行了设计。最终,一个既彰显沙特伊斯兰文化特色,又兼具现代科技文明的“月亮船”呈现在了世人面前。后来,沙特将“月亮船”赠送给了中国,作为中沙友谊的象征。除了曾给沙特场馆建

设提出意见外,在整个世博会期间,朱威烈也一直在认真配合上海市有关部门的对阿地方外事工作。世博会闭幕以后,上海世博会外事工作指挥部专门致函朱威烈,感谢他在开展世博外事调研、研判国际热点问题、处置参展方展示政治敏感问题、参加重要外事接待等方面贡献的宝贵智慧,称他为世博外事工作的圆满成功作出了积极的贡献。

21 世纪以来,西方文明与伊斯兰文明之间不断爆发冲突,西方媒体关于中东伊斯兰国家和群体进行了连篇累牍的负面报道。2016 年,朱威烈在接受《中国日报》采访时就曾表示过,“中国和阿拉伯世界长期以来通过第三方、包括西方媒体了解对方,双方缺的就是直接交流”。他在自己的文章中也提出过:“研究中国与中东伊斯兰国家的关系总是应该从中国谈起和做起,不要等着他们来了解、理解中国的国情和政策,而应多采取主动,积极走出去交流,开展人文外交、公共外交。”

作为一位资深的阿语教授和阿拉伯文化的研究者,朱威烈一直在不遗余力地加深中阿两种文化之间的相互理解,增进中国与阿拉伯国家从官方到民间的交流。20 世纪 80 年代开始,他陆续担任过阿拉伯国家部长、议长、总统和国王等高级别访沪代表团的主译,并逐渐与阿拉伯国家各界建立了关系。1969 年,为对外宣传毛泽东思想,朱威烈亲身参与了上海电影译制厂《南京长江大桥》《熊猫》和《白毛女》等影片的阿文翻译和配音工作。20 世纪 70 年代初,中央提出翻译世界各国历史和地理著作的项目,上海承担了翻译非洲区域国别史的任务,其中北非阿拉伯国家的《阿拉伯马格里布史》翻译工作就落到了朱威烈的头上。为了完成好这项任务,他反复研读文本,大量查询资料,并亲自请教刘麟瑞先生,历时一年多的时间终于翻译完成,1975 年 9 月上海人民出版社正式出版了这本书。但当时为了不突出朱威烈个人,书在出版时署名是翻译组。不过,这次经历还是悄然开启了朱威烈的翻译之路。在此后的几十年中,他陆续翻译了大量有影响的阿拉伯文学和艺术类作品。他不仅被中国翻译协会评为“资深翻译家”,2015 年,沙特还专门授予其阿卜杜拉国王世界翻译奖,颁奖词写道:“朱威烈的卓越贡献,为中阿文化之间架起了一座交流的桥梁。”

党的十八大后,随着“一带一路”倡议下中国与阿拉伯国家合作的不断深化,中阿之间已经成为当代世界文明互鉴的典范。中国与阿拉伯国家在核能、航天、5G通信和生物医药等多个领域都建立了互利共赢的合作关系。在这些领域的合作中，由于中国在技术等方面具有优势，因此，往往在其中起到更重要的引领作用。与此同时，在朱威烈看来，阿拉伯国家的一些成果、经验也有值得我们学习和借鉴之处。上海自贸区项目自提出后就备受外界关注。在一次参加有关上海市自贸区建设的研讨会时，尽管没有被安排发言，但在会后朱威烈提出了“上海自由港建设可参考迪拜模式”的建议。在他看来，新加坡及中国香港的自由港模式固然有参考价值，但迪拜的自由港、自贸区分类更专业，特色也鲜明，上海派团调研考察既能拓展友好城市间的交往内容，也不会在东亚国家和地区引起不必要的猜测。他的建言很快受到市领导的重视，上海代表团不久即赴迪拜作专题考察。

多年来，由于朱威烈在中阿人文交流中的贡献，他本人获得了阿拉伯国家官方授予的多项殊荣，包括2005年的埃及高教部表彰奖、2006年的埃及文化部表彰奖，以及2008年由海湾合作委员会驻华使节委员会颁发的海湾合作委员会奖等。

展望未来，他深切地寄希望于中阿改革发展研究中心在中阿文明互鉴和人文交流方面能够发挥更大的作用，并就此提出了一些目标。一是遵照中国外交部倡导的要把中心打造成中阿共同公共产品的目标，他建议阿拉伯驻华使节们向中心捐赠各国的代表性文物，在中心设立一个阿拉伯文物馆。二是要落实习主席有关“今后，中心要做大做强，为双方提供更多智力支持”的重要指示精神，中心应加强中阿青年人才的培养。朱威烈为此曾专程赴京拜访阿盟驻华代表，为吸引更多阿拉伯学生来中心，攻读以中国“四史”为核心的当代中国学硕士、博士学位，让更多阿拉伯青年人有机会加深对中国的理解。三是在阿拉伯国家设立中阿中心分部，并与阿拉伯国家的相关中国研究中心建立关系，提升中阿中心在阿拉伯国家的影响力。四是与阿拉伯国家有关单位合作办刊物。五是在中阿中心设立翻译中心，推动中国学者著作在阿拉伯国家的出版。朱威烈多年来一直致力于把中国著名的阿拉伯语和伊斯兰研究的大学者介绍到阿拉伯国家去，令他欣慰的是，他积极组织翻译、推荐的《马坚传》和《刘麟瑞传》等著作目前已经在阿拉伯国家付梓问世。此外，他还畅想能够在阿拉伯国家召开关于中国译作的专门研讨会,为讲好中国故事而服务。

四、余音:师道传承,希冀汉回学者共谱“伊斯兰教中国化”理论篇章

回顾近60载治学之路,朱威烈一直感恩于早年北京大学众多学养深厚的老师对他的教诲与提携,尤其难以忘怀马坚先生、刘麟瑞先生等几位回族老师的传道授业解惑之恩。我国早期的阿语教育事业一直依靠本土的穆斯林老师,其中,马坚先生、纳忠先生等一批回族学者在中国阿语教育事业发展过程中的贡献尤为醒目,他们开辟了中国阿拉伯语教学的新时代,使阿拉伯语在中国教育史上首次进入高等学府,这对阿语在中国的发展产生了深远的意义。在这些回族大学者身上,朱威烈感受到了爱国热忱和信仰虔诚的高度和谐统一。当年,他们急国家之所急,全心全意地投身于阿语人才培育事业,有教无类,对汉、回、朝鲜以及其他各民族的学生一视同仁,培养了一批又一批在外交、经贸、文化、新闻以及研究等领域为国服务的阿语人才,其中绝大多数是像朱威烈这样的汉族学生。中国的历史是中华各民族人民共同创造的结果,中华文化也一直保持着多元一体的格局,在建设更加灿烂辉煌的中华文化的新历史时期,也仍需要各民族的共同参与和努力。朱威烈常为自己曾受教于马先生和刘先生等新中国第一批回族阿语先师感到庆幸和荣耀。

党的十八大以来,中国改革开放事业更上新台阶,新时期,中国特色的理论创新正在不断突破和完善。朱威烈一生为之奋斗的阿拉伯语言教育和中东研究事业也随着中国哲学社会科学事业的大发展,以及中国对中东国家外交事业的蒸蒸日上而取得了前所未有的成绩。展望未来,中国特色的阿拉伯学构建与伊斯兰教中国化的理论探索依然任重而道远。朱威烈坚信,这些理论研究需要我国汉回学人精诚团结、和谐合作,方能结出更丰硕的果实。他本人一直念念不忘五位回族老师对他的教导之恩,并以同样培养五位回族学生的方式回馈老师们的深情厚谊。如今,朱威烈的几位回族门生,丁俊教授、金忠杰教授和马丽蓉教授都已成为中国伊斯兰研究领域的中坚力量,并在中国对阿关系

中发挥着积极的作用。朱威烈早已可放心将从先师手中继承的学术衣钵传承高足,他曾再三叮嘱学生们要好好做研究,为国家的需求服务,为伊斯兰教中国化以及促进中阿文明交流互鉴而勉励工作。

2023年4月,中国翻译协会授予朱威烈“翻译文化终身成就奖”。该奖设立于2006年,授予在翻译与对外文化传播和文化交流方面作出杰出贡献、成就卓著、影响广泛、德高望重的翻译家,是中国翻译协会设立的表彰翻译家个人的最高荣誉奖项。朱威烈在获奖感言中感怀深厚地说:“年届耄耋,有幸获得中国翻译协会2023年‘翻译文化终身成就奖’,真是不胜感奋!作为一名阿拉伯语工作者,能为新中国的外事外交服务,恪尽职守,推动中阿文化文明交流合作,是我初心使命题中应有之义;作为高校教师,教书育人,潜心治学,为建设中国特色一流学科和国家级智库建设服务,是我始终坚持践行的努力方向。今天能荣膺此殊荣,由衷感恩的是正进入现代化建设崭新时代的伟大祖国,感谢培养我学习阿语专业的北大母校及各位师长,感谢我执教58年的上海外国语大学历届领导、同事和学生,也感谢包括上海翻译家协会在内的我担任过副会长、理事等社会兼职的各学术团体对我的长期支持和关爱。”

(校对:谢百盛、陆祎璐)

智库动态

地缘政治与气候政策创新

蒋狄青*

2014年10月27日，习近平总书记在中央全面深化改革领导小组第六次会议审议了《关于加强中国特色新型智库建设的意见》，他指出："要从推动科学决策、民主决策，推进国家治理体系和治理能力现代化、增强国家软实力的战略高度，把中国特色新型智库建设作为一项重大而紧迫的任务切实抓好。"（周洪宇、付睿，2019）。习近平总书记的指示极大地鼓励和推动了中国智库的发展。自2014年以来，中国智库发展迅猛。根据美国宾夕法尼亚大学"智库研究项目"（TTCSP）研究编写的《全球智库报告2020》，中国在2020年拥有1 413家智库，仅次于美国。为各级政府和企业建言献策，提供解决方案，起到了良好的作用（黄菲、史虹，2016）。"智库"（think tank）一词来自西方。按照美国学者的定义是"独立的、非利益导向的、非营利性的组织，它们产生并主要依靠专业知识和思想来获得支持并影响政策制定过程。在运作上，智库作为非营利组织，研究并传播有关公共政策问题的研究和想法。在政治上，智库是积极进取的机构，积极寻求最大限度地提高公众的信誉和政治接触，以使他们的专业知识和思想能够服务社会服务"（Andrew

* 蒋狄青，上海市现代管理研究中心研究人员、《现代管理》编辑。

Rich，2004:11—12)。

智库在欧美国家决策过程中起到了相当大的作用。许多大型智库具有多重功能。第一是提供决策思想和依据。大型智库的研究多具有前瞻性和战略性,对于执政党决策产生深远影响。民主党主要依靠布鲁金斯学会和美国进步中心等智库,而共和党依靠传统基金会、美国企业研究所等大型智库。第二智库也是决策官员预备队。每次换届,大部分政务官员乃至行政性官员也分别是从智库中提拔,保证执政团队的专业性。例如特朗普当选,传统基金会、企业研究所和胡佛研究所都有人员进入内阁。第三,智库同时也是一个影响民意的宣传机构。智库研究绝非纯粹的研究,他们不仅要从事严谨研究,也要宣传政策。智库清楚他们的读者和听众是聪明的外行人,所以他们的写作风格简单明了,不会有太强的“学术味”。一个标准的智库,至少三分之一的工作人员从事文宣工作。他们编辑、出版和发行期刊和小册子、维护网站、摄制重要会议和活动的视频、协调各大媒体以及安排智库专家接受访谈和发表文章等。第四,智库是行动者和实验者,它们的研究人员大都从事过实务,在地方上和国外开展政策实验。第五,智库还是动员组织。大多数智库都有特定财团支持,都有固定的支持群体,他们都会定期向支持者发送各类资料,强化粉丝的支持,获得更多捐款。现在社交媒体的蓬勃发展,使得智库能够更为准确和廉价地推广理念,渗透到底层,动员了之前无法鼓动的人群,从而为各自政党提供支持。

由于智库在公共政策的决定过程和在社会上都产生了广大的影响力,所以有必要了解它们的研究动态,从而理解它们的政策,尤其是对中国的外交战略。本文特别选择编译美国和欧洲大型智库的一些研究文章,以帮助读者了解欧美最新的政策动态。本文选择对民主党拜登政府影响最大的两大智库的政策报告。一份是美国布鲁金斯学会前“中国倡议”项目主任杜如松在所著的《长久博弈》中提出的对华政策,另一份是美国进步中心环境保护专家的绿色债券的政策建议。

一、布鲁金斯学会:杜如松的《长久博弈》

2021年初,拜登入主白宫。大多数观察家预测中美关系会有所缓和，即便不是出现逆转，回到过去，也不会继续对立。可是，现实多少出人意料。拜登政府对华政策和特朗普相比，许多重要政策区别不大，比如没有取消或者降低关税，在有些领域甚至更加激进、更加对立。拜登准备如何解决前任遗留下的复杂外交关系？是萧规曹随甚至愈演愈烈，还是软化立场重回合作，抑或僵持不下？进而言之，拜登政府的决策理论依据是什么？他们对中国认知如何？应该如何面对中国的挑战？围绕着这些问题，一时间议论纷纷。在此背景下，2021年，布鲁金斯学会在其官方网站上完整地刊登杜如松最新出版的专著《长久博弈》的导言部分(Doshi，2021)。这种相当罕见的做法，表面上是布鲁金斯的政策建议，但其影响远非如此。很多人认为，杜如松的观点实际上勾勒了拜登政府对中国的态度和政策取向，在一定程度上确实如此。布鲁金斯可谓民主党政府的中央政策研究室。杜如松本人曾经在布鲁金斯学会担任“中国倡议”(China Initiative)项目主任，在民主党重归白宫后担任了国家安全委员会中国事务主任，操刀设计对华政策。正是由于布鲁金斯学会的背景，杜如松的著作一下子引起了华盛顿智库、海内外学术界、外交界和媒体极大的关注。诸多专家学者和官员纷纷发表意见。陆克文认为他的专著有其特殊价值，指出“《长久博弈》呈现了中美关系辩论中在很大程度上长期忽视的东西”。美国前助理国务卿谢淑丽更是推崇备至，评价该书是“研究中国领域的经典之作，成为每个试图了解美国对华最佳战略人士的必读之物”。因此，杜如松的想法不仅仅是民主党的拜登政府对华思维和政策，同时也为日后共和党政府提供了最为系统的文本。《长久博弈》类似于乔治·凯南的八千字长文电报，不仅详细地分析了中国政体及其行为模式背后的动机、策略和结果，从地缘政治角度重新界定和中国关系，而且相应提出所谓不对称战略的大战略及具体应对策略。

在《长久博弈》中，杜如松首先从主观动机、客观实力、国际关系结构和中国过去的行为等方面考察，认为中国是美国前所未有最大的竞争者。第一，中国是一个信仰共产主义的国家，不是之前的威权主义国家。杜如松引用了近三十年中国历届领导人各个时期讲话，指出中国政府有效杜绝了各种和平演变和“颜色革命”。第二，中国国力规模和体量巨大。从历史上看，从来没有其他国家国民生产总值达到美国的

60%,德国、日本和苏联即便在各自鼎盛时期,都未及美国的一半,而中国在2014年就跨越了这一里程碑式门槛,如按照购买力计算,中国的经济规模甚至超过美国经济规模。第三,中国的政体具备比美国更为强大的动员能力,能够有效整合政治、经济、社会、文化和科技实力。第四,中美的竞争在很大程度上围绕着一个问题,即谁将领导区域和全球秩序?谁能从这一领导地位创造什么样的秩序?因此,中美之间在全球的竞争,即便不是在所有地方,但是大体上这是一个零和游戏,本质上是一个等级秩序的竞争。第五,中国具有长远的战略规划,逐步挑战美国。虽然,白邦瑞所谓百年马拉松并没有得到主流学界认可,但是杜如松认为从过去四十多年的模式中,可以判断中国战略目的和行为的一致性。他认为1989年、2008年和2016年是三个时间节点,中国采取的不同行为并非他们认可世界主流价值,而是出于对美国实力的认知变化。

与其他中国问题专家多少不同,杜如松清晰地勾勒出"中国秩序"的特点。在他看来,"中国秩序"指的是:在区域层面,中国要占亚洲整个国民生产总值(GDP)和亚洲地区所有军费开支的一半以上,使该区域逐渐成为中国影响范围。一个完全实现的"中国秩序"包括美军从日本和韩国撤军、美国区域联盟的终结、统一台湾以及解决东海和南海的领土争端。在全球层面,中国将抓住"百年未有之大变局"机会,提供新的国际规则。中国主导的秩序将跨越亚洲的"势力影响区"以及发展中世界的"局部霸权",逐渐扩大到包括世界工业化中心。这个过程多少类似中国一些广受欢迎的作家把这种图景描画成遵从毛泽东革命指导,"从世界各地农村包围城市"的过程。具体来说,"中国秩序"锚定在中国的"一带一路"倡议及其人类命运共同体中,特别地,"一带一路"倡议计划建立起强制、共识诱导和合法性三位一体的控制网络。

面对中国的多层次全方位的竞争和挑战,杜如松认为美国需要相应的大战略。他定义大战略为"一个国家如何实现其战略目标的理论"。要达到意图明确的战略目标需要协调军事、经济和政治等多种治国手段加以实施。那么,美国需要采取什么样的战略来应对中国呢?杜如松认为中美竞争形势绝非当年美苏可比,因此主张采用不对称战略应对中国的挑战。所谓不对称战略,就是用较低的投入最大程度消耗对手的资源，最终赢得胜利。一个多世纪以来，美国遭遇到许多竞争者，但是无论是德国、日本还是苏联，国民生产总值都没有达到美国60%的门槛。但是，中国在2014年就悄然跨越了这个门槛，未来数年，中国的经济规模超过美国指日可待。如果考虑到新冠肺炎疫情的影响，预计2028年中国就将赶上美国。不仅如此，中国独特的体制在动员能力方面具有优势。中国可以通过国有企业和大型民营企业主导经济。相比之下，美国对其经济基础和资源的控制力要小得多，其公共债务水平已经很高。自第二次世界大战以来，由于2020年的流感大流行，公债首次超过整个美国经济规模。尽管由于渴望美元地位和安全资产，利息支付仍然相对较低，但是公债有关支出与强制性非自由裁量性支出相结合会进一步挤压财政战略竞争空间。强制性非自由裁量性支出占国内生产总值的比重越来越大，很难通过公共政策进行调整。因此，美国无法像当初应对苏联那样，通过军备竞赛等巨大的资源消耗游戏取得胜利。不对称战略不但有必要性，也有可行性。他认为中国现在正在积极建设自己的国际战略，由于建立秩序困难重重且成本高昂，破坏秩序却轻而易举，所以美国只需要同步跟进，就可以找出最佳低成本应对策略。同样的，如果在某些情况下，重建美国秩序成本要低于中国削弱美国的努力时，美国就要积极建立秩序。

具体来说，杜如松提出在军事、经济和政治领域采取不同措施来迟滞中国的崛起。首先，他认为在军事上，美国要借鉴中国的做法，发展低成本的反制能力，遏制中国在太平洋的军事影响力。美国要优先打造“反制威慑”或“无人海战”系统，大幅度增加中国在台湾海峡或东海和南海的两栖作战的难度。此类武器包括远程精确打击、无人舰载攻击机、无人水下航行器、具有大型导弹有效载荷的潜艇、高速打击武器以及地雷等，这些武器成本较低，能够有效对抗中国花费巨额资金研发出来的先进且昂贵的武器。同时，美国通过培训和定期的联合军事演习帮助东南亚国家学习“区域封锁、远程火力、网络攻击、电子战和机动防御”等新战术，从而拉拢盟国和伙伴一起介入区域拒止作战。在经济上，杜如松主张美国通过积极参与中国主导或者具有影响力的多边经贸协议，增加话语权，从而减弱中国的影响力。杜如松尤其主张美国参加中国的“一带一路”项目。“一带一路”中的基础设施建设与美国的利益本来并不冲突。由于中国的建设,东南亚国家会增强自己的基础设施,这其实会便利美国加快从中国转移制造业到其他发展中国家,重组供应链。美国加入"一带一路"会提升相关项目多边化和透明化,降低许多基建项目的贷款条件。比如,许多发展中国家在重大基础设施项目的尽职调查方面缺乏经验,不知道如何谈判和利用贷款。美国可以帮助培训"一带一路"国家专业人员,避免常见陷阱,有利于这些国家获得较好的贷款条件。同时,美国也可以与合作伙伴合作,为具有战略潜力的项目(如两用港口项目、海底电缆、机场)提供替代性融资,或者参与中国项目,通过项目资金多边化,确保美国利益。

在政治上,美国要积极参与区域和全球性组织,抵消中国日益增大的影响。就区域组织和机构而言,这些组织不仅包括传统的亚太经合组织和东盟区域论坛等多边组织,而且也包括亚洲基础设施投资银行(亚投行)和亚洲相互协作与信任措施会议,通过参与来制定整个亚洲的经济和安全规范。在这些组织和机构中,美国要提倡参与进程多元化和开放化,支持其他亚洲国家在此类区域组织中发挥更大作用。与此同时,美国需要特别重视联合国组织。2019 年版《中国外交》白皮书中明确指出,"联合国是全球治理体系的核心"。中国目前在 15 个联合国专门机构中的 4 个机构中处于领导地位,远远超过其他国家。美国需要改变过去的疏忽和忽视。如果中国提出其候选人并花费巨大资源支持其选举时,美国可以以很小代价起到抵消作用。

在削弱中国影响的同时,杜如松提出美国也要投入资源重建或者强化传统的美国秩序,帮助美国拉拢更多盟友、分散成本,从而更为有效对抗中国。他的政策建议包括在军事上增加印太地区的军事基地,政治上建立新的联盟组织,经济上重新组织《跨太平洋伙伴关系协定》,打造欧美国家主导的供应链等。

纵览全书,杜如松的分析和建议并非独家之言,之前出版的白邦瑞《百年马拉松》中也有相同的判断,但是,杜如松不像白邦瑞那样采取直觉式,用情报界不可证实的信息分析中国。他收集了大量文献,细致扎实论证了他的看法,因此他的观点远为系统、严谨和可信。陆克文说"他从历史的角度洞察中国体制和战略的本质"绝非恭维之语,《长久博弈》确实比起传统的国际政治著作更加具体,为跨越两党、制定两党对华战略奠定了理论基础。更为重要的是，该书反映了年轻一代知华派的崛起。长期以来，美国对华战略的主持者大都属于老臣谋国之士，比如基辛格和布热津斯基等。特朗普一届，对华关系不再由出身科班学术界之人主导，转而由情报界和实务界中富有经验之人操刀。虽然他们在具体问题上突破传统，但他们缺乏理论基础，多有头痛治头、足痛治足之举。如今，民主党回归白宫，不遗余力从学术界中拔擢精英，杜如松等年轻新锐在理论上和策略上都弥补对华认知的缺失。进而言之，杜如松等新一辈学者之所以能够产生新思维，超越老一辈的理想主义，在现实主义和历史经验中重新审视中国，在很大程度上是因为他们具有有别于传统的知识结构。杜如松等在普林斯顿和哈佛等名校从事东亚研究，他们与其说受到国际政治训练，还不如说受到了严格的历史学训练，尤其是受到新清史等学派影响。因此，他们学术思想上不会拘泥于共产主义、威权主义和资本主义等意识形态窠臼。相反的，他们更多接受白鲁恂的判断，认为中国是一个披着国家外衣的文明，一个用大一统体制控制不同地域族群的帝国。由此出发，他们着力地缘政治视角，采取不对称战略，在各个地区各个领域，利用低成本干扰中国国家能力建设，尽最大可能消耗中国资源，在竞争中取得优势。

综上所述，面对新一代知华学者，中国学者也须作出调整，在新的地缘政治理论基础上，突破传统思维，尝试提出相应策略。

二、绿色债券：气候政策的制度创新

美国进步中心（CAP）是总部位于华盛顿特区一个公共政策研究机构，成立于2003年，是民主党最重要的智库之一。首任总裁兼首席执行官约翰·波德斯塔曾担任美国总统比尔·克林顿的白宫办公厅主任并负责2016年希拉里·克林顿总统竞选活动。历届民主党政府中都不乏进步中心研究人员，他们起草的政策建议多被采纳。因此，在2008年11月，《时代》杂志称美进步中心“自从1981年传统基金会（Heritage Foundation）帮助指导罗纳德·里根政策大调整以来”最具影响力的智库，地位几乎与布鲁金斯学会不分伯仲。

相对于其他智库侧重于研究意识形态、国防安全等政策，进步中心偏向于内政和气候政策,提出了许多颇有创意的政策主张。鉴于气候变迁已经成为各国关注的重要问题,本文介绍了进步中心学者凯文-迪古德提出的绿色债券方案。

随着全球气候的变化,越来越多政府、金融机构和企业利用资本市场的结构和效率来减缓气候变化和适应气候变化,并促进环境保护和环境正义。专业人士将任何产生明显环境效益的项目和活动的投资称为绿色金融,其运作逻辑在于给符合特定绿色标准的项目贴上绿色标记,鼓励投资者把资本投向具有进步的、环保、社会和治理意义的绿标项目。绿色金融有许多工具,而最重要的一种工具是绿色债券。根据穆迪定义,绿色债券指的是"为具有特定气候或环境可持续性目的并具备固定收益的项目融资或再融资",它是除了银行贷款和股权融资之外另一种长期支持绿色基础设施的融资渠道。

世界上第一只绿色债券是欧洲投资银行在 2007 年向欧盟 27 个成员国投资者发行的"气候意识债券"。此后,世界银行、欧洲投资银行等多边开发银行、各国地方政府和公司也纷纷效仿。根据彭博社数据统计,截至 2020 年 11 月,全球金融市场绿色债券的发行规模已达到 2 911 亿美元。其中,亚太地区的发行量增长最为迅速,接近欧洲和北美洲的发行量。

虽然绿色债券增长迅速,可是由于存在多种绿色贴标标准,各自科学基础不尽相同,所以绿色债券项目实际环保效果千差万别。目前,基本上有三种绿色贴标体系:国际资本市场协会(以下称 ICMA)的绿色债券原则(GBPs)、欧盟的绿色债券标准和相关的经济活动分类法和技术筛选标准(TSC)、气候债券倡议组织(CBI)的气候债券标准。凯文-迪古德一一分析了三种体系,认为各自存在不同的问题。国际资本市场协会的绿色债券原则(Green Bonds Principles,以下简称 GBPs)是最常用的绿色债券贴标框架。根据穆迪的说法,"绿色债券一般都是根据一套被称为绿色债券原则的自愿准则或框架来发行的"。ICMA 表示,其 GBPs"是自愿的程序准则,在绿色债券市场发展中推进信息披露、保持透明度并促进诚信"。GBPs 包含四个核心部分:收益的使用、项目评估和拣选过程、收益管理以及报告。GBPs 认为,广义上环境保护目标一共有五个,即缓解气候变化、适应气候变化、自然资源保护、生物多样性保护以及污染预防和控制。资助的项目只要能满足其中一个就符合绿色债券标准。为此，ICMA 列出了从可再生能源到绿色建筑等十大类项目类别。不过，ICMA 承认十大类项目类别并非完全涵盖所有绿色项目，换言之，环境目标和项目类别是非常灵活的，只要发行人说明他们发行的债券将以某种方式解决气候变化和可持续性问题，就可以当作绿色项目。这种灵活性受到了诸多发行者的欢迎，但是这种自我认证的绿色贴标过程大大便利债券发行人利用绿色贴标来堂而皇之从事洗绿活动，造成了许多低效的绿色项目。

相比之下，欧盟的绿色债券标准与相关经济活动分类法和技术筛选标准（TSC）要严格得多。欧盟绿色贴标规定了六个目标，包括减缓气候变化、适应气候变化、可持续利用和保护水和海洋资源、过渡到循环经济、预防和控制污染和保护和恢复生物多样性和生态系统。欧盟采用按照技术筛选标准（以下称 TSC）来划分绿色经济活动。具体来说，TSC 包含三个要素：首先是必须要显示某类活动如何应对气候变化的基本机理，其次是要有衡量绩效的指标，最后是设定符合可持续发展标准的最低门槛。TSC 非常成功地将环境目标转化为具体的、可衡量的环境绩效标准，供债券发行人和购买者辨识真正可以推进可持续发展的经济活。例如，TSC 草案为公交车辆设立了一个排放门槛。如果一个公共交通管理机构想融资购买新的公共汽车，根据欧盟分类法和公共交通的 TSC 草案，搭乘这些车辆的每名乘客每公里排放的二氧化碳（CO_2）当量必须不超过 95 克。由于欧盟分类法采用了严格的科学基础、遵循了 2015 年的《巴黎协定》和追求实质性的环境绩效标准，它们避免了自我认证的陷阱，大大减少了洗绿的可能性，从而建立了一个比 ICMA 的绿色债券原则更为有效的绿色债券贴标框架。然而，欧盟绿色贴标体系并非完美。凯文-迪古德指出它的一个弱点是缺乏社会目标，没有将社会和环境正义目标纳入 TSC 要素中。

气候债券倡议组织（CBI，The Climate Bonds Initiative）是一个关注绿色项目投资者的非营利机构，其使命在于促进大规模投资全球低碳和气候适应型经济转型项目。CBI 于 2011 年底发布《气候债券标准》（CBS，Climate Bonds Standard）的 1.0 版本，随后经过多次修订，最新一版是 2019 年 12 月发布的 3.0 版本。表面上，气候债券标准与国际资本市场协会(ICMA)的绿色债券原则有许多类似地方。两者都是以实现《巴黎气候协定》为最终目标,旨在确认那些快速过渡到低碳和适应气候变化的项目和资产。但是,CBI 的气候债券标准认定过程要严格和复杂得多,包括严格要求一系列与组织治理、财务控制以及发行前后信息披露有关的程序。发行人必须陈述其环境目标和整体项目的意义、收益的预期用途、项目选择过程、债券收益的管理、跟踪和分配机制、计划和环境绩效的实施过程以及其他许多要素。

尽管从绿色债券原则到气候债券标准,绿色贴标体系取得了相当大的进步,但是凯文-迪古德认为依然存在各种问题。他指出许多绿色债券框架虽然包括了以气候科学为基础的环境绩效标准,但没有考虑到与社区参与有关的环境正义绩效标准。此外,目前的绿色债券贴标方法是二元的,要么债券符合绿色标准,要么就不是绿色债券。这种二元化的贴标方法无法从众多只能产生少量环境效益的项目中识别具有特殊环保效益的项目。

有鉴于此,凯文-迪古德提出在绿色债券贴标中增加等级排名体系,以便减少洗绿现象,提供单个投资者更多透明信息供其作出明智决定,并允许机构投资者设计更复杂的投资组合和产品。

凯文-迪古德的绿色债券排名主要考察四大因素。首先是治理能力、财务控制和报告。迪古德认为要审查发行公司的结构和决策过程、确定项目资格的过程、设定影响目标的框架、衡量与具体项目及目标相关的结果以及定期呈报项目影响报告。公司运作越是规范,评分越高。

其次是拟议融资活动的广度。气候变化是一个复杂的、多方面的问题,一个绿色项目往往可以产生多重影响,有的可以缓解或适应气候变化,有的则是恢复生态,还有的可以预防和控制污染等。一个项目所能达成的影响越多,评分越高;反之,越是单一,分数越低。

再次是预期环境绩效的程度。它侧重于整合各类量化绩效指标,无论是法律或法规中规定的指标,还是作为绿色债券贴标框架的指标。迪古德特别列出了社会或环境正义方面的量化指标。它包括在弱势社区建造的符合韧性城市标准的住房数量,在环境正义社区减少的污染量,为低收入家庭节省的能源费用,等等。

最后是发行人使用的绿色债券框架的科学依据。迪古德的排名允许项目采用不同的环保科学依据。最低标准就是遵循当地政府的环境监管政策,最高的则是接受以气候科学为基础的《巴黎协定》标准。所资助的活动的绩效指标超过监管最低标准越高,则评分越高。

基于上述四大因素评估,迪古德分别给绿色债券授予金牌、银牌和铜牌认证。铜牌的标准最低。只要产生一种环保影响,满足最低限度的环境监管要求且保持适当的治理、财务控制和报告就可以获得铜牌。银牌则要求一种以上的环保效果,所产生的环保绩效至少比监管标准或框架标准提升20%。要达到金牌则标准高得多,比如环保绩效比监管标准或框架标准提升50%,至少包括环境正义在内的三类以上的环境效益,债券发行后至少有10%的收益用于改善上述每类环境效益等。

显然,迪古德的绿色排名体系弥补了部分主流绿色债券评估体系的不足。通过超越传统的二元对立的贴标方法,绿色债券排名为投资者提供必要的信息,确保资本流向最可持续和变革性的项目和计划,从而促进绿色债券市场健康成长。

(校对:陆祎璐、谢百盛)

参考文献

黄菲、史虹:《中国特色新型智库核心能力实证研究》,《全球科技经济瞭望》2016 年第 1 期。

周洪宇、付睿:《以创新之为推进新时代智库建设》,《光明日报》2019 年 1 月 21 日。

Doshi, Rush., 2021, *The Long Game: China's Grand Strategy to Displace American Order*, Oxford: Oxford University Press.

Rich, Andrew, 2004, *Think Tanks, Public Policy, and the Politics of Expertise*. Cambridge: Cambridge University Press.

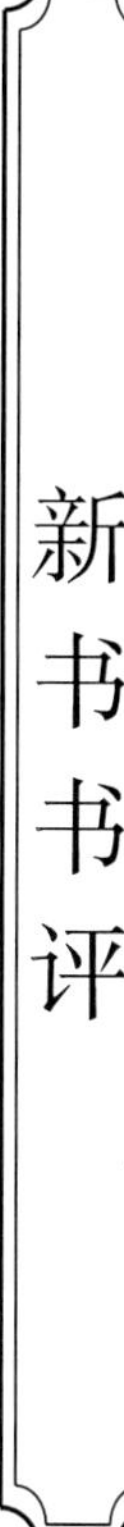

新书书评

从信任机制到市场价值

——评《区块链赋能多层次资本市场》*

谢　锋**

区块链技术是随着第一种数字货币——比特币的诞生呈现在公众面前的。这使得区块链天然地被打上了金融的烙印。经过十几年的发展,区块链的技术形态也变得日益复杂与多样化,国内外众多的金融机构争相投资区块链项目,将其视为重要的未来金融基础设施。然而这项技术究竟能为金融市场带来何种价值,却仍然难以被公众乃至金融从业者所理解。

区块链最令人印象深刻的技术特征是"去中心化",这同时也是区块链最饱受质疑的方面。作为金融市场两大组成部分之一,资本市场在其数百年的发展史中,其市场组织模式可以被认为是一个逐步走向标准化、中心化的过程。这包括交易品种本身的标准化;交易模式从双边询价模式,到报价驱动的做市商模式,再到订单驱动的集中撮合模式;交易场所从经纪人的办公室、咖啡厅,甚至路边的马车等场外交易,到以交易所为中心的场内交易。那么是什么原因驱动资本市场的组织模式走向标准化和中心化? 区块链技术把"去中心化"的市场组织模式

* 丁竞渊、王一军、应晓明:《区块链赋能多层次资本市场》,中信出版社 2021 年版。

** 谢锋,甬兴证券研究部研究人员。

重新带回我们面前,是否违背了市场发展的历史规律?要回答这些问题,我们必须回到“是什么从根本上赋予了一个市场的价值”这一本质问题,从历史和辩证的角度进行探讨。

《区块链赋能多层次资本市场》正是这样一本视角独特的著作。通过回顾东西方资本市场的发展历程,作者认为一个市场的价值取决于两个方面:市场信息传播的边界,以及支撑市场交易的信任机制。诚然,只有在信息可达的范围内,才有达成交易的可能;除非具备最起码的信任机制,交易才可能持续地发生,这时才能称之为名副其实的“市场”。资本市场在历史上向标准化、中心化的组织模式发展,正是出于建设范围更大、信任机制更完善、更具价值的市场这一目的。信息技术的发展路径在这一过程中起到了决定性的作用,以交易所为核心的场内市场正是以中心化处理为特征的技术机制在市场组织模式上的体现。然而,高度标准化的场内市场并不能满足那些个性化、定制化的投融资和风险管理需求,在多层次资本市场体系中仍然存在着许多采用非中心化组织模式的场外市场。遗憾的是,由于缺乏“信任中心”,场外市场的市场信任机制并不完善,在信用风险管理和监管方面存在诸多挑战。区块链技术的设计目标是解决“如何在一个不可信的环境下建立信任机制”,其去中心化特征与场外市场天然契合。作者认为区块链技术之于资本市场的核心价值,在于提供一种可以从根本上完善场外市场的信任机制。在多层次资本市场体系中,无论是用中心化模式完善场内市场,还是通过区块链技术完善场外市场,其实是殊途同归,背后的驱动因素具有内在一致性。

在过去两百年中,信息技术是驱动资本市场组织形式逐步走向标准化、中心化的重要力量。这是因为信息技术的进步不断地扩展了市场信息传播的边界,让发生在不同地区的交易可以集中在金融中心的交易所中同步地执行,从而形成更具价值的金融市场。19 世纪 30 年代费城和纽约之间的旗语线路,让纽交所的开盘价格可以在 30 分钟内传到费城,而此前通过马车则要一个星期。1866 年建成的大西洋电缆则让世界上最大的两大资本市场——伦敦和纽约——直接联系到一起。计算机和互联网的出现和应用更让资本市场发生了根本性的改变。例如,美国资本市场的重要组成部分纳斯达克,本身就源自“美国证券交易商协会自动报价系统”。这实际上是一个连接各地交易商柜台系统的计算机网络，专门处理那些不在交易所挂牌的证券信息。时至今日，纳斯达克已经从一个场外交易系统彻底转变为一个世界级的证券交易所，其本身也是资本市场向中心化组织模式演进的一个例证。

那么为什么信息技术的应用促进了资本市场朝标准化、中心化的方向发展，而不是相反呢？这实际上和计算机系统的信息处理方式相关：信息处理的结果对处理次序是严格依赖的，任何中间状态的错误必然导致结果的错误。面对大量的、随机出现的、发生时间相互重叠且数据访问和资源占用彼此交织的信息处理请求，最重要的任务就是确保处理过程中数据状态的严格一致性。从计算机操作系统对进程的调度，到数据库系统对访问请求的响应，几乎所有算法进行的都是同一项工作：排队。在所有算法的目标中，排在第一位的永远是一致性，不同算法的差异仅仅体现在对吞吐率、响应时间、资源利用率等其他目标的侧重上。为了确保一致性，将数据状态集中进行管理，实现所有操作的全局同步是最为常见的做法。

在资本市场中，交易需求的出现也是随机的。随着市场信息覆盖范围的扩大，哪怕在一个极小的时间片段内，也可能出现大量的交易请求。而且买卖双方可能相距甚远，素未谋面，即使完成了交易也不知道自己的交易对手到底是谁。此时如果不能确保交易信息的一致性，就会导致各种交易风险，最常见的就是“一货多卖”或者“一钱多花”。可见对市场信任机制而言，交易信息的一致性也是最基础的要求。无论从技术还是管理的角度看，将交易集中起来执行无疑是获得这种一致性最有效的方式，或者说至少在区块链技术出现之前是如此。

集中执行交易带来的一个技术性要求是实现交易品种和交易流程的标准化，这样才能高效地批量处理海量的交易请求。而标准化也有利于满足资本市场最重要的功能之一：“价格发现”。这是因为交易越频繁，流动性越好的交易品种，被操纵的可能性就越小，其价格就越接近于公允价值。除了交易品种和交易流程外，以交易所为中心的资本市场还实现了市场参与者信用水平的标准化。要知道，决定交易的不仅仅是价格，还包括交易对手的信用水平，而市场参与者的信用水平其实是参差不齐的。现代证券交易所普遍实行会员制，证券公司、期货公司等经纪商以交易所会员身份拥有交易席位。普通投资者并不能直接参与交易所的交易,而必须通过经纪商接入。各经纪商拥有相关资质,向交易所缴纳保证金;登记结算公司和托管银行分别管理投资者的证券和资金。在交易所、登记结算公司、托管银行和经纪商的信用背书下,投资者无须关心自己的交易对手是谁,同一个交易请求与多少个对手发生了交易,也不必担心自身的交易安全。可以看出,正是出于建立可靠的市场信任机制的需要,使得中心化、标准化的场内市场组织模式逐步成为资本市场的主导模式。

然而,中心化的市场组织模式并未成为资本市场的唯一形式。无论在高度发达的西方资本市场,还是日趋成熟的新兴经济体资本市场,场外市场仍然占有巨大的交易份额,甚至还在进一步扩大。这说明仍然有大量的投融资需求并不能通过高度标准化的场内市场得到满足。2022 年初发生了轰动全球的“青山镍逼空”事件。3 月 7 日,受国际局势影响伦敦金属交易所(LME)的镍合约上涨了 70%,青山控股持有的 20 万吨空头合约因可能无法按期交割导致数百亿美元损失的风险。公开资料显示,青山控股是镍产量占全球五分之一的世界巨头,本应受益于镍价上涨,却因为无法完成镍交割而可能招致巨亏,这实在让人匪夷所思。核心原因在于 LME 镍合约是以“高纯镍”为标的,而青山控股持有的“高冰镍”无法满足 LME 的交割条件。事实上,大宗现货生产商利用期货空头进行套期保值,规避现货价格下跌的风险是极为常见的做法。即使是现货商手中的现货与交易所的交割品种有差异,但由于相近商品的价格走势是同方向的,正常情况下也是安全的。然而在此次事件中,青山控股遭遇了不得不进行实物交割的极端情形。暂不讨论此次事件是国际资本恶意逼空的可能性,单就 LME 的镍期货品种而言,并不能为青山控股提供真正满足其需求的套期保值功能。如果青山控股持有的是一份以“高冰镍”为标的的场外远期或场外期权合约,情况就会完全不同。

即使是在常规的市场条件下,仍然存在许多个性化、定制化的投融资或风险管理需求。这些需求包括特殊的或非标准化的交易品种、特定的期限和特定的风险收益结构等等。近十年来,我国一直强调发展多层次资本市场,以及资本市场要服务实体经济,这两者具有内在一致性。建设面向不同领域、采用不同市场组织模式、交易不同品种的市场、形成多层次资本市场体系就是为了满足差异化的市场需求。而与实体经济结合越紧密的需求，就越具有个性化、定制化的特征，这就需要在各类场外市场进行交易。当前，银行间市场、场外衍生品市场、各区域性股权市场、各大宗商品现货市场等具有场外交易特征的市场，与各大交易所场内市场共同构成了我国多层次资本市场体系。

然而不可否认的是，当前场外市场的规范管理水平还远远滞后于场内市场，这体现在市场透明度、交易执行效率、数据治理水平、风险管理水平和监管措施等方面。由于缺乏交易所这样的“信任中心”，场外市场普遍采用基于双边授信的询价交易、双边清算模式。因此场外市场的组织模式天然是非中心化的，不具备统一市场参与者信用水平的条件。这使得在场外交易中必须关注场外市场特有的交易对手方信用风险（CCR）。事实上场外交易中发生信用风险并不罕见，甚至由于市场参与者之间复杂的网状交易关系，常常出现因一方违约造成多方连带违约情况。场外交易中的另一个问题是价格发现，由于非标准化品种无法通过公开市场集中撮合交易实现价格发现，场外交易中的定价依赖于模型，以及与场外交易对应的公开市场中的对冲头寸。价格发现问题和 CCR 可能产生叠加风险：在场外交易发生信用风险时，场内对冲头寸也会受到波及，造成风险从场外市场向场内市场传导和扩散，甚至有引发系统性风险的可能。

那么是否可以沿用场内市场中心化、标准化的方式改善场外市场呢？其实业界一直在进行这方面的研究与尝试。早在 2009 年的二十国集团匹兹堡峰会，各国就提出加强场外衍生品市场监管的一系列措施：建设交易报告库（TR）并对交易信息集中登记，加强集中清算制度的建设；提高非集中清算衍生品的资本金要求，建设非集中清算的保证金制度，等等。在 CCR 计量方面，巴塞尔银行监管委员会也针对原来《巴塞尔协议Ⅱ》的不足，推出了《巴塞尔协议Ⅲ》框架。然而，在此后十数年的实践中，这些措施的执行情况并不令人满意，场外市场的监管和信用风险管理并没有得到根本性的改善。

《区块链赋能多层次资本市场》认为，中心化信任机制与场外市场的天然特征并不匹配。例如，只有标准化程度较高的品种才能实现“场外交易,场内集中清算”,但场外市场的真正价值却在于可以交易那些非标准化的品种。负责集中清算的中央对手方具有确保交易执行的责任,这实际上是将交易对手方信用风险转移到了中央对手方,在一定条件下可能会造成场外市场风险的过度集中。再如,提高资本金要求和建立保证金制度的措施,理论上的确可以有效降低场外市场的信用风险,但实际上这类措施会大幅推高场外交易的门槛。如果正常的交易需求因资金门槛或交易成本的原因被拒之门外的话,那么极可能流向监管体系之外的市场,从而引发更大的风险。《巴塞尔协议Ⅲ》的实施情况也不理想,这是因为《巴塞尔协议Ⅲ》尽管在模型方面相对于《巴塞尔协议Ⅱ》更加完善,但对数据提出了更高的要求。由于场外交易数据通常存放在相关机构的柜台系统中,数据的分散管理造成“数据孤岛”现象,数据治理水平的低下导致无法提供足够完备、可信的数据。

区块链技术的出现,为从根本上改善场外市场的数据治理提供了新方法,为建立适应场外市场特征的新型信任机制带来了新思路。区块链本身就是一种为了在“去中心化的不可信环境”下建立信任机制技术,这与场外市场天然的非中心化特征相适应。许多依托区块链技术构建资本市场交易基础设施的探索都集中在场外市场领域,例如纳斯达克的私募股权交易平台 Nasdaq Linq;ISDA、巴克莱银行将区块链智能合约用于场外衍生品交易;巴克莱银行、纳斯达克、瑞银集团共同投资区块链公司 R3CEV,研发用于场外衍生品结算的电子现金货币——通用结算币。《区块链赋能多层次资本市场》详细分析了区块链技术为场外市场带来的价值。首先,区块链依托于点对点网络,与传统模式相比,区块链网络将市场中各机构联系在一起,消除了“数据孤岛”现象。在区块链网络中以“广播”的方式进行询价,既保留了场外市场的询价交易模式,又明显扩大了市场信息传播的边界,赋予市场更大的价值。其次,分布式账本和共识机制实现了去中心化环境下的一致性,确保了数据可验证、可追溯和不可篡改,成为构建市场信任机制的坚实基础,为 CCR 计量、市场监管、系统风险监控提供了完备、可靠的数据源。区块链在确保数据可信性的同时,还可以保障用户的数据隐私和实现数据资产的确权。用户通过交易产生的数据,可以为用户获得更好的信用评价,更好的交易价格,更优的交易担保条件等。再者,智能合约技术对满足场外市场个性化、定制化需求具有至关重要的意义。智能合约可以根据交易需求进行定制，形成电子交易协议。同时，作为一段程序代码，智能合约又具备去"中心化自动执行"能力，也就是无须依赖信任中心，自动根据合约约定的触发事件执行合约条款。这对降低对手方信用风险具有重大意义。

针对如何在场外市场各场景中应用区块链技术，《区块链赋能多层次资本市场》提出了许多有益的观点。作者认为，基于区块链技术构建场外市场交易基础设施，其目的在于提供一种良性的市场信任机制，进而形成以"共识"与"协作"为特征，既竞争又合作的市场新生态。为了实现这一目标，作者提出场外市场的区块链网络适合采用由交易商、授信机构、监管机构、中央对手方等相关金融机构组成的联盟链，经纪商及其客户在以场外联盟链为基础的交易平台中，以广播询价的方式进行交易。这可以在保留场外市场询价交易方式的同时，大幅扩展市场信息传播的范围，提高市场的透明度。作者针对场外市场的特征，设计了一种改进的"权威认证"(Proof of Authority, PoA)算法作为场外联盟链的共识机制。这种 PoA 共识避免了常见的区块链共识机制效率低下的问题，使场外联盟链的响应速度能够满足资本市场交易需求。更重要的是，在这种 PoA 共识中，负责交易确认和更新数据状态的"权威"节点，是从场外联盟成员中依据其信用评分以概率的方式遴选的。而这里的信用评分又依托于联盟成员在平台中真实可信的交易行为数据。这样的机制让信用水平更高、风险管理能力更强的联盟成员有更多的机会参与到整个市场的信用背书中来，有利于促使联盟成员出于自身利益保持良好的交易行为。

在场外市场各场景中，区块链智能合约技术具有重要价值。智能合约是可以按需定制，并在区块链系统中快速部署的程序代码。同时，智能合约又具有与商业合同相同的表达能力，可以用作场外市场的电子交易协议。这种按需定制、快速部署的能力，可以有效地满足场外市场中普遍存在的个性化、定制化需求。而智能合约又具备"去中心化执行"能力，也就是无需第三方信任中心的背书，只要在合约规定的事件触发下，就能中立地执行合约条款。因此智能合约还可以从根本上改进场外交易的清算、结算、信用事件处理等"交易后处理"(Post-trade processing)流程,大幅降低对手方信用风险。《区块链赋能多层次资本市场》详细介绍了 ISDA 针对场外衍生品市场制定的"智能衍生品合约"标准和开发框架,并提出了 ISDA 标准在 PoA 共识区块链平台上的实现方案。

区块链数据可验证、可追溯和不可篡改的特性,对场外市场数据治理有显著的改善作用。《区块链赋能多层次资本市场》分析了提高数据治理水平对场外市场的信任机制和市场生态带来的良性效果。可信、完备的数据源也解决了 CCR 计量模型的"无米之炊",有望真正推进《巴塞尔协议Ⅲ》的实际应用。改进的 PoA 共识为监管机构提供了特殊权限,高质量的交易数据可以实时向监管机构的交易报告库(TR)同步。监管机构拥有"市场全景视图"后,对市场中复杂的风险暴露关系了如指掌,可以利用基于复杂网络理论的风险传染模型,实时监测和干预可能出现的系统性风险。基于分布式账本中交易行为数据的信用评价体系,比单纯依赖外部评级机构的传统信用评级,数据源的可靠性更高,受主观因素干扰也更少。更重要的是,分布式账本具有"零知识证明"的特性,用户不必暴露自身敏感数据也能保障评级模型所用数据的可信性。无须依赖第三方信任中心,使得产生数据的用户第一次拥有了自身数据的所有权,并可通过分享数据、资源和能力来获得合理的回报和价值。对于场外市场参与者而言,自身的信用数据有助于获得更好的价格和交易条件,在 PoA 共识中参与交易验证,获得第三方担保授信等等。

除了对场外市场进行一般性讨论外,《区块链赋能多层次资本市场》对场外衍生品市场、银行间债券市场、大宗商品现货市场和区域性股权市场等具体场景,也分别进行了有针对性的分析。作者认为,区块链技术不仅能显著改善某个场外市场内部的运行机制,还能有效促进多层次资本市场中不同组成部分之间的信用与价值交换。例如,借助"跨链技术",可以在大宗商品现货市场衍生出以实物资产为基础的授信担保业务。对于场外衍生品市场的参与者来说,以实物资产作为场外衍生品交易的担保品,可以大幅减轻交易保证金带来的压力,有效缓解场外衍生品市场普遍存在的担保品不足问题,降低整个市场的对手方信用风险。

《区块链赋能多层次资本市场》的创作团队由具有长期金融从业经历、丰富的投资研究经验和深厚的金融科技背景的金融工作者组成。他们对区块链在金融场景中的应用进行了深入的理论研究和项目实践，相关课题“区块链在场外衍生品市场组织中的应用研究”曾荣获中国证券业协会2019年优秀重点课题奖。尽管该书跨越了区块链技术和多层次资本市场这两个专业度较高的领域，但作者仍然在不失严谨的同时尽可能兼顾了趣味性。在行文中，公式与模型之间穿插着生动的比喻和有趣的典故，既收放自如又相得益彰。在讨论各种话题时，作者都会带领读者追溯问题的历史渊源，跟踪国内外最新研究动态，并提出独立的见解或展示原创性的研究成果。自出版以来，该书已获得许多区块链领域和资本市场业界人士的推荐与好评。对于金融工作者、区块链投资者、创业者、技术人员，以及所有对金融科技领域感兴趣的读者来说，《区块链赋能多层次资本市场》都不失为一本值得阅读的重要著作。

（校对：曲广为、李新华）

图书在版编目(CIP)数据

现代管理.第1辑/上海市现代管理研究中心主编
.—上海:上海人民出版社,2023
ISBN 978-7-208-18660-6

Ⅰ.①现… Ⅱ.①上… Ⅲ.①现代管理论-文集
Ⅳ.①C93-53

中国国家版本馆CIP数据核字(2023)第222030号

责任编辑 王 冲
封面设计 路 静

现代管理(第一辑)
上海市现代管理研究中心 主编

出　版 上海人民出版社
(201101 上海市闵行区号景路159弄C座)
发　行 上海人民出版社发行中心
印　刷 上海新华印刷有限公司
开　本 787×1092 1/16
印　张 19.5
插　页 1
字　数 286,000
版　次 2023年12月第1版
印　次 2023年12月第1次印刷
ISBN 978-7-208-18660-6/C·705
定　价 88.00元